MZ세대를 위한
자기계발서의 끝판왕!

나쁜 기업에서
착한 기업으로
점프하기

Jumping From Bad To
Good Companies

MZ세대를 위한
자기계발서의 끝판왕!

나쁜 기업에서
착한 기업으로
점프하기

Jumping From Bad To
Good Companies

추성엽 지음

디 로드
the Road Books

준비되면 착한 기업으로
점프할 수 있다

 '이직'을 주제로 책을 쓸 수 있을까? 수년에 설쳐 고민하고 또 고민했다. 참으로 무겁고 정답이 없는 내용이기 때문이다. 하지만 나는 독자들과 희망을 나누고 싶어 7년에 걸쳐 용기를 냈다. 직장생활을 하다 보면 누구에게나 힘든 순간이 닥친다. 어느 기업이든 불공정한 인사나 이동배치, 믿었던 상사에게 배신을 당하는 예상치 못한 일이 터지기 마련이다. 때론 본인의 의지와 상관없이 주변의 여건이 조성되면서 이직을 강요하는 경우도 있다. 이처럼 누구나 한 번쯤은 직장생활에서 좌절이나 패배를 맛본다. 그런데 이때가 중요하다. 누구를 원망하기보다 스스로를 냉정하게 되돌아볼 필요가 있다. 깊게 들여다보면 거기에는 반드시 그럴만한 이유가 있다. 직장에서 이직은 쉽지 않은 주제지만, 전문성을 바탕으로 꾸준히 준비한다면 분명 새로운 전환점을 만들 수 있다. 전화위복(轉禍爲福)! 위기가 곧 기회인 것이다.

직장생활은 주가의 흐름과 비슷하다. 좋을 때가 있으면 나쁠 때도 반드시 있다. 좋을 때 미리 다가올 나쁠 때를 대비해야만 한다. 이 책은 직장생활이 답답하고, 미래가 두려운 사람들에게 생생한 경험담을 통해 나침반 역할을 해주고 싶어 쓰게 되었다. 책의 완성도를 높이기 위해 헤드헌터로 활동하면서 다양한 경험과 현실적인 문제도 체득했다. 또한 대한민국 직장인들의 뼈아픈 현실과 철학적 문제도 고민했다. 직장인에게 '이직'은 최고의 화두로 직무전문가가 되어야만 하는 이유와 어떤 상황에서도 정신만 바짝 차리면 누구나 착하고 좋은 기업으로 이직할 수 있다. 경계할 점은 상사와의 갈등에서 '욱'할 때 이직은 금물이다. 스스로 돕는 자를 하늘이 돕는 것처럼, 전문성을 확보하면 기회가 자연스럽게 찾아온다. 인생에는 해답이 없다. 마찬가지로 이직에도 정답은 없지만, 타이밍이야말로 직장생활의 승패를 가른다. 회사에서 일한 대가로 돈을 받는 것은 말처럼 쉬운 일이 아니다. 모든 일터에는 나름대로의 애환과 힘겨움이 있다. 직급이 올라갈수록 그 중압감은 증가한다. 오죽하면 카네기가 "회사생활은 정치게임이다."라고 했겠는가?

직장인들에게 상사로부터 인정받고, 인사고과를 잘 받을 수 있는 방법에 대해 설문조사를 진행한 적이 있다. 많은 이야기가 있었지만, 무엇보다 상사와의 인간관계를 가장 먼저 꼽았다. 일을 잘하는 것도 중요하지만 직속상사와의 굳건한 관계가 모든 것을 결정한다는 것이다. 그렇다면 기업에서 일을 잘한다는 것은 무엇을 의미할까? 이것이 바로 이 책의 핵심 주제다. 일을 잘해야지 착한 기업으로 이직의 기회를 엿볼 수 있기 때문이다. 기업에서 일을 잘하는 핵심 변수는 기획력과 실행력, 소통력으로, 자신의 분야에서 전문성을 바탕으로 상사와의 커뮤니케이션 역량이다. 여기에 긍정적인 태도와 처세술이 가미된다면 상사는 당신을 유능한 인재로 평가할 것이다.

　　직장은 희로애락으로 압축된 우리의 인생과 아주 흡사하다. 직장생활이 평탄하려면 상사로부터 능력을 인정받고 신뢰를 구축해야만 한다. 이러한 기조로 자신의 분야에서 열정을 갖고 일하면 새로운 기회는 반드시 열린다. 혹자들은 이직이 만사가 아니라고 주장하지만, 불가피하게 이직의 순간과 마주칠 때가 있다. 극단적으로 기업에서 소시오패스 같은 상사를 만난다면 이직이 유일한 탈출구이다. 어느 직장에든 트러블메이커는 반드시 존재한다. 그럴 때 어떻게 처신할지가 직장생활의 승부처인 것이다. 조직에서 CEO나 부서장이 함량 미달이면 부서원들은 딜레마에 빠질 수밖에 없다. 부서를 옮기는 일이 불가능하다면 이직을 준비하는 것이 상책이다. 일에 의욕이 생기지 않아 업무성과도 나쁘고, 자기발전도 없는 악순환이 반복되기 때문이다. 이것은 개인이나 회사에게 큰 손실이 아닐 수 없다. 이직은 자신의 운명을 개척할 수 있는 수단으로서 커리어를 긍정적으로 개발할 수 있을 뿐만 아니라 경제적 목적까지도 성취할 수 있다.

　한국직업사전에 따르면 대한민국의 직업수는 12,300여 개에 이르고, 약 3,000만 명이 경제활동에 참여하고 있다. 이 중에서 소상공인을 포함한 중소기업이 95% 이상을 차지한다. 특별한 경우를 제외하고 우리는 직업의 세계를 떠날 수 없고, 이를 통해 생계를 유지해 나간다. 직장은 인간이 삶을 영위하는 데 필수적인 수단이자, 삶의 터전이다. 그런데 업무성과가 인사고과로 직결되지 않는 것이 국내 직장의 현주소이기도 하다. 게임의 법칙으로 일컬어지고 있는 약육강식의 세계에서 도태되지 않기 위해서는 게임을 리드할 수 있는 전략적 사고와 박수를 받을 때 떠날 수 있는 진정한 용기가 필요하다. 직장생활을 하다 보면 수많은 선택에 직면한다. 인생의 결정적인 변곡점은 대학과 첫 직장, 그리고 배우자의 선택이 아닐까 싶다. 이 중에서 결혼과 대학은 지나간 시간으로 번복이 불가능하겠지만, 좋은 기업으로의 이직은 얼마든지 당신이 선택할 수 있다. 약 800만 개에 달하는 대한민국 직장에서 우물 안의 개구리로 전락되지 말아야 한다. 이 책에서 제시한 기업이 돌아가는 본질을 냉철하게 직시하고 날카롭게 도끼를 간다면, 당신이 원하는 착한 기업에서 새롭게 운명을 개척할 수 있다. 그 노하우와 전략적 마인드, 인간관계, 타이밍의 세계로 당신을 안내할 것이다.

2025년 02일

저자 **추성엽**

제3부
착한 기업으로 어떻게 이직할 것인가?

❖ 에필로그

대부분의 직장인들은 이직을 고민할 때 기업의 규모를 가장 큰 입사기준으로 선호한다. 연봉이나 복지가 좋고, 안정적이라는 확고한 믿음 때문이다. 그들의 믿음이 틀린 것은 아니지만 전적으로 옳지는 않다. 경우에 따라서는 중견기업이나 공사 등이 대기업보다 월등히 좋은 곳도 많다.

제1부

착한 기업의 본질을
통찰하라

[01

착한 기업의 본질을
통찰하라

기업이란 경제적 목적으로 함께 일하는 사람들의 공동체이다. 기업에서 구성원들은 노동을 제공하고 그 대가로 돈을 받는다. 부서마다 책임과 역할이 부여되고, 이윤창출을 통한 지속가능한 성장을 위해 일사분란하게 움직인다. 조직에서 직책이 올라갈수록 자연스럽게 업무의 범위가 넓어지고, 그만큼 책임도 뒤따른다. 그런데 대한민국의 직장인들은 유달리 바쁘고 분주한 이유가 있다. 치열한 경쟁과 민족성 때문이다.

대한민국은 땅이 좁고, 사람은 많다. 시장에서 경쟁은 점점 심화되고, 글로벌 기업과도 총성없는 전쟁을 치러야만 한다. 4계절이 뚜렷한 반도국가의 특성상 한국인의 기질은 집단적이고, 다혈질이다. 여기에 목표지향적이다. 그렇기에 6.25전쟁으로 국토가 폐허가 된 나라에서 70여 년 만에 선진국 반열에 올라서는 '한강의 기적'을 창출했다. 지식이 21세기를 지배하는 최첨단 무기라는 점에서 최고의 교육열과 뛰어난 두뇌를 지닌 대한민국의 미래는 매우 밝다. 하지만 반대급부도 크다. 사람들로 구성된 조직이기에, 목표를 달성하기 위해 수많은 갈등과 경쟁이 곳곳에서 필연적으로 발생함에 따라 이를 극복할 수 있는 전략적사고와 통찰력이 필수적으로 요구되고 있다.

01 | 당신 기업의 CEO는 안녕하십니까?

❖

결론적으로 기업이 돌아가는 원리는 'CEO 중심의 독재공화국'이다. 지금까지 나는 다양한 곳에서 여러 유형의 CEO를 만났다. 업무적으로 뛰어난 사람도 있고, 언론에 보도된 것과는 전혀 다른 양면성을 보유한 이중적인 사람도 있었다. 최악의 CEO는 상식적으로 이해되지 않은 일을 임직원들에게 강요했다. 그는 주로 오후에 출근해서 심야에 회의일정을 잡았다. 전형적인 소시오패스형 CEO로, 조선시대에나 있을 법한 일을 자행하고 있는 그가 도무지 이해되지 않았다. 그는 강원도에 있는 자신의 선산에서 조상들에게 해마다 제사를 지냈다. 그때마다 간부급의 고직급자들이 참석하는 연례행사로 관광버스가 동원되었다. 경력직으로 입사한 나는 무슨 영문인지도 모른 채 워크숍이라는 이름으로 행사에 참석했다. CEO가 먼저 자신의 조상들 묘에 절을 하면서 술잔을 올렸다. 임직원들은 한 줄로 배석해서 이를 지켜보았다. 참으로 얼토당토하지 않는 장면이 연출된 것이다.

그런데 문제는 그다음이었다. CEO가 절을 마치고 일어나자, 임직원들이 모두 따라서 절을 시작하는 것이 아닌가? 처음에는 내 눈을 의심했지만, 눈앞에서 벌어지고 있는 모습을 얼떨결에 따라하지 않을 수 없었다. 기분이 참담하다 못해 처참해졌다. 21세기 최첨단 시대에 강원도 어느 산골에서 자행되고 있는 CEO의 테러를 두 눈으로 직접 목격한 것이다. 이것은 업무적인 일로 임직원들을 질책하는 것과는 차원이 다른 문제다. 그래서인지 기업문화도 매우 보수적이고, 전형적인 CEO 중심의 독재공화국이었다. 교과서에 따르면 이러한 기업은 진작에 망해야만 했다. 하지만 아이러니컬하게도 그 기업은 해마다 승승장구하고 있다. 이처럼 기업의 현실세계에서 이론과 실제는 엄밀히 다르다. 실제로 역량 있는 CEO들은 독재자로 군림하는 경우가 많다. CEO가 독재자라면, 그의 휘하에 있는 임원이나 팀장들도 독재를 휘두를 가능성이 높다. CEO의 스타일이 임직원들의 리더십에도 결정적인 영향을 미치기 때문이다. 경영진의 스타일에 따라 기업의 문화와 구성원들의 근태도 결정된다. 기업에서 임직원들의 행복을 결정하는 다양한 요인이 있지만, CEO의 경영철학이 그 무엇보다도 으뜸이다.

대한민국에서 기업의 규모를 떠나 오너기업이면서 최고경영자인 경우 CEO의 영향력은 절대적이고 막강하다. 조직의 규모가 작은 중소기업의 경우 거의 신(神)적인 영역에 가깝다.

CEO가 회사의 명운을 결정한다

회사에서 최고경영자의 경영철학은 그 기업의 문화와 스타일을 결정한다. 개성을 존중하고 상대적으로 분위기가 자유스러운 외국기업과 비교할 때 국내 기업에서 CEO의 역할은 대단하다. 여기서 두 가지 중대 변수가 있다. CEO의 출신 부서와 전문경영인이냐의 여부다. 물론 CEO의 인격이 그 무엇보다 중요하다. CEO 출신이 기술이 중시되는 R&D 부서냐, 현장을 중시하는 영업부냐, 또는 자금 흐름이 중시되는 재무냐에 따라 기업의 경영전략도 크게 달라진다. 특히 해마다 경영성과를 평가받아야만 하는 전문경영인과 이로부터 비교적 자유로운 오너 사장이냐의 문제도 기업문화의 형성에 결정적인 영향을 미친다.

냉정하게 살펴보면 대한민국 기업의 분위기는 태반이 CEO 중심의 독재공화국이다. 그렇기에 CEO를 중심으로 일사 분란하게 움직인다. 조직의 기업문화는 밑에서는 쉽게 바꿀 수가 없다. 한 사람의 힘으로 기업에 만연된 부서이기주의를 완전히 몰아내는 일은 불가능에 가깝다. 조사된 바에 따르면 상급자들은 직급이 올라갈수록 소시오패스형 리더가 되어간다. 실제로 UC버클리의 다처 켈트너(Dacher Kelter) 교수는 권한을 행사하는 고직급자들은 상대방의 관점에서 상황을 바라보는 능력과 위험을 감지하는 능력이 일반인들에 비해 현저히 떨어진다는 사실을 밝혀냈다. CEO를 포함한 권력자들은 공감능력이 부족하다는 것이다. 이러한 이유로 CEO들은 독재적 카리스마를 휘두른다. 전문경영인 출신의 CEO에 비해 오너형 CEO가 더욱 그렇다.

기업은 CEO 중심의 독재공화국이라는 주장에 대해 누군가 항변할 수도 있겠다. 기업은 CEO 중심의 민주공화국이라고. 하지만 천만의 말씀이다. 기업의 본질은 노동지가 노동력을 제공하고, 그 대가로 돈을 받는 곳이다. 겉으로 보기에는 민주적인 시스템이 독재적인 시스템보다 우월할 것 같지만, 이것은 어디까지나 이론이다. 현실 세계에서는 카리스마를 보유한 CEO가 있는 조직에게 오히려 비전이 있는 경우도 있다. 좀 더 직설적으로 표현하자면, 카리스마를 보유한 CEO에게 임직원들이 따르는 경향이 있다. 반면에 민주적 리더십을 보유한 사람이 조직에서 CEO가 되는 경우는 드물다.

기업을 구성하고 있는 다양한 시스템에서 가장 중요한 것은 사람이다. 사람들이 모인 집합체가 기업이고, 기업은 사람들에 의해 돌아가는 시스템이다. 기업은 CEO를 중심으로 재무나 인사·마케팅·영업 이외에도 R&D나 생산, 구매 등으로 조직화되어 있다. 기업이 추구하는 목표를 좀 더 효율적으로 달성하려는 목적에서다. 이러한 조직을 좀 더 세분화하면 팀이나 그룹, 파트로 구분되고, 이들은 결국 사람으로 구성된 집합체이다. 기업의 모든 문제의 원인과 해답은 사람에게 달려있다. 뛰어난 인재가 기업에서 가장 소중한 자산이라는 사실을 CEO들이 알면서도 직원들을 부속품처럼 취급하는 이유는 언제든 다른 사람으로 대처할 수 있기 때문이다. 조직에서 팀 컬러를 결정하는 것은 팀장이다. 팀장의 능력과 스타일에 따라 팀의 분위기도 달라진다. 팀이 모여 만들어진 사업부는 본부장의 리더십이 분위기를 결정한다. 마찬가지로 조직의 전체문화를 결정하는 사람은 CEO로, 조직문화에 문제가 있다면 CEO에게 문제가 있다는 의미이다.

우리는 공감한다. 거친 풍랑을 헤치고 항해하는 배에서 선장의 의사결정이 선박과 선원들의 운명을 좌우할 수 있다는 사실을. 흔히 경영은 항해에 비유되곤 한다. 거친 파도와 바람, 언제 돌변할지 모르는 날씨와 끈을 놓아서는 안 될 긴장감, 이것은 마치 날이 갈수록 급변하는 기업의 경영환경과 아주 흡사하다. 시간과 국경을 초월해 전개되고 있는 기업 간 경쟁은 전쟁이다. 그래서인지 CEO의 하루는 회의와 보고의 연속이다. 기업에서 가장 분주하고 바쁜 사람도 CEO이다. 조직에서 가장 열심히 일하는 사람도 CEO겠지만, 하루에도 수많은 기업이 CEO의 역량에 따라 각처에서 도산하거나 또 생겨나고 있다. 기업이 파산하면 기업에 몸담고 있던 임직원들도 함께 직장을 잃는다. 무능력한 CEO의 직무유기는 곧 범법행위다. 실제로 특정한 분야에서 독보적인 조직으로 도약한 기업의 뒤에는 카리스마를 발휘한 CEO가 존재한다. 자신의 분야에서 경쟁력을 갖춘 기업의 공통점을 살펴보면 경영철학이 확고한 CEO가 있었다. 세계 최고의 기업인 GE(잭 웰치_Jack Welch)를 시작으로 애플(스티브 잡즈_Steve Jobs)이나 마이크로소프트(빌 게이츠_Bill Gates), 메타(마크 저커버그_Mark Zuckerberg)와 국내 기업인 삼성전자(이건희)나 현대자동차(정봉구), CJ(이재현) 등을 말한다. 이미 보도된 수많은 기사에서 밝혀졌듯이, 이들 기업의 화려한 성공신화의 이면에는 불철주야로 고민했던 CEO가 있었다. 과연 당신 기업의 CEO는 어떠한가?

CEO에게 최고 고객은 임직원들이다

세계적 컨설팅 기업인 언스트&영의 조사에 의하면, 미국 내 투자자들은 기업을 평가할 때 CEO명성, 경영 신뢰성, 전략 수행 능력 등 비재무적인 항목에 높은 가중치를 두는 것으로 나타났다. 실제로 상당수의 투자자들은 CEO의 명성에 근거해서 주식을 매수하고, 동일한 상황에서 주가지수 회복 시간도 뛰어난 CEO가 있는 기업이 그렇지 못한 기업보다 평균 4배 이상 빠른 것으로 나타났다. 이처럼 기업에서 CEO는 대외 홍보 창구로서 언론 홍보 및 고객 접점에서의 '기업 커뮤니케이터'의 역할을 수행함으로써 기업의 대외적인 충성도(Loyalty)에 결정적 영향을 미친다.

TV드라마에서 CEO가 '고객이 왕'이라며 임직원들을 심하게 질책하면서 옥박지르는 장면을 쉽게 목격할 수 있다. 실제로 기업에서 이러한 일은 자주 일어난다. 오너기업일수록 심한 경우가 많다. 그런데 생각해보자. CEO에게 자신의 기업에서 만든 상품이나 서비스를 구입하는 고객이 가장 존귀할까? 착각하지 말라. 그들은 3차 고객에 불과하다. 고객은 3가지 유형이 있다. 1차 고객은 기업을 구성하고 있는 내부의 임직원들이고, 2차 고객은 기업과 파트너십을 구축하고 있는 협력업체나 거래선을 말하고, 3차 고객은 상품이나 서비스를 최종적으로 구매하는 소비자들이다. 교과서에서는 3차 고객이 왕이고, 가장 중요하다고 말하지만 현실적으로는 그렇지 않다. 기업을 구성하는 1차 고객인 내부의 임직원들이 가장 중요하고, 그다음이 2차 고객인 협력업체나 거래선이다. 이들을 만족시킨 이후에야 최종 소비자인 고객들을 만족시킬 수 있기 때문이다. 의식이 있는 CEO는 이러한 고객의 가치사슬을 정확히 꿰뚫고 있다. 그럼에도 3차 고객이 전부인 줄 아는 CEO들이 태반이다. 월마트 창업회장인 샘 월튼은 말했다. "직원들이 고객을 대하는 방식은 경영자가 직원들을 대하는 방식과 똑같다. 직원이 고객을 잘 대하면 고객은 다시 찾아올 것이고, 바로 이것이 사업 수익의 진정한 원천이다. 그래서 우리는 직원(employee)라는 용어 대신에 동료(associate)라는 단어를 사용한다."는 것이다.

따뜻한 카리스마란 말이 유행한 적이 있다. 카리스마 (Charisma)란 평범한 인간과는 확연히 구분되는 초자연적인 권위 및 영향력을 일컫는 말로, 신의 은총을 뜻하는 그리스어 'Khárisma'에서 유래되었다. 그런데 솔직해져 보자. 자신의 주변 CEO들 중에서 과연 따뜻한 카리스마를 보유한 CEO가 얼마나 될까? 안타깝게도 대한민국의 직장문화에서 대부분의 기업은 CEO 중심의 독재공화국에 가깝다. 업무와 직급으로 세분화된 기업의 피라미드 조직을 고려할 때 이것은 너무도 당연한 현상이다. 자수성가한 CEO일수록 독불장군인 경우가 많다. 중견기업에서 CMO로 근무할 때의 일이다. 성장가도를 달려온 CEO는 매우 열정적인 사람이었다. 자수성가한 CEO의 공통점은 남의 이야기를 잘 듣지 않고, 자신의 경험을 신봉하는 경향이 있다. 어느 날 CEO가 회사의 핵심역량과는 전혀 관계없는 신규사업을 하겠다며 포문을 열었다. 처음에는 내 귀를 의심했지만, 사실이었다. 외국출장에서 협력업체와 계약을 체결하고 나서 임직원들에게 신규사업을 일방적으로 통보한 것이다. 마케팅을 총괄하던 나는 애초부터 신사업에 자신이 없었지만, CEO의 의견을 처음부터 반대할 수는 없었다. 회사의 기존 사업이 어려워져 돌파구가 필요했기 때문이다. 고심 끝에 나는 신사업에 대한 반대이유를 조심스럽게 밝혔지만, CEO와의 관계만 악화되고 말았다. 도전적이지 못한 리더로 찍힌 것이다. 상사에게 코드를 맞추지 않으면 직장생활은 더 이상 함께 하기가 힘들다. 이러한 이유로 나는 자의 반, 타의 반으로 회사를 사직할 수밖에 없었다. 기업이 CEO 중심의 독재 공화국이란 사실을 다시 한번 실감한 것이다.

CEO에 따라 중소기업도 대기업이 될 수 있다

삼성이나 현대, LG 등이 처음부터 대기업이었던가? 결코 아니다. 역량있는 리더와 임직원들의 헌신적인 노력 덕분이었다. 기업은 목표 달성을 위해 여러 부서로 조직화되어 있다. 서로 다른 업무를 수행하고 있지만, 목표는 동일하다. 경쟁력있는 상품력으로 시장을 지배하는 것이다. 그중에서도 CEO의 전략은 기업의 생존과 직결된다. 전략의 큰 그림에 따라 혁신을 달성할 수도, 모든 것을 잃을 수도 있다. 전략방향이 달라지면 기업의 경영전략이 달라지고, 이것은 곧바로 기업의 경영성과로 연결된다. 여기 좋은 사례가 있다.

국내에 연매출 50억 원 규모의 중소기업 사장은 고민에 빠졌다. 아무리 노력해도 치열한 경쟁환경을 돌파할 획기적인 전략이 보이지 않았다. 뭔가 손에 잡힐 듯하면서도 막막했던 것이다. 이 회사는 욕실용품, 피크닉용품, 테이블 웨어, 키친 웨어, 밀폐용기 등 600여 종이 넘는 플라스틱 제품을 생산하여 판매했다. 이것저 것을 생산해서 카테고리별로 시장을 폭넓게 점유하는 전략이었 다. 하지만 사업은 신통치 않았다. 시장조사를 해봐도 제품의 품 질에는 문제가 없게 나온다. 유통채널도 과거에 해왔던 방식으로 그런대로 괜찮다. 가격이야 경쟁업체와 비슷비슷하다. 프로모션 은 경쟁사와 비교해 거기서 거기이다. 그런데 문제는 저가 중국산 제품의 급격한 시장잠식이었다. 중국에서는 1만 개가 넘는 기업 에서 플라스틱 용기를 만들었다. 승산이 없다고 판단한 이들은 치 열하게 아이디어를 고민했고, 마침내 결정했다. 그렇다면 이들이 취했던 방법은 무엇이었을까? 과거의 '하나코비'라는 중소기업이 '락앤락'이라는 브랜드를 출시한 것이다. CEO는 전략을 획기적으 로 수정했다. 상품의 구색이 너무 많아 생산, 유통, 재고 관리상 문 제가 많았고, 주력상품이 없다는 사실을 간파했다. 전략에 충실한 네이밍 전략도 주요했다. 락앤락(Lock&lock)이란 브랜드를 처음 들으면 기억에 잘 남는다. 잠근다는 의미의 영어 '락(lock)'을 두 번 언급한 뉘앙스가 좋고, 글로벌 시장을 공략하는 데에도 적합한 브 랜드로, 큰 그림을 대폭적으로 수정한 것이다.

락앤락은 연 매출 50억 원 수준에 불과한 전형적인 중소기업이었다. 이들의 급성장 배경은 다품종 생산 방식을 크게 포기하고, 대신에 위험은 크지만 한 상품 생산에만 전문화하기로 포트폴리오 전략을 전면적으로 수정한 것이다. 문제는 도대체 어떤 상품으로 품목을 선택할 것인가였는데, 전제 조건을 세 가지로 정했다. 첫째, 전세계인이 보편적으로 사용할 수 있는 제품. 둘째, 과거부터 현재 그리고 미래에도 소비자들이 사용할 수 있는 제품. 셋째, 자사의 핵심역량과 결부시킬 수 있는 제품. 이렇게 3가지 조건을 충족시킨 제품에 대한 해답이 밀폐용기였던 것이다.

하지만 인고의 노력으로 출신된 신제품은 시장에서의 반응이 신통치 않았다. 소비자들은 브랜드력이 미약한 중소기업의 제품에 전혀 눈길을 주지 않았다. 이를 타개하기 위한 전략이 글로벌 시장을 먼저 공략하자는 획기적인 아이디어였다. 이들은 해외에서 먼저 인정을 받은 후에 국내 시장으로 다시 들어오는 우회 전략을 선택한 것이다.

이를 위해 홍콩이나 프랑크푸르트, 시카고, 도쿄 등 외국의 주요 전시회에 부스를 만들어 신상품을 소개했다. 그러던 중 전시회에서 만난 외국인에게 특별한 제안을 받았다. "제품이 무척 좋다. 이러한 혁신적인 제품의 정보를 소비자들에게 정확하고, 세부적으로 알리기 위해서는 동영상 광고물인 인포머셜(Infomercial)을 만들어 TV홈쇼핑에서 방영하면 좋을 것이다."라는 제안이었다. 이들은 즉각적으로 시행했다. 미국에서 가장 큰 홈쇼핑사인 QVC에서 인포머셜을 방영하면서 판매를 시도했고, 마침내 대박을 터트렸다. 락앤락은 이러한 선풍적인 반응에 힘입어 국내의 LG홈쇼핑을 통해 히트상품으로 등극하는 쾌거를 달성한 것이다. 홈쇼핑과 할인점은 경쟁관계에 놓여있다. 그래서인지 E마트 등으로의 채널 침투도 용이하게 이루어졌고, 국내 소비자들로부터 제품력을 인정받게 되었다. 지금은 밀폐용기뿐만 아니라 중소기업일 당시에 판매하던 600여 종의 다양한 상품을 만들면서 세계 밀폐용기 시장을 선도하고 있다. 7,000억 원 규모의 매출이 이를 입증한다. 한 가지 달라진 사실이 있다. 기업의 상호를 '락앤락'으로 변경했다는 점이다. 베트남과 브라질에 현지 공장을 건설하여 미국은 물론 유럽이나 일본, 남미, 호주, 러시아 등을 체계적으로 공략하고 있다. 이들의 사례야말로 CEO의 경영철학이 얼마나 중요한지를 여실히 보여주고 있다. 그렇다고 락앤락이 착한 기업이라는 의미는 아니다. 얼마 전 외국계에 매각된 이후에 조금이라도 이익을 내기 위해 혈안이 되어 있다. 기업평판도 이전과 달리 부정적인 내용도 많다.

자신이 근무하고 있는 회사의 CEO나 상사에게 비전이 없다면 치밀하게 이직을 준비하는 편이 낫다. 스스로 나태해지고 자기발전도 없기 때문이다. 국내 기업들의 비전은 어떠할까? 겉으로는 '글로벌리더'를 표방하지만 우물 안 개구리로 처신하는 기업도 있다. 심지어 비전을 회사의 캐치프레이즈 정도로 이해하는 CEO들도 있다. 임직원들의 내재된 동기를 유발해 회사가 제시한 방향으로 일사분란하게 움직일 때 목표된 비전은 꿈이 아닌 현실이 된다. 일방적으로 주입된 비전은 조직원들의 마음을 결코 움직이지 못한다. 좋은 비전은 임직원의 마음을 자발적으로 움직이게 만든다. CEO의 인격과 경영철학이 곧 회사의 비전이다. 미국의 경영전문지인 포브스는 해마다 최고의 CEO와 최악의 CEO를 선정해 발표해 오고 있다. 그런데 함량미달의 CEO를 만나면 어떻게 해야만 할까? 당연히 비전있는 착한 기업을 찾아 새로운 곳에서 둥지를 트는 방법이 상책이다.

02 | 대한민국 직장의 현주소

　　새해가 시작될 때마다 대한민국의 기업들은 위기로 시작한다. 경제상황이 좋을 때나, 좋지 않을 때나 공통적인 화두로 '위기'가 아니었던 적은 드물다. 일부 기업은 '위기경영'을 선포하며 직장인들의 허리띠를 더욱 졸라맨다. 이러한 사실은 기업의 규모와 상관없이 해마다 자행되고 있다. 적게는 수억 원에서 많게는 수조 원의 이익을 챙기면서도 직원들에게는 인색한 곳도 있다. 시급한 개선이 필요한 대목으로, 대한민국의 이러한 고질병을 근본적으로 해결할 수 있는 해법은 '슬로우' 문화의 정착이다. '빨리빨리' 문화가 고질병의 근본적인 원인이다. 긴박하게 달려온 대한민국은 지금 피로가 누적되어 있다. 국민소득 5만 달러 달성이라는 양적 성장도 중요하지만, 피로에 지친 국민들에게 진정 필요한 것이 무엇인지 고민해야만 한다. 쉬지 않고 달리면 기계도 고장이 날진데, 하물며 사람이야 오죽하겠는가! 국내에는 외국인 근로자들이 약 50만 명이 있다. 이들이 우리나라에서 가장 먼저 배우는 말이 "빨리빨리'이다.

프랑스 파리로 출장을 갔을 때 파트너들과 함께 점심식사를 했다. 시쳇말로 죽는 줄 알았다. 오전 11시 30분에 구내 식당으로 내려가서 오후 2시가 되었을 무렵에야 끝났다. 와인에 커피까지 곁들이면서 비즈니스 이외의 주제를 이것저것 이야기하는데, 곤혹스러움 그 자체였다. 출근시간이 오전 9시면 도대체 이들은 언제 일하는 것일까? 우리가 한국에서 온 바이어라 특별히 대접받은 것도 아니었다. 주변의 다른 테이블의 분위기도 한결같았기 때문이다. 내게는 너무나 인상깊었던 경험이라, 지금까지도 생생하게 기억하고 있다. 이에 비해 대한민국 직장인들의 점심식사는 어떠할까? 우리나라에서 직장인들의 평균 식사시간은 70% 이상이 30분 내외로 끝마치는 것으로 조사되었다. 지구상에서 한국인처럼 빠른 민족은 아마도 없을 것이다. 여기에 야근은 많고, 트러블메이커를 상사로 둘 경우에 스트레스는 기본이고, 위장병까지도 얻을 수 있다. 이처럼 직장인들은 '빨리빨리(8282) 대한민국'을 살아가고 있다.

대한민국의 국민들은 대부분이 바쁘다. 초·중·고 학생들은 원하는 대학을 목표로 1분 1초를 허비하지 않을 정도로 바쁘고, 대학생들도 전공 공부와 스펙을 쌓아 취업을 준비하는 데 눈코뜰새 없이 분주하다. 직장인들은 가정과 회사를 오가며 밤낮 없이 각자의 일터에서 총성없는 전쟁을 치러야만 한다. 어느 나라보다 바쁜 한국인들의 일상은 전세계적으로도 유명하다. 외국인들은 30분 내외로 점심식사를 끝마치는 한국인들을 향해 자동차가 달리다 기름이 떨어져서 휘발유를 채우는 일에 비유하곤 한다. 이러한 한국인의 스피드한 문화는 반도국가에서 유래했거나, 4계절이 뚜렷한 지리적 특성, 또는 침략을 많이 받아서 그렇다는 다양한 학설이 존재한다. 한국인들은 분명 빠르고, 바쁘게 오늘을 살아내고 있다. 과거 대한민국의 국가 슬로건으로 사용된 '다이내믹 코리아(Dynamic Korea)'와 딱 어울리는 말이다.

노동권이 보장되지 않는 대한민국

나는 직업이 컨설턴트라 다양한 유형의 CEO를 만나오고 있다. 이들은 자사의 '제품'이나 '서비스'는 좋은데 상품이 잘 팔리지 않는다고 불평한다. CEO가 불만이면 임직원들에게는 숙제가 할당되고, 그들은 더욱 바빠질 수밖에 없다. 설상가상으로 경쟁자가 늘어나면서 상황은 더욱 악화되고 있다. 이것은 서비스업이나 유통업, 제조업은 물론 소상공인이나 중소기업, 중견기업, 대기업과 같이 기업의 규모를 불문하고 전방위적으로 나타나는 공통된 현상이다. 부존자원이 부족한 대한민국에서 어느 곳이든 만만한 시장은 없다. 존재하는 거의 모든 시장이 포화상태로, 땅이 좁고 사람이 많아서 벌어지는 구조적인 문제이다. 그렇기에 대한민국 직장인들은 야근이 많고, 항상 바쁘다. 비즈니스 세계는 약육강식이라는 정글의 법칙이 지배한다. 강자와 약자가 적당히 나눠먹는 곳이 아니고, 강자만이 살아남는 구조다. 이것은 자본이 지배하는 자율경쟁 시장에서 누구도 부인할 수 없는 불편한 진실이다. 성경에도 등장하는 '무릇 있는 자는 더 받겠고, 없는 자는 그 있는 것도 빼앗기리라'는 말이 이를 입증하고 있다.

240여 국가가 있는 지구촌에서 대한민국은 GDP 규모로 세계 10위권의 위상을 차지하고 있다. 국토면적 1,004만 ha로 세계 109위를 고려할 때 저력이 돋보여 흐뭇하다. 전세계적으로 톡톡 튀는 한국인을 바라보는 외국인들의 시선은 아주 특별하다. 대한민국은 IMF 경제위기도 2년 남짓한 사이에 훌훌 털어버렸다. K리그 선수들의 이름조차도 모르면서 2002년 월드컵 때는 700만이 길거리로 쏟아져 나와 외신으로부터 조작이라는 말까지 듣다가 1승도 챙기지 못하던 월드컵에서 4강까지 후다닥 해치워 버렸다. 대한민국 기업의 위상은 어떠한가? 삼성전자가 세계 스마트폰 시장점유율에서 약 20%를 차지해 1위에 올랐고, 그들의 베트남 현지공장은 GDP의 30% 이상을 차지하는 글로벌 기업으로 성장했다. TV의 경우도 삼성전자와 LG전자 브랜드가 전세계에서 팔린 전체 판매량 중 절반을 차지한다. 현대자동차그룹도 세계자동차 판매대수에서 3위를 차지했다. 통신회사들은 세계 최초로 5G 서비스를 상용화했고, 인천공항은 11년 연속으로 국제공항협의회(ACI)의 공항서비스평가(ASQ)에서 1위를 차지했다. 최근에는 K문화라는 한류가 세계를 휩쓸고 있다. 그렇다면 이러한 저력은 어디에서 나오는 것일까? 그것은 바로 뛰어난 인재와 대한민국 국민의 근면성 때문이다. 철강이나 조선을 필두로 자동차나 반도체 등에서 세계를 석권하고 있는 우리 기업의 힘은 결코 우연이 아니다. 반만년이라는 유구한 역사와 문화적 힘이 근간으로, 지식이 미래를 지배하는 21세기형 첨단무기라는 점에서 대한민국의 미래는 매우 밝다고 확신할 수 있다.

대한민국은 다른 나라가 수백 년간 이룬 경제성장을 불과 50~70년 만에 이룩했다. 36년간의 일제 강점기와 6·25전쟁을 거치면서 대한민국은 황폐해졌고, 결국 최빈국가가 되었다. 그럼에도 척박한 환경에서 BTS가 세계 최고가 되었듯이, 국민들의 우수한 두뇌와 성실성으로 무장한 대한민국은 단기간에 선진국의 문턱에 이르렀다. 하지만 대한민국은 급속한 발전을 거듭해 오는 동안 자연스럽게 쌓인 피로와 고질병으로 심각한 후유증을 앓고 있다. 이를 반영하듯이, 국제노동조합총연맹(ITUC)의 조사결과 2023년 세계노동권지수에서 대한민국은 '노동권이 전혀 보장되지 않는 나라'에 속하는 최하위 5등급을 받았다. 이러한 성적은 필리핀이나 캄보디아, 중국, 파키스탄 등과 나란히 어깨를 같이하고 있다. '노동권 침해가 간헐적으로 일어나는 나라'로 1등급을 받은 오스트리아나 덴마크, 핀란드, 독일 등의 선진국과 대비되는 안타까운 상황이다.

돌이켜보면 건국 전후의 우리 역사는 격동의 근대사였다. 일제 강점기를 거쳐 해방이 되었지만, 강대국들의 이해관계로 남북으로 갈리더니 6·25전쟁으로 국토가 초토화된 산하에 군사정권이 번갈아 들어섰다. 88올림픽이라는 세계적인 행사를 성공적으로 개최한 이후 문민정부 시대에 터진 IMF사태를 뼈아픈 구조조정과 금 모으기로 위기를 극복해낸다. 그러한 과정에서 피로가 누적된 대한민국은 '만성피로'라는 고질병을 앓고 있다. 따라서 지금 대한민국에게 당장 필요한 것은 휴식이지, 세계 5대 경제대국 진입이나 국민소득 5만 달러 달성 같은 양적 성장이 아니다. 국민들이 허리띠를 졸라매며 성실하게 이룩한 세계 10위 경제대국 대한민국은 지금 휴식을 취할 때이다. 쉬지 않고 계속 달리면 기계도 고장이 날진데, 하물며 직장인들이야 오죽하겠는가! 선진국으로 진입한 시점에서 2보 전진을 위한 1보 휴식이 대한민국의 직장인들에게 절실히 필요한 상황이다.

직장생활! 그리 낭만적이지 않다

이윤추구라는 목표를 위해 모인 조직 회사(會社). 그 회사를 거꾸로 하면 사회(社會)다. 규모는 작지만 기업은 사회의 축소판이다. 다양한 인간 군상이 모인 곳이 사회이듯이, 회사 역시 목표는 하나지만 똑같은 사람이 모여서 운영되지는 않는다. 그러니 회사 안에서 자연스럽게 내 위치가 정해지고, 업무 외적인 요인이 중요할 수밖에 없다. 때로는 업무 실력 이외의 지표로 역량을 평가받는 경우도 있다. 내 경험으로 직원 수가 많든 적든, 공기업이든 사기업이든 마찬가지로 모든 조직에는 불합리한 부분이 크게 작용한다. 승진이나 연봉, 이동배치 등을 좌우하는 인사고과가 특정인의 독단으로 정해지는 것을 말한다.

기업은 이윤추구를 위해 존재한다. 대부분이 그렇게 배웠고, 현실적으로 틀린 말이 아니다. 사전에도 '기업은 영리를 목적으로 상품이나 서비스를 생산하고 판매하는 조직체'라고 나온다. 일각에서는 기업의 목적이 고객을 위해 진화하고 있다고 주장한다. 기업은 주주가치를 넘어 이해관계자와 사회적 책임을 완수해야만 한다는 것이다. 조사된 결과도 '고객들은 가격과 품질을 넘어 올바른 가치관과 신념을 추구하는 기업과 브랜드를 선택한다.'고 나온다. 하지만 '이윤추구'라는 기업의 본질은 변하지 않는다. 기업은 구성원들이 노동을 제공하고, 그 대가로 돈을 받는 곳이다. 너무 삭막한가? 그래도 어쩔 수 없다. 직장인들에게 이것은 부정할 수 없는 명백한 사실이다. 세상에서 벌어지고 있는 모든 일의 근원도 하나씩 거슬러 올라가면 대부분이 돈과 마주친다. 자본주의 사회에서 돈의 위력은 세고, 막강하다. 기업주도 마찬가지다. 이들의 가장 큰 관심사는 이윤추구를 위해 기업을 경영하는 것이 근본적인 목적이다.

후배에게 E메일을 받은 적이 있다. 직장인들의 애환이 고스란히 녹아 있어 마음이 아팠다. 새로 부임한 무능력한 부사장 때문에 다른 직장을 알아봐 달라는 내용이었다. 그의 메일에는 직장에서의 정치와 이해관계에 따른 부서 간의 갈등, 그리고 이직에 대한 고민까지 샐러리맨의 비애가 고스란히 녹아있었다. 나는 직장을 이직할 때 가장 경계해야 할 것이 조급증이라며 서두르지 말 것을 당부하는 E메일을 보내주었다.

〈후배가 보내온 E메일〉

잘 지내시죠? 선배님.
요즘은 도통 연락을 못하고 지냈습니다. 저도 여기를 떠날 때가 된 듯합니다. 최근 6개월간 열심히 지켜봤는데, 마케터들을 대거 뽑아서 중용했던 부사장님이 계열사로 발령나고 8개월 정도 지난 상태입니다.

새로운 부사장은 'L기업이 B2B로 먹고 살았지, 마케터가 왜 필요하냐'라고 생각하는 분이고, 마케팅본부를 해체해 버린 상황입니다. 이 상태가 2~3년은 지속될 듯하고, 침몰하는 거대한 공룡처럼 조직의 시야가 무조건 윗사람 맞추기입니다. 소비자 조사는 지난해부터 정지되었고, 윗분이 어떻게 생각하는지, 여기에 온 신경을 곤두세우고 있는 실정입니다. 마케터들이 하나둘 떠나서 지금은 제가 속한 조직에 마케터라곤 저하나 남았습니다. 보통 4~6명 정도가 한 파트를 이루어 근무하는데, 혼자서 하고 있는 실정입니다. 마지막 마케터 후배를 오늘 환송해 줄 예정입니다.

인사팀에 인원 충원을 요청했더니, 업무로드 정리해서 가져오랍니다. 헉, 매일 오전 8시부터 오후 7시까지 밟고 있고, 오후 7시에 퇴근하기 위해 가끔은 새벽 6시에도 출근하는데 말이죠. 자기들은 밤늦게까지 야근하는데, 넌 7시면 퇴근하면서 뭐가 필요하냐는 뉘앙스입니다. 낮에는 빈둥거리고 밤늦게까지 일하는 척 비위만 맞추는 놈들이. 암튼, 선배님! 제대로 마케팅할 곳으로 이동하고 싶네요^^ 좋은 데 있으면 추천 부탁 드립니다. 주절이 주절이.. 얘기 많이 해서 쑥스럽네요. 선배님. 조언 좀 부탁드립니다. 이력서 정비는 끝냈습니다. 감사합니다.

K 후배 올림

다음은 전 직장의 OB커뮤니티에 Y후배가 올린 〈어떻게 직장생활을 해야 잘하는 걸까요?〉라는 고달픈 제목의 글이다. 직장생활이 과연 무엇이고, 어떻게 처신해야 할지를 생각하게 만든다.

〈커뮤니티에 올라온 직장생활의 애환〉

제목: 어떻게 직장생활을 해야 잘하는 걸까요?

안녕하십니까? Y입니다.

누구는 여행을 떠나버렸고, 누구는 세상을 떠났고, 누군가는 승진도 하고, 또 누구는 누구랑 다시 함께 일하고,,,,이런 이야기들을 술자리나 아니면 건너건너 듣습니다. A회사 영업부서는 아직도 그렇고, 마케팅은 어떻고, 화장품은 어쩌구 저쩌구....불과 얼마 전까지 같은 장소에서 같은 고민을 하면서 지내던 많은 분들, 지금은 어디에 계시는지.

함께했던 시간이 짧든 길든 간에 소식을 들으면 부러움, 연민 등의 감정이 생깁니다. 어디쯤 계시나요? 정상에 오르기 위해

마지막 깔딱 고개에서 마지막 힘을 내고 계십니까? 산중턱에서 땀을 식히며 물 한 잔 마시고 계시는지, 저처럼 산이 잘 보이는 곳에 앉아 정상근처의 만년설만 논하고 계시는지, 재미가 없습니다. 무슨 일을 해도 시들하고, 진행이 안 되지도 않고, 되지도 않고…목숨 걸 만한 일을 하고 싶다는 생각만 있지, 어떤 일에도 간절하지 않고, 몇 년을 정신 없이 살다 보니, 후배들에게 매일 죽을 것처럼 일하고 싶다며 A회사를 나왔는데, 3년 만에 이런 생각을 하고 있다니 참으로 한심합니다.

이럴 때 필요한 게 충전인지 휴식인지, 그러다가 완전히 일을 놓아 버릴 것 같아 두렵고, 알코올과 지방으로 딱딱해진 간 때문인지 심장 뛰는 일이 없습니다. 다른 분들도 그러신지, 아니 그런 적이 있는지, 있다면 어떻게 극복하고 계시는지? 고급 술집에 가도, 회사의 명운을 바꿀 프로젝트에 참여를 해도 재미가 없으니…. 모든 평가는 돈이고, 돈 때문에 움직이는 많은 사람들과 돈을 위해 많은 것을 포기하는, 돈을 위해 얼굴을 바꿀 수 있는 분들 속에 저도 그 안에 있습니다. 주중에는 매일같이 주말이 그립다가 주말이 종료되는 일요일 오후부터 불안해집니다. 어떻게 직장생활을 해야 잘하는 걸까요? 해답 없는 답답한 마음에 선배님들께 넋두리를 해봅니다.

감사합니다.   Y 올림

위의 글은 회사에서 직장생활이 무엇인지를 진지하게 생각하게 만든다. 겉으로는 기쁨과 존경, 동료애 같은 것이 전부인 것처럼 보이지만, 시기나 질투·인맥·뒷담화·불공평 등이 난무할 때마다 회의에 빠지곤 한다. '도대체 사람들은 왜 그럴까?'라고 자문하다가도 스스로 자유롭지 못하다. 나도 그러한 일원이었기 때문이다. 그저 내 밥그릇 빼앗길까 봐, 직급이 올라갈수록 내 것을 챙기기에 바빴다. 하지만 어찌하랴. 한 집안의 가장으로서 생계를 유지하기 위해서는 자기사업을 할 게 아니라면 직장생활을 계속해야만 한다. 어설프게 이직한다고 해서 근본적인 문제가 해결되는 것은 더욱 아니다. 직장인들의 비애는 원천적으로 해결할 수 없는 한계가 있을지 모른다. 호수에 우아하게 떠 있는 백조가 아름다운 이유는 보이지 않게 물길질을 계속하는 물갈퀴의 노력 덕분이다. 마찬가지로 세계에서 유례를 찾아보기 힘들 정도로 급속한 발전을 이룩한 대한민국의 이면에도 국민들의 혼신을 기울인 노력이 뒷받침되었기 때문이다. 즉, '한강의 기적'은 기업에 몸담았던 선배 직장인들의 헌신적인 노고의 산물이었다.

대한민국호, 브레이크를 밟을 시점이다

대한민국 직장의 특징은 '빨리빨리 주식회사'다. 그래서 대한민국의 직장인들은 지금 피로가 누적되어 있다. 대한민국에게 진정 필요한 것은 휴식이지, 세계 경제대국 5위권 진입, 또는 국민소득 5만 달러 달성과 같은 양적 성장이 목표는 아니다. 휴식 (Refresh)을 취해야만 새로운 마음으로 원하는 목표를 달성할 수 있기 때문이다. 휴식을 통해 힐링을 하고, '저녁이 있는 삶'이 실행될 수 있도록 여백의 미를 통해 워라밸을 유지해야 한다. 정부가 먼저 장기적인 비전을 수립하되 양적 성장은 지양하고, 질적 성장으로 국가 운영의 기조를 바꿔야 한다. 그래야지 기업도 임직원이 쉴 수 있는 새로운 문화를 정착시킬 수 있다. 임직원들이 쉴 수 있는 시간과 복지에도 이제는 눈을 돌릴 때이다. 유럽처럼 1달이나 길게는 2달 정도의 유급휴가를 주고, 휴식을 취할 수 있도록 배려해야 한다. 이상적인 말 같지만, 그렇게 하다 보면 대한민국 전체가 점차 행복해지고, 기업문화도 더욱 풍요로워질 것이다. 그들이 떠난 자리는 다른 임직원이 보충해도 크게 문제될 것이 없음을 직장인들은 잘 알고 있다. 기업은 시스템으로 움직이는 생명체이기 때문이다. 이러한 분위기는 의식 있는 기업가들이 선도할 때 서서히 정착될 것이다.

『노는 만큼 성공한다』라는 다소 도발적인 제목의 저서와 강의를 통해 여가학을 설파해 온 김정운 교수는 20세기 산업사회에서는 얼리버드형의 성실한 사람이 성공할 확률이 높았지만, 21세기 지식기반사회에서는 창조적인 사람이 성공할 확률이 높다고 주장했다. 창조적인 사람이 되기 위해서는 휴식이 필요하다는 역설로, 그는 "휴식에 대한 철학이 분명해야 성공하며, 유대인이 위대한 이유는 머리가 좋아서가 아니라 노동과 휴식에 대한 철학이 분명하기 때문이다."라는 것이다. 유대인은 6일을 일하면 7일째 쉬고, 6년을 일하면 다음 해를 안식년으로 정해 휴식을 취한다.

LG생활건강의 CEO를 역임한 차석용 부회장은 임직원들에게 '칼퇴근'을 통한 여가 문화를 전파하기 위해 노력한 인물이다. 당시 야근이 당연시되던 상황에서 그의 '칼퇴근 문화 정착'의 노력은 대한민국 직장문화의 현실을 모르는 유학파 CEO의 단순한 치기라고 생각되었고, 당연히 실패할 거라고 예측했다. 하지만 그는 부임 후 2년 동안 칼퇴근 문화를 정착시켰고, LG생활건강의 매출 및 기업가치도 급격히 상승시켰다. 그는 15년 동안이나 LG생활건강을 이끌면서 56분기 연속 영업이익 성장, 53분기 연속 매출 성장이라는 엄청난 업적을 달성한 것이다. 그렇다면 그가 밝힌 비결은? 그는 "비즈니스 패러다임은 점차 이코노믹 뷰(economic view)에서 아티스틱 뷰(artistic view)로 바뀌고 있다." 즉, 원가 절감과 대량생산이 중요하던 산업 사회에서 많은 시간을 들여 일하는 성실한 인재가 필요했다면, 앞으로는 창의적인 인재가 사업을 이끌어 간다는 것이다. 이것은 김정운 교수의 주장과 맥이 닿는다. 그는 직원들이 야근보다 퇴근 후 미술 전시회 같은 문화생활을 즐기는 것이 창의성 향상에 도움이 되고, 결국 기업에게 더 큰 기여를 한다는 굳건한 경영철학임을 입증했다. 그의 생각이 옳았음은 LG 생활건강의 경영 성과가 말해준다.

OECD 국가 중 노동시간 세계 1위 또는 2위인 대한민국 경제는 아직 패러다임의 전환을 이룩하지 못했다. 특유의 성실함으로 수십 년에 걸쳐 비약적인 경제발전을 이룩했지만, 선진국의 문턱을 좀처럼 넘지 못하고 있다. 세계 최고의 교육열을 자랑하는 우리나라는 왜 학술 분야에서의 노벨상 수상자를 아직도 배출하지 못하고 있을까? 답은 나와 있다. 지금 대한민국에게 필요한 것은 '빨리빨리(8282) 문화'에서 탈피해 쉼표와 여백이 있는 선비문화를 정착시키는 일이다. 지금은 국민들의 성실성에 기반한 노동집약적 경제활동이 국가 경제를 견인하는 한계에 봉착했다는 의미다. 현재 진행되고 있는 4차산업혁명 시대는 개인의 근면성보다 글로벌 감각을 보유한 창의성이 더욱 빛나는 시대이기 때문이다. 대한민국의 기업들은 과거 선진기업의 지식과 기술을 빨리 수입해서 모방하던 빠른 추종자(Fast follower)에서 탈피한 선도자(First mover) 전략으로 전환해야만 한다. 이를 실천하는 길은 역설적으로 대한민국이 '빨리빨리' 문화에서 시급히 벗어나는 것이다. 여기에는 전제조건이 있다. 대기업을 중심으로 4.5일제가 시행되고, 중견기업과 중소기업으로까지 전파되어야만 한다.

03 | 인간관계가
핵심이다

      직장생활의 성패는 인간관계가 좌우한다. 실제로 일을 잘하고 못하고는 두 번째 문제다. 조사된 바에 따르면 직장을 이직하는 이유의 70%도 결국 상사와의 관계 형성에 실패해서라고 한다. 이처럼 기업에서 인간관계의 중요성은 아무리 강조해도 지나치지 않는다. 사람마다 성격이 다르고, 인성이 다르다. 사람들이 모여 공동의 목표를 추구하는 곳에는 언제나 갈등이 존재하기 마련이다. 이를 슬기롭게 극복하기 위한 최고의 방법은 사전에 자신의 상사와 인간관계를 돈독하게 구축하는 것이다.

    현실적으로 직장에는 4가지 부류의 상사가 있다.

    첫째, 똑똑하고 부지런한 '똑부스타일'이다. 이들을 만나면 고생할 준비를 해야 한다. 그들 대부분은 성격이 급하고 말까지 빠르다. 야근을 많이 해야만 하고, 스트레스도 받겠지만 시간이 지난 뒤에 그의 내공을 고스란히 물려 받았다는 사실을 깨닫게 된다.

둘째, 똑똑하지만 게으른 '똑게스타일'이다. 모든 직장인들이 선망의 대상으로, 이들은 알면서도 모른 척해 주고, 가끔은 부하직원들의 어깨도 쳐주면서 마음을 담아 격려해 주기도 한다. 대부분이 자상하고 이해심도 넓지만, 현실적으로 조직에서는 찾기 어렵다.

셋째, 멍청하면서 부지런한 '멍부스타일'로, 직장인들이 가장 싫어하는 유형이다. 이들의 특징은 보스에게 충성하면서 다른 사람이나 경쟁사에게 지는 것을 몹시 싫어한다. 사사건건 간섭하면서 부하직원들을 닦달하기도 한다. 회의에는 꼭 참석해서 필요없는 말을 많이 한다. 그러나 이들을 만나면 스트레스로 심신이 상하는 것은 물론이고, 자신도 모르는 사이에 점점 그의 스타일을 닮는다. 이를 해결하려면 1차적으로 인사팀을 통해 부서의 이동 배치를 타진해야 하지만, 현실적으로 실행이 어렵다. 그게 아니라면 '이직'을 진지하게 고민해 봐야 한다.

끝으로 멍청하면서도 게으른 '멍게스타일'이다. 이들의 특징은 출퇴근 시간이 정확하다. 하지만 직장에서 이런 부류의 상사를 찾기 힘들다. 상향평가는 물론, 360도 다차원 평가에서 구조조정 1순위이기 때문이다.

고수는 결정적인 때 칼을 뽑는다

그동안 직장생활을 해오면서 나는 좋은 상사를 많이 만나는 행운을 누렸다. 그중에서도 한국인 최초로 UN에서 근무하고, AP기자를 역임한 사장으로부터 내게 없는 것들을 참으로 많이 배울 수 있었다. 직장인들은 일관성이 없는 상사를 가장 싫어한다. 턱으로 지시하고 자신은 인터넷 서핑에 몰두한다. 이들의 특징은 주말에 힘들게 작업한 보고서를 단번에 뒤집어 '삽질'이 되게 만든다. 그들이 뭐라뭐라 설명하면서 보고서에 빨간펜으로 긁적일 때면 처참한 심정이 된다. 반대로 직장인이라면 전문성이 뛰어난 상사들과 일하고 싶어 한다. 업무를 하면서 자연스럽게 배울 수 있기 때문이다. 아무리 뭘 해도 바뀌지 않는 못된 상사를 만나면 어떻게 해야 할까? 함께하지 않는 것이 좋다. 술자리에서 그를 안주삼아 뒷담화를 즐기면서도, 몇 년이 지나면 자신이 상사의 스타일을 고스란히 답습하고 있다는 사실을 발견하게 될 것이다. 직장에는 어디든 트러블 메이커가 반드시 있기 마련이다. 일단 그들에게 잘 보이는 유일한 방법은 사소한 것이라도 끊임없이 보고하는 자세다. 대부분이 권위적이기 때문에 권한의 위임보다 직원들을 믿지 못하고 물어오기를 은근히 기대하고 있다. 보고하지 않았다가 사소한 문제라도 터지는 날이면 인사고과를 포기하는 편이 낫다. 이들은 주로 아부하면서 어울려주는 직원들을 높게 평가하기 때문이다. 인사팀이 먼저 조처해 주지 않는다면 이직을 치밀하게 준비해야만 한다. 정신적인 스트레스로 우울증이나 심각한 질병까지 얻을 수 있기 때문이다.

2000년 밀레니엄을 앞두고 뉴욕타임즈는 지난 1000년에서 최고의 인물로 '칭기스칸'을 꼽았다. 거대한 제국을 세울 수 있었던 배경에는 부하를 신뢰하고 권한을 위임하는 리더십이 탁월했기 때문이라는 이유다. 현대경영에서 관리자의 필수덕목인 리더십은 동서고금을 막론하고 아무리 강조해도 지나치지 않다. 과장 직급 이상의 리더급을 채용할 때면 반드시 체크하는 항목이 리더십이다. 이력서에 적힌 내용보다 주로 레퍼런스 체크를 통해 이루어지는 경향이 있다. 과장 직급 이상의 직장인이라면 리더십에 대한 내용은 익히 들어왔고, 교육도 여러 차례 받았을 것이다. 직장에서 리더십은 처세술의 필수덕목임에 틀림없다.

회사에서 중대한 프로젝트를 맡은 적이 있다. 일이 벅찼지만 욕심이 많아 거부하지 않고 자원해서 맡았다. 결과에 따라 회사가 위기에 몰릴 수 있는 중대한 상황이었다. 회사가 원하는 바를 달성하겠다는 일념으로 팀원들을 독려하면서 일에 푹 빠졌다. 시간이 절대적으로 부족한 상황에서 파트너사의 요구까지 들어줘야 했다. 야근이 많아지면서 팀원들이 일찍 퇴근하는 것을 부담스러워하는 야릇한 분위기가 조성되었다. 중간보고를 받은 경영진의 기대는 커졌다. 그들의 요구에 부응하려다 보니 직원들을 더욱 재촉하게 되었다. 리더십을 몰라서가 아니라 단기간에 성과를 내기에는 당근보다 채찍이 필요한 시점임이라고 판단한 것이다. 팀장의 마음을 몰라주는 부서원들이 야속하게도 생각되었지만, 어차피 관리자가 짊어질 몫이라며 위안을 삼았다. 팀장으로서 본부장의 호출이나 요구에도 항상 긴장을 늦추지 않고 기획서를 미리 준비해 보고했다. 회의 참석이 많아지면서 개인적인 시간도 없었다. 다른 팀보다 잘하겠다는 심리적 부담도 크게 작용했다. 초심을 잃어버린 채로 회사가 원하는 바를 달성하는 것이 팀원들의 행복을 높이는 길이라 굳게 믿었다.

그 무렵에 평소에 믿고 따랐던 A급 인재가 면담을 요청해 왔다. 성과가 좋아 인사고과도 챙겨주던 그가 대학원에 진학할 거라며 사직서를 내밀었다. 어떻게든 설득해 보려고 최선을 다했지만, 그의 결연한 의지를 막을 수 없었다. 마침내 그가 최후의 칼을 뽑았음을 인정하고 환송회를 열어 앞길을 축복해 줬다. 프로젝트를 성공적으로 마치고 회식자리에서 뜻밖의 말을 듣고 말았다. 대학원에 진학한다던 그가 다른 회사로 이직했다는 사실이었다. 직급과 연봉을 크게 올렸다는 말까지는 좋았지만, 그의 이직 사유가 내가 일에 미친 워커홀릭이기 때문이라는 것이었다. 큰 충격을 받고 말았다. 회식을 간단하게 마치고 복잡한 심정으로 사무실에 들어와 진지하게 스스로를 돌아보는 시간을 가졌다. 도대체 무엇을 위해 이렇게 바쁘게 살고 있는 것일까? 부하 직원은 왜 내게 솔직하게 말하지 않았을까? 자신의 출세나 이익을 위해 타인의 성공을 짓밟는 사람들이 있다고 하는데, 그게 혹시 나는 아닐까?

하지만 그 직원이야말로 내게 배울 건 모두 배우고, 인사고과까지 챙기면서 결국 결정적인 때 칼을 뽑은 고수가 분명하다. 직장인이라면 그를 벤치마킹할 필요가 있다. 그것은 상사의 뒷통수를 치는 것과는 차원이 다른 문제로, 팀장과 팀원 간의 신뢰에 대한 문제일 뿐, 개인과 회사의 문제는 아니라고 본다. 회사가 개인의 미래까지 보장해 주지는 않기 때문이다. 고수라면 스스로를 경계하면서 치밀한 전략하에 결정적인 순간에 칼을 뽑을 수 있어야 한다.

나는 어떤 존재로 상사에게 입력되어 있을까?

직장인들의 역량은 직급이 올라갈수록 차이가 난다. 신입사원 때는 역량에서 큰 차이가 나지 않는다. 업무를 배우는 신입사원 시절에는 실수도 용납되고, 동기들 간에 경쟁심리도 약하다. 엇비슷하던 역량이 차이를 보이기 시작하는 시점이 입사 3년 차가 아닐까 싶다. 생각보다 단순한 업무를 진행하는 평사원급들이 직장에서 역량이 차이 나면 얼마나 나겠는가? 하지만 입사 3년 차가 변곡점이다. 누구에게, 업무를 어떻게 배우냐에 따라 사원급들은 평생 스타일이 결정될 수 있다. 급할 때일수록 돌아가라는 말이 있다. 생각할수록 멋진 말이다. 하지만 기업을 구성하고 있는 모든 부서의 구성원들이 똑같이 바쁜 건 아니다. 일이 많고 업무가 몰리는 부서가 있기 마련이다. 회사에는 일상적인 업무를 다루면서 칼퇴근을 하는 부서들도 있다. 그런데도 월급을 직급체계에 따라 똑같이 받으면 불공평하다. 직장인들이 가장 불공정하게 느끼는 부분 중에 대표적인 경우다. 일이 많은 회사의 구성원들에게 급여를 더 주는 것은 너무도 당연하다. 무늬만 연봉제는 지양하고, 과업량에 따른 연봉제를 지향해야만 한다.

일이 몰릴 때는 어떻게 헤쳐 나가야 할까? 어려운 말이겠지만 일에 쫓기지 말고, 일을 몰고 다니라는 말이 있다. 능력자들은 업무의 우선순위를 간파한다. 직장에서 시간은 돈이다. 시간관리 메트릭스에 따라 반드시 처리해야 할 중요한 업무부터 처리하고, 덜 중요한 업무는 후순위로 배치시켜야 한다. 직장에서 능력자와 무능자의 차이는 '업무의 우선순위를 결정'하는 백지 한 장의 차이부터 간극이 벌어지기 시작한다. 여기에도 중요한 원칙이 있다. 업무의 중요도나 시급성을 당신이 판단할 것이 아니라 상사들의 머릿속이라는 사실이다.

직장생활에서 처세술과 사람에 대한 태도는 직장생활의 성패를 좌우한다. 회사에서 일이나 업무를 잘하는 것도 중요하지만, 그 사람의 태도와 처세가 오히려 더 중요할 수도 있다. 그중에서도 열정은 성공의 핵심적인 키워드로, 자신이 맡은 업무에 대한 애정으로부터 시작된다. 자신의 업무를 사랑하는 태도에서 열정은 발원한다. 직장에는 3종류의 사람이 있다. 열정 있는 사람, 열정 없는 사람, 그저 적당히 그런 사람. 대관령 목장에 가면 풍력발전기가 여기저기서 아름답게 돌아가고 있다. 얼핏 보면 그저 큰 바람개비에 지나지 않는 것 같은 풍력발전기가 더욱 아름다워 보이는 이유는 스스로 끊임없이 에너지를 만들어내기 때문이다. 반면 자동차나 비행기는 기름을 넣어야만 달리거나 날 수 있다. 아무리 멋진 외제차 혹은 제트기라도 기름이 없으면 멈추고 만다.

사람도 마찬가지다. 열정이 있는 사람은 언제 어디서나 빛이 나고, 어려움에 부딪혀도 그것을 딛고 일어설 수 있는 에너지가 있다. 열정은 끊임없이 스스로를 재충전시켜 주기 때문에 쉽게 지치지 않고 목표를 향해 끝까지 달릴 수 있게 도와준다. 반면 열정이 없는 삶은 김 빠진 맥주와 같다. 스스로도 재미없고, 남들도 재미없다. 365일 밥을 먹고, 일을 하고, 사는 것은 똑같지만, 열정을 가지고 사는 것과 그냥 사는 것은 삶의 질에서 큰 차이를 보일 것이다. 열정을 갖고 산다는 것은 삶을 누리며 살 수 있는 특권을 가지는 것이다.

마케팅에서 전문용어로 쓰이는 포지셔닝은 경쟁이 치열한 시장에서 다른 기업의 브랜드와 다르게 자사만의 차별화된 핵심혜택이나 컨셉을 정확하게 소비자의 마음속에 자리 잡도록 하는 것을 말한다. 이를 제대로 실행한 브랜드는 성공적으로 시장에 안착하지만, 실패할 경우 처참하게 실패하거나 도태된다. 때문에 기업들은 해마다 긍정적인 포지셔닝 구축을 위해서 수천억 원의 마케팅자원을 투입하고 있다. 마찬가지로 인간관계에서도 포지셔닝은 대단히 중요한 문제이다. 사람들은 그 사람의 실체보다 남들에게 보여지는 그 사람의 이미지를 더 중요하게 생각할 수 있다. 문제는 이러한 인간관계의 포지셔닝이 긍정적이든 부정적이든 한번 구축되면 쉽게 바뀌지 않는다는 것이다. 첫인상의 중요성에 대해서 아무리 강조해도 지나치지 않다고 하는 것이 다 이런 이유 때문이다.

현재 다니고 있는 직장에서 나의 포지셔닝은 어떠한지 자문해볼 필요가 있다. 상사에게 보여지는 나의 포지셔닝, 동료에게 보여지는 나의 포지셔닝은 어떠한지 냉철한 분석이 요구된다. 사람들의 마음속에 함께 일하고 싶은 사람, 다른 누구와도 대체하고 싶지 않은 사람으로 인식되기 위해 내가 노력해야 할 부분은 어떤 것이 있는지 스스로 점검이 필요하다. 이처럼 직장생활에서는 적략적 사고가 필수적이다. 전략적 사고란 철저하게 목표지향적인 관점을 갖는 것이다. 모든 일에 목표를 설정하고, 그 목표에 대한 정확한 이해를 갖고 처신하기 때문에 말이나 행동에서 낭비되는 바가 없고, 원하는 목표에 보다 빨리 근접하게 된다. 이처럼 개인의 목표를 달성하기 위해서는 직장생활을 전략적으로 꾸려나갈 필요가 있다.

성공에는 재능과 행운이 모두 필요하다. 그런데 '행운'이란 다름 아닌 다른 사람의 도움을 받는 것이다. 자신의 목표를 세우고 실력을 쌓기 위해 애쓰는 것처럼, 사람들과의 관계에도 전략적인 노력을 기울여야 하는 이유가 여기에 있다. 21세기는 네트워크 지수가 경쟁력을 좌우한다고 해도 과언이 아닐 정도로 인적 네트워킹의 중요성이 커지고 있다. 다양한 채널을 통해 정보를 수집하는 능력, 소중한 사람들과 함께 자기계발을 도모하는 능력 등 네트워킹 능력은 다채롭고 풍요로운 삶을 만들어 주는 원동력이 된다. 흔히 인맥이라고 하면 학연이나 지연 등 부정적인 의미로 받아들이는 경우가 많지만, 인맥을 통해 자신의 삶에 긍정적인 영향을 받아본 사람은 결코 그 의미를 무시할 수 없다.

비즈니스의 세계는 철저하게 사람에서 시작해서 사람으로 끝나는 경우가 많다. 실제 직장 생활에서 혼자의 힘만으로 할 수 있는 일은 지극히 드물다. 때문에 직장 생활에서 인간관계는 핵심이라고 할 수 있는데, 이러한 인간관계는 위급한 일이 닥쳤을 때 진가를 발휘하게 된다. 평소 친분이 없다가도 막상 필요한 상황에 몰리고 나서 아쉬운 말을 꺼내는 사람들이 있는데, 이러한 사람이 반갑지 않기는 누구나 마찬가지일 것이다. 이렇게 쌓인 자신의 이미지는 협력업체나 파트너를 통해서 비즈니스 세계로 퍼져나간다. 미국의 한 조사기관의 연구결과, 내가 모르는 누군가에 대해서도 인맥의 '6단계'만 거치면 다 알게 된다고 한다. 한국의 경우는 4.6단계만 거치면 알 수 있는 것으로 조사되었다. 아무리 이력서를 그럴싸하게 꾸며도 4.6단계만 거치면 그것의 진실성 여부가 드러날 수 있다는 말이다. 결국 인맥 관리에서 가장 중요한 것은 스스로의 진실성을 바탕으로 상호 원원할 수 있는 인간관계를 만들어가는 것이다.

상하관계, 역지사지(易地思之)면 통한다

동서고금을 막론하고 존경받는 리더가 되는 일은 쉬운 일이 아니다. 『따뜻한 카리스마』라는 책이 있다. 직장에서 따뜻한 카리스마를 보유한 리더급이 과연 몇이나 될까? 사전적으로 '카리스마(charisma)'란 예언이나 기적을 나타낼 수 있는 초능력이나 절대적인 권위, 신의 은총을 뜻하는그리스어 'Khárisma'에서 유래되었다. 그런데 '따뜻함'과 '카리스마' 자체는 서로 부딪치는 상극인 것이다. 역지사지란 참으로 어려운 말이다. 머리로는 생각하면서도 가슴으로 받아들이기 힘들다. 부하직원들은 상사들의 심정을 대부분이 모른다. 상사가 안 되어 봤기 때문이다. 반대로 역량있는 상사들은 부하직원들이 무슨 생각을 하는지 대부분은 안다. 그들은 모든 과정을 거쳐왔기 때문이다. 사원들의 생각을 80% 이상 읽을 수 있고, 대리급은 50%, 과장급은 30% 정도 예측할 수 있다. 능력자라면 부하직원들의 입장을 이해하고 역지사지를 실천해야 한다.

주위에서 업무실적이 그리 뛰어나지 않은데도 상사들이 아끼는 직원들의 공통점은 무엇일까? 상사들로부터 인정받는 직원들의 공통점은 인간관계에 기반한 커뮤니케이션 스킬이 뛰어난 특징이 있다. 그들은 80% 수준의 보고서를 입으로 120%로 만들 수 있다. 70% 역량을 가졌음에도 100%에 가깝도록 적시에 보고하고, 상사들과의 인간관계를 원만하게 확보한다. 커뮤니케이션 역량이야말로 직장에서 인정받는 지름길이다. 부서원들이 평가하는 상사의 리더십으로는 상사가 먼저 자신에게 식사를 제안한다거나, 인사고과가 나쁠 때 진실되게 미안해하거나, 사고가 터졌을 때 질책보다 해결책을 먼저 찾는 모습이 아닐까 싶다. 사실 직장에서 관리자들의 마음은 급할 수밖에 없다. 임원이나 경영진이 급하기 때문이다. 긴박한 업무를 추진할 때는 불가피하게 따뜻하지 않은 강력한 카리스마를 구사할 수도 있어야 한다.

긴박하고 중요한 업무를 추진할 당시에 본부장이 라면을 먹으러 가자고 했다. 요즘 고생이 많은데 급할 때일수록 돌아가라는 조언도 해주었다. 나를 보면 자신을 보는 것 같다며 불도저처럼 무식하게 일한다는 것이었다. 팀장이 너무 늦게 퇴근하면 팀원들이 눈치를 보기 때문에 빨리 지칠 수 있다고 했다. 팀장은 느긋해야 하고, 위로부터 내려오는 압박도 막아주면서 조직원들의 불만에도 귀 기울이면서 개선시켜 나가야 한다는 것이었다.

직장생활을 하면서 무척 곤혹스러운 적이 있었다. 부하직원들이 팀장에 대한 클레임을 공식적으로 제안했기 때문이다. 업무를 잘하던 팀장이었고, 클레임을 제기한 부하직원들도 A급 인재들이라 딜레마에 빠졌다. 어떻게 해결하는 것이 서로에게 상처를 주지 않고 합리적으로 해결할 수 있을지 해법을 찾는 데 몰두했지만, 쉽지가 않았다. 문제를 제기한 직원들이 오죽 했으면 그랬겠냐는 측면과 아무리 그래도 자신들의 팀장이 받을 타격은 얼마나 고려했을지 의문도 들었다. 쉬쉬하면서도 동료들이 알게 되면서 상황이 점차 악화되어 갔다.

합리적으로 해결하기 위해 대책방안을 마련하기 시작했다. 자신의 팀장과 일을 못 하겠다고 보고한 직원들은 자신들의 팀장을 못된 상사로 입증하려고 사소한 행위까지 문제를 제기했다. 평소 추진력이나 보고 방식, 타이밍, 보고서의 품질이 우수한 팀장이었지만, 부하직원들에 대한 배려심이 없는 것도 이미 알고 있었다. 그럼에도 부하직원들의 클레임을 들으며 실망하지 않을 수 없었다. 내가 생각했던 것 이상으로 문제가 심각했다. 여하튼 최적의 의사결정이 필요했다. 팀장도 한 가정의 가장이고, 부하직원들의 클레임도 해결해야만 하는 난처한 상황에서 몇 가지 옵션을 도출했다.

해당 팀장과 면담했을 때 자신을 건너뛰고 상사에게 직설적으로 고변한 이상 함께 일할 수 없다고 했다. 팀은 2파트 12명으로 구성되어 있었고, 파트별로 선의의 경쟁을 유발하는 긍정적 측면도 있었지만, 업무가 겹치거나 특정한 파트로 업무가 몰릴 때도 있었다. 고심끝에 파트장을 맡고 있던 다른 직원을 팀장으로서 승격시키고, 팀장은 다른 팀의 보직자로 배치시켰다. 부하직원들이 원하던 팀장도 교체하고, 심각한 타격을 받은 팀장도 구제할 수 있는 유일한 방법이었다. 모두가 역량있는 직원들이라 더욱 안타까웠다. 그들은 서로 간의 인간관계에 실패한 것이다. 실제로 직장에서 이러한 문제는 수시로 발생한다. 이러한 상황이 닥치면 리더들은 최선책을 찾아 인사에 반영해야 한다. 그것이 리더의 숙명이다.

상사에게 비전이 없다면 이직하라

직장인들 10명 중에서 7명은 현재 자신이 근무하는 직장에 만족하지 못하는 것으로 나타났다. 대표적인 헤드헌팅 포털사인 '사람인'의 발표에 따르면 "현재 직장에 만족하십니까?"라는 물음에 불만족이 68.6%로, '만족한다' 31.4%보다 두 배 이상 높게 조사되었다. 만족하지 못하는 이유는 근무 여건이 42.8%로 가장 높았고, 회사가 비전이 없어서가 29.1%로 뒤를 이었다. 자신이 근무하고 있는 회사나 상사에게 비전이 없다고 생각한다면 치밀하게 이직을 준비하는 편이 낫다. 스스로 나태해지고 자기발전이 없기 때문이다. 나는 직장생활에서 운이 좋은 편이었다. 무엇보다 좋은 분들을 직속상사로 계속 만나왔기 때문이다. 드물게 아닌 경우도 있었다. 멍청하고 부지런한 '멍부스타일'의 상사를 만난 적도 있다. 이것은 누구나 겪게 되는 과정이다.

최근의 추세는 기업들이 직급보다 직책을 중시하는 문화다. 삼성전자나 현대자동차와 같은 굴지의 기업에서의 팀장은 대체로 임원급이다. 기업의 규모나 특성에 따라 팀의 구성원 숫자가 달라질지 몰라도 팀장의 역할은 비슷하다. 국내 기업들의 전통적인 직급체계는 사원(4)-대리(4)-과장(4)-차장(4)-부장(4)이고, 인사정책에 따라 삼성이나 현대차그룹과 같은 굴지의 기업들은 4-4-5-5-5 또는 4-4-6-6-6으로 직급 연차가 정해져 있다. 광고대행사는 전통적으로 '과장' 직급이 없고, 공기업이나 일부 기업들은 사원과 대리 중간에 '주임'이라는 호칭을 쓰기도 한다. 국가공무원들의 '과장' 직급은 기업과는 차원이 다르다. 서기관 4급(부군수)에 해당되며, 대기업에서 '별'이라는 '이사' 직급과 동일하다. SK그룹이 보직자를 중심으로 매니저 체제로 전환했고, 아모레퍼시픽도 마찬가지다. 국내 최초로 직급제를 없애고 '님'이란 호칭을 도입한 곳은 'CJ'로, 창조적 파괴를 선도하는 기업으로 유명하다. CJ에 출근했을 당시 '님'이란 호칭이 낯설었지만, 부르다 보니 익숙해지고 서로에 대해 존중하는 마음도 들었다.

월요병이란 게 있다. 일요일 오후부터 불안해지기 시작하면서 잠자리가 편하지 못하다. 월요일의 근본적 원인은 어디서 찾을 수 있을까? 해답이야말로 직장인들의 행복지수를 결정하는 핵심이다. 부하직원들의 행복을 리더급의 보직자가 좌우할 수 있다고 믿는다. 시쳇말로 부하직원 누군가를 바보로 만드는 것은 조직에서 리더에게는 아주 쉬운 일이다. 직장인들의 행복을 좌우하는 결정적인 변수는 연봉이나 회사의 비전도 크겠지만, 조직장의 리더십과 비전이다. 이를 공식으로 나타내면 다음과 같다.

*직장인 행복지수= {(X)×(연봉+비전+출퇴근 시간+복리후생 등)}

공식에는 중요한 뜻이 내포되어 있다. 연봉이나 출퇴근 시간, 복리후생 등의 합산(+)이 아무리 좋아도 곱셈으로 계산되는 팀장 리더십(X)이 '0'이면 직장인 행복지수도 '0'이 된다. 팀장 리더십은 다른 덧셈의 지표를 좌우할 수 있는 선행변수로, 팀 단위로 분권화된 조직에서 직장인의 행복을 결정하는 최대변수임에 틀림없을 것이다. 쉬운 예로 퇴근을 일찍하는 상사가 팀장이라면 심야까지 야근하는 팀원들은 드물다. 반대로 본부장(임원)의 눈치를 살피면서 늦게 퇴근하는 팀장들은 팀원들도 자신보다 늦게 퇴근해야 된다는 잠재의식을 가지고 있을 확률이 높다. 조직에서 부서장이 함량 미달이면 부서원들은 딜레마에 빠질 수밖에 없다. 부서를 옮기는 일이 불가능하다면 이럴 때야말로 결단이 필요하다. 일에 대한 의욕이 생기지 않기 때문에 업무성과도 나쁘고, 자기발전도 없는 악순환이 반복되기 때문이다. 이것은 개인이나, 회사나 큰 손실이 아닐 수 없다. 회사나 상사에게 비전이 없다면 이직은 선택이 아닌 필수다.

04 | 나만의 철학이 필요하다

직장인이라면 자신이 맡은 직무에서 전문가가 되어야만 한다. 기업이 경력직을 채용하는 이유도 여기에 있다. 내부적으로 자사의 전문역량이 부족하기 때문에 외부에서 전문가를 찾는다는 단순한 논리다. 흐르는 물에 이끼가 끼지 않는 것처럼, 세상의 변화에 맞추어 자신을 가꾸어 나갈 필요가 있다. 목적지가 분명하다면 지금의 직장은 조금도 걱정할 필요가 없다. 훌륭한 스펙을 쌓기 위해서는 자신만의 인생 사업계획서를 만들어야 한다. 자신만의 강약점과 개선점, 미래에 원하는 목표를 수립해 자신의 능력보다 뛰어난 사람들과 경쟁하면서 조금씩 자기발전을 이루어 나간다면 최종 목적지는 꿈이 아닌 현실로 다가올 것이다. 반면 알 수 없는 열등감은 자신의 혼을 얼어붙게 하고 잠재능력마저 죽일 수 있다. 실패를 두려워말고 다양한 업무에 도전해 스펙을 쌓아야 한다. 너무 많이 조심하는 것도 때론 인생에서 독이 될 수 있음을 명심하라.

직장생활을 잘 헤쳐 나가기 위해서는 자신만의 확고한 철학이 필요하다. 즉, 남들과 똑같아서는 인정받기 힘들다는 말이다. 어느 날 출판사의 편집장이 급하게 보자고 했다. 소설을 집필할 당시에 '사랑'이 아닌 '인생전략'을 주제로 컨셉을 전환하자는 것이었다. 들어보니 연애 전문가도 아닌 내가 사랑을 논하기보다 마케팅 관점에서 인생에서의 전략을 다루는 것이 훨씬 좋아 보였다. 그때부터 나는 직장에서의 인생전략을 고민하기 시작했다. 기업에서 담당자가 만든 상품도 사람의 일생과 마찬가지로 시장에 태어나서 성장하고, 시간이 지나면 자연스럽게 퇴출된다. 이것은 우리들의 인생과 아주 흡사하다. 실제로 수많은 상품이 히트상품의 꿈을 안고 시장에 출시되지만, 3할의 성공률에도 미치지 못한다. 그만큼 히트상품은 어려운 과제다. 시장에 출시된 신상품은 도입기를 거쳐 성장기를 지나 성숙기에 진입한 다음에 쇠퇴기를 거쳐 시장에서 소멸된다. 경우에 따라 예상치 못한 변수로 초기에 또는 성장기에 소리 없이 사라지는 상품도 있다. 이것은 뜻밖의 불행한 사고로 일찍 세상을 떠나는 사람의 운명과도 같다. 이러한 제품 수명주기 곡선(PLC: Product Life Cycle)의 근원은 인간의 머리에서 나온 학설로 사람의 일생에서 발췌한 것이다.

PLC를 사람의 일생에 대입하면 크게 4단계로 구분할 수 있다. 1단계 도입기(1~25세)는 어느 가정에서 태어나 기초교육을 받는 유·소년기를 지나 20세 전후에 자신만의 가치관이 형성되는 시기로, 대학생인 당신은 가능성이 무한한 1단계 시점이다. 2단계 성장기(26~40세)는 사람에 따라 조금씩 다르겠지만, 20대 중후반에 직장생활을 시작하고, 30대에 가정을 이루고, 40세 전후에 사회적 기반을 확보하는 시기다. 3단계 성숙기(40~60세)는 40대 중반부터 가장 왕성한 사회활동을 하는 시기로, 가족을 부양하는 장년기를 거쳐 60세 전후에 대부분이 은퇴하게 된다. 4단계 쇠퇴기(60세~?)는 60세 전후부터 노년기가 본격적으로 시작되면서 언젠가 닥칠 아름다운 마무리를 미리 준비해야만 한다. 각각의 단계가 모두 소중하겠지만, 사람의 일생에서 가장 중요한 지점을 꼽으라면 나는 첫 직장 생활을 시작하는 3년의 시간을 강조하고 싶다. 말인 즉, 중장기적 관점에서 자신의 먼 훗날의 미래까지도 구상해 보자는 의미로, 인생에서도 중장기적인 마스터플랜이 필요하다. 논어에 나오는 '인무원려 난성대업(人無遠廬 難成大業)-인간이 멀리 보지 못하면 큰 일을 이루지 못한다'는 말을 곰곰이 되새겨볼 필요가 있다. 즉, 지피지기(知彼知己)를 통해 나를 먼저 분석해야만 한다.

정도가 아니면 가지 말아야 한다

가만히 눈을 감는다. 자신이 살아온 과거의 삶을 떠올려보면 본인의 의지대로 살아왔다고 생각되다가도, 문득 섬세하게 디자인된 길을 걸어왔다는 느낌도 든다. 왜 그럴까? 이러한 느낌의 해답을 찾기 위해 월정사로 탬플스테이를 들어간 적이 있다. 고즈넉한 산사에서 스님과 마주한 자리에서 물었다. "스님, 지금까지 살아온 제 삶을 되돌아보면 그때는 마치 그러한 선택을 하라고 이미 정해져 있었다는 생각이 듭니다. 하지만 미래를 떠올리면 모든 것은 저의 선택에 달려있는 느낌도 듭니다. 도대체 사람의 운명이 무엇이고, 어떻게 살아야 합니까?" 잠시 침묵의 시간이 흐른 뒤 스님은 답했다. "사람의 운명은 어느 부모님 슬하에서 어떤 조건으로 태어나느냐에 따라 일정부문 정해집니다. 그것은 사람의 힘으로는 어쩔 수 없는 영역이겠지요. 이후에 봄이 지나면 여름이 오고, 가을을 거쳐 겨울이 오는 것처럼, 사람의 일생에도 희로애락과 같은 굴곡이 끊임없이 닥치게 됩니다. 그런데 여기서 명심할 점이 있습니다. 누구도 다가오는 겨울을 막을 수는 없지만, 어떤 선택과 준비를 하면 따뜻한 겨울을 보낼지 압니다." 스님의 말에 정신이 번쩍 들었다.

천재 물리학자인 아인슈타인의 "어떠한 경우에도 신(神)은 결코 주사위를 던지지 않는다."는 말에 대한 스티븐 호킹 박사의 반론은 걸작이다. "신은 지금도 주사위를 던질 뿐만 아니라 가끔 우리를 혼동에 빠트리려고 보이지 않는 곳으로도 던진다."는 것이다. 과거에는 신의 섭리에 따라 만들어진 길을 운명이란 이름으로 살아온 듯하고, 미래는 본인의 의지에 따라 얼마든지 운명을 개척할 수 있을 것도 같다. 과거는 아인슈타인이, 미래는 스티븐 호킹의 주장이 옳게 보인다. 오늘은 어제의 결과이고, 오늘의 결과가 다시 미래라는 사실은 명확해 보인다. 과거와 현재 그리고 미래는 분명 연결되어 있다. 회사도 마찬가지다. 첫 직장이라는 첫 단추를 어떻게 끼우고, 직속상사를 누구로 만나느냐가 그대의 운명을 결정한다. 회사생활을 하다 보면 수많은 번민과 선택의 순간이 닥치게 된다. 그때마다 당신이 어떤 선택과 결단을 하느냐에 따라 운명이 달라질 것이다.

어느 날 헤드헌터로부터 특별한 연락을 받았다. 정치에 관심이 있냐는 것이었다. 당시 유력했던 대권후보로 거론되고 있는 A씨에 대한 '인물마케팅'을 담당하는 정책팀장의 보직이었다. 여의도에 있는 헤드헌팅 사무실을 찾아가 만났다. 조건도 괜찮고 평소에 존경하던 사람이라 도전해 보고 싶었다. 지금까지 해온 일과는 성격이 조금 다를 수 있지만, '인물마케팅'이라는 것도 본질은 동일하다고 생각하니 자신감도 생겼다. 특히 그가 대권의 꿈을 이룬다면, 단번에 출세가 보장된 자리라는 숨겨진 욕망도 꿈틀거렸다.

누구와도 상의할 일이 아니었다. 사안이 매우 민감했고, 외부로 발설하지 말라는 헤드헌터의 각별한 당부도 있었다. 어떻게 해야 할지 몰라 혼자서 끙끙 앓았다. 생각이 깊은 아내는 내 판단에 맡기겠다며 한 발 물러섰다. 심사숙고 끝에 도전하기로 마음먹었다. 분명 허파에 바람이 들어간 것이었다.

내 결연한 의지를 확인한 아내는 못내 불안했는지 장인어른과 상의해 볼 것을 권유했다. 아내는 은근히 반대하는 눈치였다. 신입사원으로 입사해 사장의 자리까지 오르는 것이 모든 직장인들의 꿈이라면, 장인어른은 그 꿈을 성취한 사람으로, 굴지의 대기업에서 신입으로 출발해 사장으로 퇴임한 유능한 분이라 합리적으로 판단해 줄 것 같았다.

주말에 처갓집에 들렀을 때 장인어른께서 갑자기 등산을 가자고 제안하셨다. 장모님과 달리 장인과 사위는 그렇게 편한 관계가 아니다. 등산을 하면서 장인어른을 깊이 이해할 수 있었다. 겉으로 보기에 화려했을지 몰라도 그분의 직장생활도 순탄한 것만은 아니었다. 홀어머니를 모시고 혈혈단신으로 고향을 떠나 낯선 곳에서 가장으로서 4명의 자녀까지 책임져야 한다는 책임감에 항상 시달렸다는 것이었다. 치열하게 직장생활을 하면서도 죽음의 공포와도 싸워야만 했다는 말도 들었다. 당시만 해도 공장이 자동화되어 있지 않아서 사고가 자주 발생했고, 불의의 사고로 죽어나가는 동료들을 지켜보면서 두려웠다는 것이다. 세대 차이를 넘어 가장의 책무가 크게 공감되었다. 장인어른이 남긴 "사장의 마음은 사장을 해본 사람만이 안다."는 말도 가슴에 와닿았다. 대리 직급은 과장이 된 다음에야 과장의 마음을 알 수 있고, 과장은 팀장이 된 다음에야 비로소 팀장의 마음을 이해할 수 있다.

장인어른께서 갑자기 어떻게 결정할지를 내게 물으셨다. 정치권이 아무리 진흙탕이라고 하지만 인생에서 세 번 찾아오는 기회로 생각된다며 옮기겠노라고 답했다. 그러자 장인어른께서는 정치는 안 된다며 선을 그으셨다. 헌신적으로 일해도 헌식짝처럼 토사구팽이 판치는 곳에 들어가는 것은 불 속으로 뛰어드는 불나방과 같다며 만류하셨다. 그러면서 본인이 평생할 수 있는 일이나 사업을 지금부터라도 서서히 준비하는 편이 낫다고 말씀하셨다. 길이 아니면 처음부터 가지 말 것을 권유하신 것이었다. 결국 나는 정치권에 발을 들여 놓는 것을 포기하기로 마음을 고쳐먹었다. 산을 내려오는 발걸음이 한결 가벼웠다.

실제로 직장생활을 하다 보면 여러 개의 길이 나타난다. 어떤 길은 리스크가 높고, 다른 길은 안전하게 보인다. 갑자기 누군가 예상치 못한 새로운 길을 제안해 오기도 한다. 하지만 하나를 선택하면 다른 길은 반드시 포기해야만 하고, 가보지 못한 아쉬움이 남는다. 안전한 길을 선택했다면 가보지 않은 길을 그리워하지 말아야 한다. 결정이 힘들수록 정도(正道)를 가면 안전할 것이다.

실패를 두려워하지 마라! 자산이 된다

생활용품사에 근무할 당시에 삼성전자로부터 강력한 항의 전화를 받았다. 신제품을 출시하면서 TV광고를 대대적으로 진행하던 제품이라 긴장하지 않을 수 없었다. 사건의 전말은 가전제품의 내부를 세정하는 신제품을 디자인할 당시에 용기그래픽을 담당한 디자이너가 삼성전자 매장에서 가전제품을 촬영했고, 이것을 변형해 제품의 그래픽디자인으로 활용한 것이다. 신제품 컨셉이 가전제품을 청소해 주는 용도로 사용되는 제품이기 때문에 자사의 가전제품 이미지에 부정적인 영향을 준다는 것이 삼성의 입장이었다. 초상권이라는 의외의 디테일한 변수를 챙기지 못한 결과였다. 그때까지 생산된 물량과 재고, 판매된 숫자를 파악한 후 신속하게 삼성전자를 방문했다. 경위를 자세히 설명하면서 이미 용기디자인을 바꿔서 생산에 착수했다고 설명하자, 그들은 괜찮다는 반응을 보였다. 그제서야 겨우 안심할 수 있었다. 디자이너의 실수가 자칫 법적분쟁으로도 이어질 수 있는 아찔한 경험이었다. 이처럼 직장생활에서 돌발적인 사고는 불가피하게 터지기 마련이다.

어느 날 SBS 〈그것이 알고 싶다〉에서 '103동 903호로의 비밀'

이란 프로그램을 방영했다. 주제는 눈에 보이지 않는 진드기가 침대나 쇼파 그리고 옷장에 수백만 마리가 서식한다는 내용으로, 이들이 알레르기나 소아천식, 비염 등을 유발한다는 것이었다. 방송을 별 생각없이 지켜보던 내 머릿속에 섬광이 스쳐갔다. 진드기를 없앨수 있는 생활용품을 만들면 대박이 날 것이라는 확신이 들었다. 나는 광고대행사에 연락해 방송을 녹화해 올 것을 요청하고, 신제품개발 기획서를 작성하기 시작했다. 임원들에게 방송을 보여주면서 PT에 나섰다. 임원들은 만장일치로 신제품 개발에 동의했다. 돌다리도 두드려보고 가자는 심정으로 타깃 고객을 대상으로 컨셉 테스트도 신행했다. 결과는 완벽했다. 하루라도 빨리 신제품을 출시해 달라는 아우성이었다. 컨셉 테스트 결과에 고무된 나는 연구소와 하루라도 빨리 신제품을 개발하여 시장을 선점, 경쟁사들의 진입 장벽을 구축하기로 합의했다. 국내에는 대체상품이 전무한 상태로, 소위 말하는 무에서 유를 창출하는 블루오션 상품이라는 확신이 들었다.

국내에 유사한 컨셉의 제품이 전혀 없었던 것은 아니었다. 진드기가 침투하지 못하도록 예방하기 위한 침대포 컨셉은 있었지만, 생활용품은 존재하지 않았다. 시장을 세분화하면서 성공에 대해 확신했다. 무주공산의 시장으로 생활용품을 만들면 무조건 대박이라는 신념으로 신제품 개발에 박차를 가했다. 철저한 준비를 위해 일본에도 다녀왔다. 일본시장의 흐름을 파악하기 위해서였다. 일본의 경우 돗자리 형태의 '다다미문화'와 대륙성 기후의 영향으로 습기가 많아 우리나라보다 진드기의 폐해가 훨씬 심각한 것으로 조사되었다. 그래서인지 이미 1,500억 원 시장이 형성되어 있었다. 속으로 쾌재를 불렀다. 일본 시장과 국내 시장에 유사한 업종이 많아서였다.

고객들을 대상으로 한 마케팅조사도 완벽했다. 고객들의 니즈는 대단했다. 신제품이 출시되면 80%가 적극적으로 구입하겠다고 했다. 조사결과는 100% 히트상품이었다. 이 제품이야말로 기업의 사회적 책임과 역할을 수행할 수 있겠다는 확신도 생겼다. 자신감을 얻은 나는 경영진을 설득해 3차년도에 손익분기점(BEP)을 돌파할 수 있다고 자신하면서 수십억 원의 광고비를 지원받아 공격적인 마케팅을 단행했다. 브랜드는 고심 끝에 국내 살충제 시장에서 1등 브랜드인 '에프킬라'를 모방해 '진드기킬러'로 쉽고, 직관적으로 정했다. 브랜드는 소비자들이 기억하기 쉽고, 발음도 좋고, 무엇보다 컨셉과 일치한 네이밍이다. 컨셉이 명확한 만큼 신제품 기획서도 매우 잘 나왔다. 신제품 개발 일정을 맞추기 위해 연구개발부(R&D)도 헌신적으로 임했다. TV광고는 캐릭터를 모델로 3D애니메이션으로 제작했다. 국내 최고의 A급 성우를 써서 효과적으로 제품의 컨셉을 전달했다. 호텔에서 진행된 신제품

런칭설명회의 분위기도 아주 좋았다. 영업사원과 대리점 사장들, 유통경로 구성원들도 신제품 성공을 모두 확신했다. 초기 판매도 대단히 고무적이었다. 경쟁사인 LG생활건강이나 옥시도 앞다투어 모방제품을 검토했고, 중견기업에서 유사상품이 출시되었다. 자신감이 붙었다. 나는 광고비를 추가로 지원받았다. 그런데 아뿔싸! 6개월이 지난 시점에 재구매가 일어나지 않았다. 모두가 당황하지 않을 수 없었다.

재빠르게 소비자 조사에 착수했다. 소비자들이 파리·모기와는 달리 0.2mm의 진드기 시체를 눈으로 확인할 수 없다는 클레임을 제기한 것이다. 인체에 무해한 성분이었지만, 침대에 살충제를 뿌린다는 거부감도 의외로 크게 작용했다. 이를 극복하기 위해 '대한소아과학회에서 추천', '인체무해' 등의 문안을 활용하려고 시도했다. 제품에 돋보기를 판촉물로 부착하자는 아이디어도 나왔지만 실효성이 없었다. 하지만 정답은 있었다. 우스갯소리 같지만 진드기를 1Cm 이상으로 키워서 배양시키는 방법이다. 회사의 분위기가 도전적이고 용서하는 분위기여서 다행이었지, 담당자로서 자존심에 상처를 입고, 힘든 시간을 보냈다. 결과는 시장에서 참패했고, 지금은 시장에 없다. 하지만 나는 시간이 지나면서 느꼈다. 진드기킬러를 통해 수많은 것을 배웠다. 소비자 조사는 조사를 전적으로 수용하지 않는 계기가 되었고, 다른 히트상품을 출시하는 원동력으로 작용했다.

자신의 철학을 어필할 수 있는 PT

어느 날 상사가 부르더니 새로운 프로젝트를 맡겼다. 경쟁사와 차별화된 프로그램을 새롭게 구축하라는 내용으로, 정해진 시간 내에 양질의 콘텐츠를 구축하는 촌각을 다투는 업무였다. 프로젝트 결과에 따라 잘하면 대박이고, 못하면 위기에 몰릴 수도 있었다. 긴박한 상황에서 경쟁사의 상품이 고객들을 급격하게 흡수하기 시작했다. 마음이 다급해졌다. 프로젝트의 성패는 L전자와 파트너십으로 구축하는 것이어서 여의도에 있는 본사를 찾았다. 그들도 다급하기는 마찬가지였기에 함께 머리를 맞대고 앉았다. 그렇게 시작된 파트너십은 일사천리로 진행되어 경쟁력있는 신상품을 출시했다. 이후 연말에 업적 발표를 가졌다. 그해 최고의 성과를 낸 10개 팀을 선정해 경쟁PT를 진행한 것이다. CEO앞에서 진행하는 PT가 얼마나 중요한 일인지를 잘 알고 있던 나는 후배를 동원해 파워포인트 자료에 만전을 기했다. 결국 최우수 프레젠터로 선정되면서 CEO에게 확실하게 눈도장을 찍을 수 있었다.

직장에서 상사를 대상으로 진행하는 PT는 자신의 지식이나 소양, 캐릭터는 물론 자신의 철학을 어필할 수 있는 결정적 수단이다. 직급이 올라갈수록 PT 기회가 많아진다. 임직원을 대상으로 진행하는 설명회를 비롯해 월별·분기별로 각종 PT가 당신을 압박할 것이다. PT는 자신의 생각이나 의견, 아이디어를 상대방에게 호소하여 마음을 움직이는 자기표현의 행위이다. 직장인들에게 필수적으로 요구되고 덕목으로, '얼마나 많이 알고 있느냐'보다 '어떻게 전달하느냐'가 핵심이다. 동일한 주제도 A라는 사람과 B라는 사람의 발표방식은 크게 다를 수밖에 없다. 수백억 원이 소요되는 의사결정도 최종적으로 PT로 결정된다. 이런데도 회사에서 PT를 간과할 것인가?

누구나 성공적인 PT를 원하지만, 청중 앞에 서면 당황한다. PT가 끝난 후에도 아쉬움이 남는다. PT는 자신의 이미지를 확고하게 심을 수 있는 기회의 장이자 업무의 연장으로, 당신의 의지와 관계없이 상사로부터 PT를 지시받는다. 이때 어떻게 준비하고 발표하느냐에 따라 상사와의 관계가 구축된다. PT능력은 타고나는 것일까? 천만의 말씀이다. 철저한 준비와 연습으로 누구나 PT 스킬을 개선할 수 있다. 누구나 처음의 PT는 어렵다. 경험이 없기 때문이다. 대중 앞에서 자신의 주장을 발표한다는 것은 말처럼 쉬운 일이 아니다. PT로 기업의 생존이 결정되는 대표적인 사례가 광고대행사의 '경쟁PT'다. 광고주들은 해마다 정기적으로 공개적인 PT를 통해 광고대행사를 선정하고, 광고대행사들은 수백억 원대의 광고물량을 확보하기 위해 PT에 만전을 기한다. 대행사의 경쟁PT 준비 과정은 그야말로 피튀기는 전쟁과 견줄만하다. PT에서 이기면 살고, 지면 대행사의 존재가치가 흔들릴 정도로 심각한 타격을 받는다.

주어진 시간 내에 가장 효율적인 PT를 하기 위해서는 주도 면밀한 계획이 중요하다. 시간 내에 소화해 낼 분량으로 핵심 포인트를 정리하고, 수차례 연습해야만 한다. 어떤 사람은 자기의 성과나 PR에 급급해 어려웠던 상황을 나열하면서 결론을 흐지부지하게 끝낸다. 하지만 듣는 사람은 결론과 대안을 먼저 알고 싶어 한다. 따라서 결론부터 말하고, 어떻게 결론에 이르렀는지를 설득력 있게 전달하면 호기심을 증폭시킬 수 있다. 미리 자료를 배포하고 "배포된 유인물을 봐주시기 바랍니다."라며 시작하는 것은 이미 실패다. 유인물보다 청중이 당신을 향하게 만들어야 한다. 예상질문은 예측하고 미리 준비하는 것도 지혜다. 답변을 못하면 분위기가 썰렁해지고, 자신감마저도 잃어버릴 수 있기 때문이다. PT는 실시간 커뮤니케이션이다. 상대방과 대화를 나눈다는 자세로 눈을 맞춰(Eye contact) 가면서 청중을 리드해야 한다. 진정으로 PT역량을 향상시킬 수 있는 방법이 있다. 자신의 PT장면을 스마트폰으로 촬영해서 눈으로 직접 보는 방법이다. 이것이야말로 백 마디 말보다 PT역량을 개선시킬 수 있는 최고의 비법이다.

보고서! 상사와의 커뮤니케이션 수단이다

경영자들이 직장인의 기획역량을 높게 평가하는 이유는 1,000억 원짜리 사업도 기획서의 품질에 따라 사업이 추진 또는 보류되기 때문이다. 이처럼 기업에서 기획력은 절대적으로 중요하다. 기획역량 강화를 위해서는 탁월한 상사에게 업무를 배워야 한다. 수년이 흐른 뒤에 상사의 모습을 그대로 닮을 수 있다. 이전과 달리 컴퓨터로 문서화된 작업을 진행하고 있는 디지털시대에 남들이 작성한 잘된 기획서로 훈련하는 것은 아주 쉬운 일이다. 기획서가 독창성을 가지려면 아이디어와 전략적 사고를 반영하는 것이 좋다. 기획의 근간은 컨텐츠이다. 제대로 목차는 마치 물이 흘러가듯이 자연스럽게 흐름을 잡아줄 뿐만 아니라 기획자가 객관적인 시각을 놓치는 것을 막아줄 수 있다. 반대로 어설프게 수립된 콘텐츠는 기승전결이 불명확하여 보는 이로 하여금 호소력도 떨어진다.

콘텐츠를 어떠한 재료로 어떻게 구성할지에 대한 밑그림을 그린 다음에는 최종 보고일에 맞춰 중간보고 일정도 확정하는 것이 좋다. 논리적 근거를 뒷받침해 줄 수 있는 정보를 많이 확보하는 것은 기본이다. 문서를 작성할 때는 앞에서부터 순차적으로 채우려 하지 말고 앞뒤를 오가면서 전체적으로 채워나가는 것이 좋다. 기획서를 작성하는 사람과 보고 받는 사람은 하늘과 땅 차이로,

다른 입장 차이를 보인다. 작성하는 사람이 많은 시간과 노력을 투입하는 데 비해 의사결정권자들은 매일 수십 건의 보고서를 읽어야만 한다. 이러한 상황에서 목적성이 결여된 보고서를 받는 상사의 입장이 어떠할지 너무도 자명하다. 내용이 장황하고 초점이 불명확하면 읽기조차 싫고 화가 치밀어 오를 것이다. 보고서를 작성하는 사람은 보고 받는 사람의 마음을 읽어야 한다. 즉, 보고를 받는 상사의 입장에서 보고서를 작성해야 하는 것이다.

기본에 충실하지 않은 기획서는 어떠한 유형을 말하는 것일까? 무엇보다 기본적인 틀이 갖춰져 있지 않은 보고서다. 보고서는 대체로 기본적인 양식이 있다. 마케팅기획서의 경우 시장현황과 전략방향 등과 같은 기본적인 콘텐츠를 말한다. 기본을 망각한 보고서에는 핵심 콘텐츠가 누락되어 있고, 순서도 엉망인 경우가 많다. 심지어 보고서의 제목이나 목차를 보고도 무슨 내용인지 잘 모르는 경우도 있다. 기본적인 육하원칙이 누락되고, 곳곳에 오탈자가 발견된다면 이러한 보고서는 채택될 리 만무하다. 특히 내용을 장황하게 양으로 승부하겠다는 생각은 금물이다. 보고서는 간결할수록 좋다. 같은 내용을 반복하거나 문어체인지, 구어체인지 헷갈리는 문구는 지양해야 한다. 이러한 보고서의 특징은 표현이 모호하여 내용 파악이 어렵고 자기주장만 나열하는 경향이 있다.

현업에서 팀장이나 중간관리자들이 CEO로부터 인정받고 더 높은 지위로 승진하기 위해서는 자신의 탁월한 능력도 중요하지만, 실제로는 역량 있는 실무자들을 많이 확보하고 그들로부터 성과를 이끌어내야 한다. 팀장이나 중간관리자까지는 자기자신의 역량이나 학벌, 인간관계에 따라 승진이 가능하겠지만, 그 이후부터는 사람을 다룰 수 있는 리더십과 관리역량이 뒷받침되어야 한다. 관리자가 CEO로부터 특정주제에 대한 보고서를 지시받았을 때 관리자가 가장 먼저 고민하는 것은 팀원들 중에서 누구에게 이 보고서 작성을 맡길 것인가란 문제다. 이때 대부분의 관리자들은 팀에서 기획력이 가장 뛰어난 사람에게 보고서를 맡길 수밖에 없다. 그것은 제출될 기획서의 질이 곧 CEO가 자신의 역량을 평가하는 기준이 되기 때문이다. 이처럼 보고서 작성역량은 직장인의 가치를 평가하는 바로미터가 된다.

실제로 동일한 주제를 A라는 사람과 B라는 사람에게 지시했을 때 보고서는 크게 다를 수밖에 없는데, 그것은 기계가 아니라 순전히 사람이 하는 일이기 때문이다. 이를 반영하듯이, 현업에서 기획을 잘하는 사람일수록 업무량도 많고 추진력도 뛰어나, 그만큼 승진도 빠른 경향이 있다. 이처럼 기획서의 질은 직장인들의 역량을 평가하는 절대기준으로 작용한다. 보고서가 기업에서 중요한 이유는 보고서의 논리적 구성이나 전개방식에 따라 사업의 성패가 엇갈리기 때문이다. 잘못된 기획서에서는 성공한 전략이

나오기가 어렵기 때문으로, 성공적인 기획서가 사업의 출발점이
된다. 이처럼 직장인으로서 문서의 기획역량은 직장인의 가치를
평가하는 바로미터로, 기획을 잘하기 위해서는 부단한 노력이 필
요하다.

05 | 착한 기업 선택의
6대 변수

❖

       어느 날 아내가 뜬금없이 이사를 가자고 제안했다. 갑작스러운 말에 지금의 아파트(20평대)도 우리가 사는 데 충분하다며 반대했다. 돈도 넉넉하지 못했고, 남들처럼 아파트 평수를 늘려가는 것이 마음에 들지 않아서였다. 아내는 아들이 학교에 들어갈 것에 대비해 30평대로 이사를 가면 나만의 공간인 서재도 마련해 주겠다며 내 마음을 움직였다. 언젠가 움직일 거라면 지금이 적기라면서 말이다. 그런데 서울에서 이사를 하는 것이 아내의 말처럼 그리 쉬운 일인가? 회사에 출근해서 머리가 복잡해져 선배에게 조언을 구했다. 그는 자신의 재테크 경험을 말해주면서 아내의 말을 듣는 것이 좋다고 권유했다. 곰곰이 생각해보니 선배의 말이 옳았다. 사회생활을 시작하면서 대출을 끼고 어렵게 작은 아파트를 마련한 친구가 있다. 주택경기를 활용해 아파트 평수를 늘려가면서 이사를 하는 방식으로 재테크에 일가견이 있던 친구도 옮기는 것에 찬성했다. 회사에서 일이 손에 잡히지 않았고, 내 머릿속에는 '이사'라는 단어가 맴돌았다. 가장으로서 어떤 결정을 내리느냐에 따라 모든 게 달라질 수 있는 상황에서, 주변의 어른들로부터 집과 관련된 문제는 아내에게 맡기라는 충고를 듣고 결심을 굳혔다.

하지만 생각처럼 실행은 쉽지 않았다. '어디(Where)로 가야 할까?'가 가장 큰 숙제였다. 장소를 물색하기 시작했다. 대안들 중에서 직장과 멀지 않고 미래 투자가치도 높은 지역을 1순위로 꼽았다. 서울의 아파트 값을 좌우하는 가장 큰 변수는 크기와 위치, 다음으로 건축연도와 아파트의 브랜드파워, 전철역과의 거리에 따라 큰 차이가 났다. 집이 마음에 들면 돈이 부족했고, 가격이 저렴하면 그럴만한 이유가 충분히 있었다. 가격이 저렴하면서 전망 좋은 급매물도 찾아 부단히 발품을 팔고 다녔다. 컴퓨터에 리스트를 만들어 장단점을 치밀하게 분석하면서, 마침내 아이의 교육과 미래 투자가치를 고려해 회사에서 가까운 비전있는 곳으로 이사를 했다.

이직을 결심한 직장인도 마찬가지다. 가장 중요한 것이 어디(Where)로 이직할 것이냐는 문제다. 경력사원으로서 자신의 경력도 유지하면서 비전있는 곳이 의사결정의 핵심이 되어야만 한다. 단순하게 연봉이나 헤드헌터의 휴혹을 잘못 판단할 경우 돌이킬 수 없는 상황으로 치달을 수 있다. 직장을 이직하는 문제는 쉽지 않은 결정이다. 옮기겠다고 마음먹었다면 가장 먼저 어디로 옮길 것인지 목적지를 분명히 설정해야 한다. 직장인들이 고려해 볼 수 있는 대상은 외국계 기업과 대기업, 또는 공기업이나 국가 공직이다. 직장생활을 그만두고 개인사업자로 법인을 설립하거나, 음식점이나 커피전문점을 창업할 수도 있다. 하지만 여기서 가장 크게 고려해야 할 점은 자신의 전문성을 바탕으로 하는 비전있는 곳이다. 대한민국에서 이직을 고려할 때 아래에 제시한 6가지 기준을 면밀하게 살펴볼 필요가 있다.

① 기업의 규모와 업종(대기업 vs 중소기업)

기업평판에 영향을 미칠 수 있는 변수가 주식시장에서의 상장 여부다. 2024년을 기준으로 국내에는 코스피에 840개, 코스닥에 1,720개 정도의 상장사들이 주식을 통해 자금을 조달하고 있다. 기업의 상장여부가 기업 평판을 판단하는 좋은 기준이 될 수 있다. 일정한 수준의 매출액과 이익을 실현하는 기업만이 상장할 수 있기 때문이다. 우리나라의 상장기업은 크게 코스닥과 거래소로 구분할 수 있다. 코스닥의 특징은 상장 기준이 완화된 편이라 중소기업이나 벤처가 많다. 대한민국에서 기업의 규모는 특히 중요하다. 물론 경력사원이 이직할 때는 기업의 비전이나 성장률(이익률), 업종을 비롯하여 출퇴근에 소요되는 시간도 현실적으로 중요한 문제다. 사람마다 철학이 다를 수 있지만, 기업의 규모가 중요하다고 믿는다. 대기업과 중소기업, 중견기업, 공기업에서 모두 근무해 본 경험을 근거로 말하는 것이다.

대기업에 근무할수록 이직하기 쉽다. 대기업에 근무하는 사람들은 누구나 어려운 입사관문을 이미 통과했기 때문이다. 이들이 규모가 작은 중견기업이나 중소기업으로 이직하는 것은 상대적으로 쉬울 수 있다. 대기업에서 습득한 노하우나 거래처, 기술력 등을 작은 기업들이 필요로 해서이다. 반대로 작은 기업에서 큰 기업으로 이직하는 것은 상대적으로 어려울 수 있다. 그렇기에 첫 직장이 중요하다. 대기업의 채용 과정은 익히 알고 있을 것이다. 공채나 헤드헌팅, 지인을 통한 사내 추천 방식으로 진행된다. 일부 대기업들은 공채와 동시에 리더급들에 국한하여 헤트헌팅사를 병행하기도 한다. 대기업 공채는 대리급 미만의 작장인들에게 유용할 것이고, 과장급 이상은 헤드헌팅사를 활용하는 것이 좋다. 지인의 추천은 확실할 때만 시도하는 것이 좋다. 추천한 사람이 회사를 그만두면 '낙동강 오리알'로 전락할 수도 있다. 간혹 면접에서 탈락하면 추천인도, 구직자도 서로에게 부담이 되기도 한다.

대기업 입사를 희망하는 사람이라면 지금의 직장부터 충실하라는 말을 재차 강조하고 싶다. 이직한다고 모든 게 해결된다고 생각하면 오산이다. 대기업에 입사하면 화려한 스펙의 능력자들이 즐비하고, 그들과 치열하게 경쟁해야만 한다. 경력사원으로 대기업에 입사해 승진이나 인사고과에서 누락되지 않고 승승장구하기는 상당히 어렵다. 대기업 조직에는 해외 MBA를 비롯한 우수한 인재들이 곳곳에 포진하고 있다. 그들의 역량은 당신에 비해 조금도 뒤지지 않는다. 겉으로 내색하지 않지만 당신이 일하는 모습을 유심히 지켜볼 것이다. 사람이라면 누구나 기득권을 유지하고 싶어 하기 마련이다. 대기업에서 외부 인재를 채용하는 이유는 간단하다. 입사해서 내부 직원들이 풀지 못한 숙제를 해결해 달라는 기대심리다. 객관적으로 생각해볼 대목이 있다. 특별히 뛰어난 몇몇의 인재를 제외하고 대기업에 근무하는 사람들의 역량은 크게 차이 나지 않는다. 외부에서 왔다면 장애요인도 많고 적응하는데 상당한 시간이 요구된다. 각별한 노력없이 내부 직원들이 찾아내지 못한 해법을 발굴하기란 여간 어려운 일이 아니다. 섣불리 기업의 규모로 이직하지 말아야 하는 이유가 여기에 있다.

대부분의 직장인들은 이직을 고민할 때 기업의 규모를 가장 큰 입사기준으로 선호한다. 연봉이나 복지가 좋고, 안정적이라는 확고한 믿음 때문이다. 그들의 믿음이 틀린 것은 아니지만 전적으로 옳지는 않다. 경우에 따라서는 중견기업이나 공사 등이 대기업보다 월등히 좋은 곳도 많다. 즉, 무조건 이름있는 대기업에 입사하는 일이 능사가 아니란 말이다. 그럼에도 대기업이 대부분의 중견/중소기업에 비해 연봉이나 혜택이 높은 것은 부정할 수 없는 사실이다. 대기업은 조직이 분권화된 시스템으로 돌아가기 때문에 업무에 대한 전문성을 확보할 수 있을 뿐만 아니라 자기계발이나 복지혜택, 이직의 기회도 많다. 실제로 규모가 큰 기업에서 작은 기업으로 전직하는 것은 어려운 일이 아니다. 대기업에서 습득한 노하우나 거래처, 기술력 등을 작은 기업들이 원하기 때문이다.

대기업에 대한 기준이 여러 가지 잣대로 규정되고 있지만, 임직원 1,000명 이상과 매출액 1조 원 이상일 때를 대기업으로 보는 것이 어떨까 싶다. 국내 기업들은 매출 1조 원을 상징적으로 높게 평가한다. 1조 클럽이라 불리는 기업은 국내에 300여 개에 이른다. 국내에서 최고의 대기업은 단연코 삼성전자로, 약 300조 원이라는 엄청난 매출을 기록하고 있다. 이것은 일본을 대표하는 5대 가전사인 소니, 도시바, 파나소닉 등의 매출을 모두 합한 것과 맞먹는 수준으로, 일본이 국가적 차원에서 삼성전자를 견재하는 것도 이러한 배경 때문이다. 매출액에서 현대자동차나 포스코, LG전자, SK이노베이션 등이 뒤를 잇는다. 기업의 규모를 고려할 때 매출액을 가장 보편적으로 활용하지만, 시가총액이나 자산규모, 이익률과 성장률 등에 따라 달라질 수도 있다. 특히 한국의 대기업군은 가족경영에 기반한 재벌(Chaebol) 그룹 문화가 절대다수를 차지하면서 대한민국 경제를 지배하고 있다. 삼성그룹을 시작으로 SK, 현대자동차그룹, LG그룹, 포스코그룹, 롯데그룹, 한화그룹 등의 순이다.

당신이 목표한 대기업 입사를 희망한다면, 미리 해당기업의 이력서 양식을 살펴보고 그에 맞게 스펙을 쌓은 다음에 도전해야 한다. 한 가지 간과해서는 안 될 중요한 포인트가 있다. 대기업은 직무의 범위가 넓고, 직무가 대단히 중요하다는 사실이다. 샐러리맨들의 의식구조에 자리한 '한 번 직장은 평생직장'이라는 보편적인 사고가 기업들의 과감한 구조조정과 함께 퇴색되고 '한 번 직종은 평생직종'이라는 새로운 기류가 정착되고 있다. 한 사람이 다양한 업무를 진행하는 중소기업과 달리 대기업은 업무가 세분화되어 있기에, 어떤 직무로 회사생활을 시작하느냐에 따라 자신의 평생직업이 결정될 수 있다. 쉽게 말해 영업부서냐, 마케팅부서냐, 또는 경영지원부 등과 같은 직무의 선택을 말한다. 대기업은 입사했다고 모든 일이 해결되는 것은 아니다. 그곳에서 화려한 스펙의 사람들과 치열하게 경쟁해야만 한다. 대기업에 입사해 승진이나 인사고과에서 누락되지 않고 승승장구하기는 참으로 어려운 일이다. 목표한 기업의 업종에도 특별히 주목할 필요가 있다. 크게는 제조업과 유통업, 서비스업으로 구분되고, 여기서 한 발 더 들어가면 서비스업에서 금융업의 경우 은행과 증권, 카드, 캐피탈, 보험 등으로 세분화할 수 있다. 업종과 직무를 크게 강조하는 이유는 전공과 연관되어 있고, 평생 직업이 될 수도 있기 때문이다.

② 연봉과 급여수준

직장생활 3년 차 시절에 헤드헌터의 전화를 처음으로 받았다. 연봉을 파격적으로 올려주겠다는 말을 듣고, 드디어 세상이 나를 알아준다며 뿌듯해했다. 자랑이랍시고 동기에게 고민을 털어놓았다. 문제는 그말이 돌고 돌아서 팀장의 귀에까지도 들어갔는지 팀장이 나를 회의실로 호출했다. 자초지종을 듣고 난 팀장은 "30% 연봉인상은 높은 편이다. 하지만 지금은 돈을 좇을 때가 아니라 일을 배우는 것이 중요하다. 돈을 좇는 사람이 되지 말고, 나중에 돈이 당신을 좇아오는 사람이 되라"는 말을 듣고 정신이 번쩍 들었다. 심리적으로 멘토이기도 했던 팀장의 진심어린 충고를 듣고 업무에 더욱 집중하는 계기가 되었다. 니코스 카잔차키스는 『그리스인 조르바』에서 "돈의 노예가 되지 말라. 땀의 노예가 되면 돈이 알아서 나의 노예가 된다. 내가 돈의 노예가 아니라 돈이 내 노예인 것. 나는 일의 노예이며, 내가 처한 노예상태를 자랑으로 여기네."라고 말했다. 직장생활에서 연봉은 대단히 중요하지만, 시점과 환경에 따라 꼭 그렇지 않은 경우도 많다.

자본주의 사회의 대부분은 돈이 지배하고 있다. 아닌 것 같으면서도 문제의 본질을 깊이 있게 파고 들어가면 그 중심에는 사람과 돈이 연결된다. 직장선택의 기준에서도 돈은 어떠한 기준보다도 중요할 수 있다. 이것은 세상의 이치이자 통념이다. 하지만 당신에게 직장 선택기준에서 돈은 최우선이 아니라고 크게 강조하고 싶다. 처음부터 많이 받으면 좋겠지만, 첫 직장에서의 연봉은 직장선택의 절대적 기준이 되어서는 곤란하다. 내 경험이 그랬고, 선배 직장인들의 많은 조언과 충고도 그랬다. 역량있는 인재로 거듭나면 돈은 자연스럽게 따라오기 마련이다. 그럼에도 직장인들에게 연봉은 중요하다. 직장생활을 하는 근본적인 이유도 자아실현을 위해 회사를 다니는 극소수를 제외하고 모두가 돈을 벌기 위해서다. 사람인 이상 많이 받으면 좋겠지만 기업주마다 철학이 다르고, 회사가 처한 여건도 다르기 때문에 임금격차는 현실적으로 존재할 수밖에 없다. 만일 연봉이 작아도 업무가 자신의 적성에 맞고, 비전이나 직속상사도 괜찮다면 팀장이 되기 전까지는 연봉을 크게 신경쓸 필요가 없다. 당신의 역량에 따라 마음만 먹으면 언제든지 좋은 조건으로 이직할 수 있기 때문이다.

국세청이 발표한 근로소득자들의 연말정산에 따르면, 국내에는 대략 1,500백만 명 정도가 450조 원의 연봉을 받고, 이를 개인으로 환산하면 평균 약 3,000만 원의 연봉을 받는 것으로 조사되었다. 여기에는 세상의 대부분을 차지하는 진리가 숨겨져 있다. 바로 8020 파레토 법칙이다. 상위 20%가 80%를 점유한다는 학설로, 대부분의 사회현상에 이를 적용할 수 있다. 고객별로 등급을 나누어 관리하는 고객관계관리(CRM)의 본질도 8020 법칙을 벗어나지 않는다. 실제로 기업의 우수고객 상위 20%가 매출의 80%를 차지한다. 홈쇼핑사에 근무할 때 DB도 비슷했고, 카드사에 근무할 때의 숫자도 그랬다. 부동산도 예외일 수 없다. 상위 20% 부자들이 대한민국 국토의 80%를 소유하고 있을 것으로 예측된다. 연봉도 마찬가지다. 근로소득자 1,500만 명 중에서 상위 10%인 150만 명의 연봉이 150조 원인데, 이는 전체 근로자들의 평균 연봉액의 3.3배로, 상위 10%가 34%를 점유하고 있다. 연봉이 중요하지 않다는 말은 대부분이 거짓말이자, 위선일지도 모른다. 하지만 직장을 선택할 때는 연봉을 절대 기준으로 삼지 말아야 한다. 회사의 비전이나 자신의 적성과 직무, 업무에 대한 만족도 등도 중요하다는 의미이다. 맡은 업무에서 실력만 쌓으면 헤드헌터의 표적이 되고, 연봉과 직급을 동시에 올려서 이직할 수 있다. 애플의 스티브잡스는 이런 말을 했다. "돈을 위해 열정적으로 일한 것이 아니라 열정적으로 일을 했더니 돈이 따라오더라"는 명언이다.

③ 기업의 평판과 비전 그리고 워라벨

직장을 선택할 때 해당 기업의 평판과 직원들의 태도와 기업문화, 그리고 그에 따른 기업의 비전도 반드시 고려해야만 한다. 기업은 살아있는 시스템으로, 모든 문제의 원인과 해답은 사람에게 달려 있고, 근무하는 임직원들의 특성을 통해 기업문화나 평판, 비전까지도 동시에 엿볼 수 있다. 강조했듯이 개인의 인품을 결정하는 것은 본인이지만, 조직에서 팀 컬러를 결정하는 것은 팀장이다. 팀장의 능력과 스타일에 따라 팀의 분위기가 확연히 달라진다. 팀이 모여 만들어진 사업본부의 경우 본부장의 리더십이 분위기를 결정한다. 그렇다면 기업의 선체문화와 비전을 결정하는 핵심인물은? 당연히 CEO다. CEO의 경영철학이 곧 기업의 문화와 평판을 결정한다. 개성을 존중하고, 상대적으로 분위기가 자유로운 외국기업과 비교할 때 국내 기업 문화에서 CEO의 역할은 절대적이고 막강하다. 기업문화란 조직구성원의 행동양식을 형성하고, 관계에 영향을 주는 분위기나 환경을 말한다. 이것은 주로 최고경영자의 행동이나 가치에 의해 강하게 영향을 받는다. 기업 내에 존재하는 전통이나 관습으로 나타나고, 기업경쟁력의 중요한 요소로 작용한다. 일반적으로 삼성은 어떻다. LG는 기업문화가 어떻다 등으로 귀결되는 정신으로, 기업의 평판과도 직결되어 있다.

비전이란 사람의 마음을 움직이게 하는 힘이 있어야 한다. 비전은 개인에게나 기업에게도 아주 특별한 의미를 가진다. 개인에게 비전이 없으면 인생에서 성공하기 힘들듯이, 비전 없는 기업이 시장에서 사라지는 것도 시간 문제다. 내재된 동기를 유발해 조직 구성원들이 비전이 제시된 방향으로 일사분란하게 움직일 때 목표한 비전 달성이 가능하다. 일방적으로 주입된 비전으로는 결코 구성원들의 마음을 움직이지 못한다. 학생들이 해당기업의 비전을 파악할 수 있는 방법은 의외로 간단하다. 홈페이지를 통해 기업마다 표방하고 있는 비전을 한눈에 확인할 수 있다. 안타깝게도 국내 기업들의 비전은 '글로벌 No.1 리더'를 표방하거나, 카테고리에서 최고의 기업이 되겠다는 포부가 주류를 이룬다. 좋은 비전의 조건(실현 가능성, 대담성, 구체성, 미래지향성)과는 거리가 있다. 심지어 기업의 비전을 하나의 캐치프레이즈 정도로 이해하는 CEO도 있다. 임직원들의 내재된 동기를 유발하여 회사가 제시한 방향으로 일사분란하게 움직일 때 목표한 비전 달성이 가능할 것이다. 일방적으로 주입된 비전은 조직원들의 마음을 결코 움직이지 못한다. 현실적으로 기업의 비전은 경영성과 및 경영지표를 통해 확인할 수 있다.

기업의 재무상태를 판단할 수 있는 IR지표에서 대차대조표(貸借對照表, BS: Balance sheet)와 손익계산서(損益計算書, IS: Income statement)가 있다. 대차대조표란 일정한 시점의 재무 상태를 나타내는 회계보고서로, 기업이 자금을 조달하여 어떻게 투자했는지를 액면 그대로 보여준다. 대차대조표를 통해 일정 시점에 기업이 어떤 형태의 자산에 얼마를 투자하고, 기업이 갚아야 할 부채는 얼마이며, 부채상환을 위하여 현금으로 조달할 수 있는 자산은 충분한지, 회사를 설립하기 위해 주주들은 얼마를 투자했는지 등을 알 수 있다. 대차대조표는 기업의 재무건전성을 보여주는 경영지표로, 의무적으로 작성해야만 한다. 대차대조표가 특정 시점에서의 기업의 재무상태를 나타내는 보고서라면, 손익계산서는 기업이 일정한 기간 동안에 얼마만큼의 수익을 달성했는지를 나타내는 성과지표다. 일반적으로 손익계산서란 일정기간 동안 발생한 매출액과 비용을 기록해 얼마만큼의 이익 또는 손실을 보았는지를 나타내는 경영성과 보고서로, 기업의 성장율과 비전 등을 한눈에 확인할 수 있다. 정보투명성 시대를 맞아 대부분의 정보가 오픈된 요즘에 관심있는 기업의 성장률과 경영지표를 확인하는 것은 매우 의미있는 일이다.

④ 외국계기업과 국내기업

직장인들이 가장 선호하는 기업들 중의 하나가 선진 외국계 기업이다. 워라벨(Work-life balance)이 좋고, 단순계산으로 연봉이나 복지, 출퇴근 시간, 기업문화 등이 국내 기업보다 좋겠다는 막연한 기대감 때문이다. 하지만 한국에 들어와 있는 외국계 기업이라고 모두 좋은 것은 아니다. 국내에 진입한 상당수의 외국계 기업은 독립법인이 아니라 한국지역의 마케팅사무소와 같은 역할을 수행하는 곳도 의외로 많다. 대부분의 권한은 본사가 소유하고, 국내 사무소는 이를 수행하는 지점 정도로 운영되는 형태를 말한다. 더군다나 이들이 가장 중요시하는 것은 업무 매뉴얼이다. 매뉴얼에 따라 대부분의 의사결정이 진행되기 때문에 답답한 경우도 있다. 외국계 기업에 대한 환상부터 떨쳐버려야 한다. 외국계 기업은 천차만별이다. 굳이 법인의 형태까지 알고 지원해야 하는지를 반문할 수 있지만, 대단히 중요한 이슈로, 법인의 성격에 따라 의사결정과 업무의 스타일, 난이도 등이 확연히 달라진다. 먼저 외국계 기업은 설립목적에 따라 크게 4가지 유형으로 구분할 수 있다.

첫째, 판매법인이다. 국내에 진출한 외국계 기업들 중에 90% 이상이 판매법인이라고 보면 된다. 본국이나 타국에 위치한 생산법인에서 제조된 물품을 국내에 판매하는 유형을 말한다. 초기부터 판매법인을 설립하는 기업도 간혹 있으나, 대부분은 국내에 수입사를 선정해 지켜보다가 적절한 시점이라고 판단되면 자신들이 직접 설립하는 형태다.

둘째, 물품을 직접 제조하는 생산법인이다. 국내의 인건비나 공장부지 등이 이전과 달리 타국에 비해 경쟁우위가 약해졌기 때문에 극히 드물다. 주로 IT나 국내 대기업에게 물품을 납품할 목적으로 운영되는 고부가가치 산업군이 주류를 이룬다.

셋째, R&D에 기반한 연구법인으로, 국내에서는 그리 많지 않은 유형이다. 국내에 위치한 외국계 연구기업으로는 대기업에 고기술력을 안정적으로 공급하는 형태를 예시할 수 있다.

넷째, 특수목적 법인으로, 지역본사나 물류법인 형태로 국내에서는 아주 드물다. 다른 나라에 비해 경쟁력을 보유한 조선업이나 반도체 등의 특수분야에서 일부가 활동하고 있다.

이밖에 투자형태에 따라 합작법인(Joint-venture)과 합병법인(M&A)으로 구분할 수 있다. 합작법인의 경우 국내기업과 외국계 기업이 일정한 비율로 투자비를 조성하고 경쟁우위에 있는 기술력을 전수하기 위함이다. 스타벅스를 비롯해 애경이 유니레버와 합작법인을 설립하고 고도화된 유니레버의 마케팅력과 마케팅시스템 및 매뉴얼을 사내에 축적한 이후에 결별한 형태가 대표적이다.

국내에 진입한 외국계 기업은 약 1만여 개에 달한다. 이름만 들어도 금방 알 수 있는 IBM, 구글코리아, MS 등과 같은 미국계 기업을 비롯해 유럽계, 일본계 등이 국내에서 활발히 활동하고 있다. 외국계 기업에 입사하기를 희망한다면 해당기업의 모국어는 기본이다. 자신이 원하는 외국계 기업에 졸업과 동시에 입사할 수 있으면 좋겠지만, 서두르지 않아도 된다. 국내 기업에 취업하여 경력을 쌓은 후 외국계 기업으로 얼마든지 이직할 수 있기 때문이다. 실제로 외국계 기업들이 가장 선호하는 대상은 취업을 목전에 둔 대학생이 아니라 현업에서 3년~6년 정도의 경험을 보유한 경력사원이다. 이들이야말로 비즈니스의 기본을 갖추었고, 경력개발에 필요한 OJT교육도 필요없기 때문이다.

오해하지 말아야 할 점은 외국계라고 무조건 기업의 문화가 수평적이고, 연봉이 높고, 복지가 좋겠다는 기대감이다. 직속상사의 스타일에 따라 크게 좌우되고, 일부 몰지각한 외국계 기업들은 오히려 국내 기업보다 노동법을 위반하면서 임직원을 소모품으로 취급하는 경향이 있다. 국내를 하나의 지점으로 생각하고, 본사에서 모든 전략을 컨트롤하고 국내는 영업부서로 취급하는 경우도 있다. 그렇기에 빠른 성과가 도출되지 않으면 쉽게 구조조정하고, 다시 쉽게 채용한다. 반대로 우수한 외국계 기업도 있다. 수준높은 복지제도와 성과에 따른 보상체계, 쉬고 싶을 때 쉴 수 있는 유연한 조직분위기, 해외파견 근무기회 등을 말한다. 대표적인 사례로, 국내에서 재투자를 통해 일자리를 창출하고, 부가가치 창출에 실질적으로 기여하는 회사가 있다. 유한양행과 합작법인인 유한킴벌리다. 이들은 단순히 국내에서 수익만을 창출해 자국으로 가져가겠다는 심보보다 국내에 일자리를 창출하면서 산업에 긍정적인 파급력을 미치고 있다. 특히 이들은 구조조정이나 정리해고를 하지 않는 기업으로도 유명하다.

⑤ 공공기관과 공기업

나는 공기업에도 근무한 경험이 있다. 신생기업으로서 삼성이나 LG, 현대 등의 민간기업 전문가로 구성된 우리 회사 직원들은 열심히 일했다. 몸에 밴 근성 때문이었다. 하지만 공기업이기 때문에 정부의 산하기관이나 공사, 재단, 협회 등과 업무를 진행할 때마다 답답해서 속이 터질 지경이었다. 공무원보다도 복지부동한 개혁 대상 1호가 이들이 아닐까다 싶었다. 일반 기업에 근무하면서 이들과 비즈니스를 진행하거나 민원을 제기해 본 사람은 경험했을 것이다. 국민의 세금으로 급여를 받고 있다는 사실 자체를 망각한 경우도 쉽게 목격할 수 있었다. 이러한 공공기관이나 공기업을 목표로 하는 사람은 자신의 성격을 파악해 도전하는 것이 좋다. 적극적이고 창의적인 인재라 할지라도 공직이나 공사, 공기관에 입사하면 그들과 비슷하게 동화될 수 있기 때문이다. 그렇다고 공공기관에 종사하는 모든 사람을 지칭하는 것은 아니고, 그곳의 전체 분위기가 그렇다는 말이다. 아울러 그들의 업무의 실질적인 성과(Out-put)보다 진행절차와 과정을 중시하는 행태는 시급히 개선되어야만 한다. 특히 국민의 공복으로서 도덕성과 윤리감, 사명감을 가져야 한다.

공기업이나 공공기관의 취업을 원한다면 목적부터 명확해야 한다. 단순히 안정적인 직장이라고 생각하면 오산이다. 흔히들 생각하는 것처럼 오전 9시에 출근해 오후 6시에 퇴근한다고 생각하면 큰 착각이다. 정부부처의 산하기관은 공기업 특성상 야근이 많다. 중앙정부를 제외하고 서울특별시를 필두로 광역시나 도청, 시군구에 민선이 시작된 이후로 대부분의 공무원들이 바빠졌다. 이유는 간단하다. 시장이나 도지사, 구청장들이 재선에 성공하려면 업적을 남겨야만 하고, 과거처럼 보여주기식 전시행정으로는 재선에서 탈락할 수 있다. 이들이 CEO 마인드로 무장하게 되면서 공무원들도 창의적인 업무추진이 화두가 되었다. 그럼에도 공기업이나 공공기관은 공무원들이 규정해 놓은 틀에서 정형화된 업무를 추진해야만 하고, 3~5년을 주기로 업무가 순환보직된다. 정형화된 업무란 정부와 주무부처가 정해놓은 틀에서 업무가 운영되는 구조로, 지난해에 진행했던 업무와 크게 다르지 않고, 모든 일을 보고서로 작성해야만 하기 때문에 보고서를 작성하는 업무가 큰 비중을 차지한다.

공기업의 장점은 안정성과 높은 연봉이다. 조사된 자료에 따르면 대기업과 중견기업의 중간 수준의 연봉으로, 자세히 알고 싶으면 공기관의 경영정보 공개시스템인 '알리오'를 통해 조회할 수 있다. 정부에서 운영하는 각종 산하기관이나 공공기관은 대체로 위계질서가 타이트하고, 프로세스도 획일화되어 있다. 무엇보다 정년이 보장되고, 부서별로 편차가 심하지만 주52시간제와 같은 워라밸의 유지도 장점이다. 고용이 불안정한 상황에서 직장의 안정성을 1순위로 희망하는 사람에게는 적합할지 몰라도 창의적인 업무추진을 희망하는 사람은 오래 버티기 힘들다. 이들의 채용방식은 열린 채용이나 블라인드 채용으로 학력이나 나이, 출신지역, 가족관계 등과 같은 편견적 요소를 배제하고 직무능력으로 평가한다. 불필요한 스펙 대신에 실제로 일하는 데 필요한 직무능력을 블라인드 방식으로 인재를 선발하겠다는 취지다. 직장인들이 공직에 종사할 수 있는 방법은 2가지가 있다. 일정한 시점에 시행되는 각각의 급수별 국가고시나 공채에 합격하는 방법과 민간기업에서 경력을 쌓은 다음에 개방형직무에 도전하는 것이다. 국가고시는 시험이 어렵고, 투입할 시간도 많이 필요하기에 신입사원들에게 적합하고, 개방형직위는 일정요건이 충족되면 누구나 도전할 수 있기 때문에 경력사원에게 적합한 수단이다.

⑥ 스타트업이나 창업

일반 기업은 물론 IT업계에서 선발사가 추락하는 것은 한순간이다. 글로벌 포춘 500대 기업들도 해마다 순위가 뒤바뀌고 있다. 100년 기업으로 미래를 선도할 것 같았던 노키아가 무너졌고, 세계 반도체시장을 석권하던 일본도 무너졌다. 이들이 몰락한 근본적인 원인은 사업의 전략방향을 제대로 잡지 못했기 때문이다. 노키아는 스마트폰이라는 경쟁사의 시장세분화 전략에 발 빠르게 대처하지 못했다. 애플사의 아이폰 출시는 핸드폰의 정의를 완전히 뒤바꾸어 놓았다. 전화선이 없는 전화기에서 들고 다니는 컴퓨터로 개념이 변경된 것이다. 일본의 반도체 기업들도 마찬가지다. 산업용 D램 반도체 개발에 집중하다가 개인용 PC나 스마트폰 B2C로 시장이 이동하는 대세를 따라잡지 못한 것이다. 이렇듯 거대한 규모의 기업들도 도산하는데, 경쟁이 극심한 스타트업이나 창업시장은 오죽하겠는가?

가끔씩 신문에 단골로 등장하는 기사가 창업해서 대박났다는 기사다. 거꾸로 생각하면 일반적이지 않기 때문에 보도되는 것이다. 즉, 0.1% 특별한 케이스일 뿐이다. 아주 특별한 경우를 제외하고, 취업이 어렵다고 바로 창업의 길로 뛰어드는 선택은 바람직하지 않다. 직장생활을 통해 사회를 체험하고, 네트워크를 확보한 다음에 사업에 뛰어들어도 늦지 않다. 마찬가지로 직장인이라면 누구나 한번쯤은 '탈(脫)샐러리맨'을 꿈꾼다. 꿈만 꾸는 사람도 있고, 꿈을 실행으로 옮기는 극소소도 있다. 하지만 신문지상에 보도된 것처럼, 화려하게 스포트라이트를 받으며 성공하려면 부단한 노력이 필요하다. 실제로 대기업에서 근무할 때 대리직급의 후배가 자기사업인 요식업에 직접 뛰어든 적이 있었다. 부모의 반대에도 불구하고 야심차게 사업을 시작했지만, 결국 1년 만에 실패하고 회사로 복귀하고 말았다.

카드사 재직 시 데이터를 돌리면 참으로 가슴 아픈 결과가 나왔다. 대한민국에는 대략적으로 200만 개 정도의 신용카드 가맹점이 있다. 이들 중에서 매달 수천 개가 폐업하고, 또다른 수천 개가 창업한다. 매달 수천 명의 꿈이 물거품으로 사라지고, 수천 명이 새로운 꿈에 도전한다. 결국 인테리어 사업자들의 배만 불리는 꼴이다. 실제로 주위에서 폐업하고 새로 인테리어하는 가게를 자주 목격할 수 있다. 이처럼 쉽게 생각할 수 있는 창업의 아이템으로는 음식점이나 요식업, 편의점, 커피전문점 등이 있다. 조사된 바에 따르면 자영업의 성공률이 10% 미만이고, 현재 자영업의 58%가 월 100만 원 미만의 소득이고, 절반 이상이 3년 내 파산한다는 통계가 있다. 이들의 성공률이 1할을 넘기 어려운 이유는 사업적 마인드가 부족하고 경쟁도 치열하기 때문이다.

직장인이 창업을 꿈꾸는 것은 아주 특별하고, 도전적인 모험이다. 하지만 자칫 잘못하다가는 일순간에 모든 것을 날려버릴 수도 있다. 치밀하게 준비하는 길이 위험을 최소화하고, 성공률을 높일 수 있는 유일한 방법이다. 업종에 따라 다르겠지만, 나는 창업을 하려면 최소한의 사회경험과 네트워크가 필요하다고 생각한다. 시장환경 분석과 경쟁사, 고객의 특성을 파악하고 여기에 실전경험이 더해져야만 한다. 과연 창업이 말처럼 쉬운 문제일까? 나는 창업을 하고 회사를 운영한 적이 있다. 사업을 시작하면서 관성적으로 받아오던 월급이 '뚝' 끊긴 상황에서 매달 직원들의 월급과 건물 임대료, 관리비 등이 가장 먼저 나를 크게 압박했고, 월급날이 신비할 정도로 빠르게 임박했다. 사업은 자본금 싸움이다. 경험과 충분한 자본력이 뒷받침될 때 창업을 개시해야만 한다.

회사에서 사내정치를 차단하는 것은 원천적으로 불가능하다. 우리 회사에는 사내
정치가 존재하지 않는다고 단언할 사람은 아무도 없을 것이다. 사내정치가 조직에
만연한 이유는 자원의 한정과 희소성 때문이다.

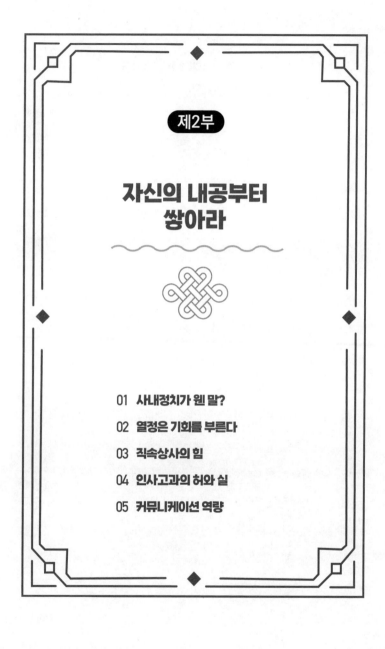

제2부

자신의 내공부터 쌓아라

[02 자신의 내공부터 쌓아라

기업은 이윤추구를 목적으로 존재한다. 그들은 상품이나 서비스를 소비자들에게 공급하면서 동시에 근로자의 소득도 창출시켜 경제 활동을 하게 만든다. 대외적으로 투자를 확대하며 기술혁신을 주도하고, 국가에게는 세금을 납부하면서 사회 발전을 주도해 나간다. 이러한 기업의 속내를 깊게 들여다보면 인간사의 희로애락이 고스란히 녹아 있다. 사람들이 모여 구성된 집합체로서 이해관계가 서로 얽혀있기 때문이다. 특히 유달리 바쁘고 분주한 대한민국 직장의 현실은 그리 녹록지 않다.

회사는 일만 잘한다고 해서 인정받을 수 있는 곳이 아니다. 혈연이나 학연, 지연 등에 따라 줄을 세우고, 불공정한 인사도 자행되고 있다. 기업을 이끄는 최고경영자의 철학이 무엇보다 중요한데도, 오직 몸집을 늘리거나 부를 축적하면서 기업가정신(Entrepreneurship)을 망각한 CEO도 있다. 직장에서 인정받을 수 있는 여러 가지 변수들 중에서 직속상사와의 관계가 으뜸이다. 물론 맡은 업무에 대한 성과나 리더십, 추진력 등도 중요하다. 여기서는 대한민국 기업이 돌아가는 다섯 가지의 기본 원리와 본질을 과감하게 파헤침으로써 전략적인 관점에서 직장생활을 헤쳐 나갈 수 있도록 구성했다.

01 | 사내정치가 웬 말?

❖

    대부분의 사람들은 '정치'하면 부정적인 단어부터 떠올린다. 기존 정치인들이 쌓아온 위선이나 거짓말이 근본적인 원인일 것이다. 회사에서의 사내정치도 마찬가지다. 사내정치라고 하면 누구나 부정적인 이미지를 떠올리면서 터부시하는 경향이 있다. 하지만 사내정치에서 자유로운 직장인이 과연 얼마나 될까? 누구나 조직생활을 시작한다면 자신도 모르는 사이에 어느덧 사내정치의 한복판에서 피해자가 될지도 모른다. 당신이 원하든, 원하지 않든 간에 회사에는 사내정치라는 권력투쟁이 곳곳에 도사리고 있다.

    사내정치를 통해 목적을 달성하자는 것이 아니라 희생자가 되지 않기 위해서라도 사내정치를 바르게 인식하고 대처할 필요가 있다. 인간들이 모인 조직에서는 필연적으로 정치가 발생할 수밖에 없고, 한 차원 높은 처세술을 통해 사내정치를 긍정적으로 극복해 나가야만 한다. 회사에서 직속상사와의 굳건한 인간관계야말로 부당한 사내정치로부터 자신을 지킬 수 있는 최고의 방법이다. 직장생활은 묘략과 같은 사내정치보다 높은 차원인 전략적 사고가 필요하다. 가슴으로 느끼고, 머리로도 깨달아야만 하는 직장에서의 사내정치는 처세술의 또 다른 이름으로, 성공하는 직장인들의 핵심 키워드이다.

로마의 유명한 장군이자 정치가였던 시저는 "정치란 열심히 성실하게 살아온 사람들이 부당한 대우를 받지 않는 것"이라고 말했다. 이 말은 당신에게 사내정치에 적극적으로 관심을 갖고 지혜롭게 대처하는 것이 얼마나 중요한지를 단적으로 알려준다. 실제 회사는 묵묵히 일만 열심히 하는 사람보다 상사나 동료들과의 대인관계가 뛰어난 사람을 높게 평가한다. 여기서 말하는 사내정치에 관심을 갖자. 여기서 정치력을 가지라는 의미는 어디까지나 긍정적인 차원에서의 처세술을 말한다. 순간의 욕망에 급급한 나머지 정도를 잃고, 사내정치에 함몰되면 돌이킬 수 없는 함정에 빠질 수도 있다. 긍정적으로 처세를 잘하되 길이 아니면 가지 말고, 뜻이 아니면 펴지 않는 원칙도 필요하다.

일하기도 바쁜데, 사내정치가 뭐라고?

기업이란 본래 이윤추구를 목적으로 재화나 용역을 생산하기 위해 조직적으로 결성된 경제단위이다. 기업가는 자본을 조달해 생산요소를 결합시켜 새로운 부가가치를 창출한다. 결국 다양한 사람들로 구성된 경제적인 집합체가 기업이다. 사람들이 모이면 우두머리가 존재하고, 맡은 업무에 따라 서열이 정해진다. 이때부터 정치가 필연적으로 시작된다. 정치란 나라를 다스리는 일을 말하고, 국가의 권력을 획득하고 유지하며 행사하는 활동으로, 국민들이 인간다운 삶을 영위하고 사회 질서를 바로잡는 역할을 한다. 이러한 본래의 긍정적인 취지에도 불구하고 일반인들은 정치를 크게 불신하고 있다. 기존의 정치판이 공정한 룰과 원칙을 벗어나 권모술수와 암투가 판을 치고 있기 때문이다. 실제로 현실정치에서 국민이 진정으로 원하는 것과 삶을 진정성있게 개선시키는 일을 간과한 채 정치 자체를 위해 조직된 정당이나 특정한 인물의 성공과 안위를 우선시한다. 그래도 정치가 바로 서지 않으면 나라의 발전이 저해되므로 무조건 배척하거나 터부시하는 것도 바람직하지 못하다. 그럴 때일수록 민주주의의 근간이 되는 투표를 통해 정치에 적극적으로 참여할 필요가 있다. 회사에서도 마찬가지다. 긍정적인 사내정치(처세술)는 필수적이고, 직급이 올라갈수록 회사에서 사내 정치력에 따라 승진하거나 퇴출될 수 있다.

사내정치란 '개인이 원하는 목적을 달성하기 위해 기업에서 벌어지는 각종 이해관계나 권력을 쟁취하기 위한 활동'으로 정의할 수 있다. 사람들이 모이는 곳에는 반드시 정치가 필요하다. 기업은 한정된 재원이라는 구조적인 문제와 부서이기주의, 인사평가 등에서 누군가의 희생이 반드시 따를 수 있다. 기업에서 사내정치가 발생하는 이유는 조직의 궁극적인 목적과 관계없이 조직에서 개인이나 부서의 이익을 추구하면서 권력과 이권을 획득하기 위해 암투가 벌어지기 때문이다. 기업의 목표가 고객의 가치창출을 통한 이윤추구임에도, 자신의 이해관계에 따라 타인을 짓밟는 행위가 서슴없이 자행된다. 이러한 이유 때문에 사내정치는 긍정적인 측면보다 대체로 부정적인 것으로 간주되어 왔다. 그렇다고 사내정치는 손 놓고 지켜볼 일만도 아니다. 축구 경기에서 공격수가 공을 드리블할 때 수비수들은 태클이나 유니폼을 잡는 등 보이지 않는 몸싸움이 필연적으로 발생한다. 심판의 성향에 따라 경기의 흐름이 좌우될 수 있지만, 적당한 수준에서의 반칙은 경기의 일부분으로 용인된다. 스포츠의 세계와 마찬가지로 회사도 냉혹하다. 부서 간의 경쟁에서 이기려면 게임의 흐름을 잘 파악하면서 결정적인 때 사내 정치력(처세술)을 발휘해야만 한다.

직장인들의 과반수 이상이 사내정치 때문에 피해를 봤다고 대답하는 것만으로도, 기업에서 사내정치의 폐단과 중요성을 동시에 엿볼 수 있다. 축구 경기에서의 태클이나 몸싸움처럼 사내정치를 무조건 배척하거나 나쁘게만 볼 일이 아니다. 사내정치의 긍정적인 면모를 제대로 파악해 대응해야지, 부정적인 사내정치의 희생자가 되지 않을 수 있다. 대체로 긍정적인 처세술은 상사들로부터도 묵인되거나 용인되는 경향이 있다. 관점에 따라 다르겠지만, 사내정치는 선의의 경쟁을 유발하거나 조직의 갈등을 풀어내는 해결책이 될 수도 있다. 사내정치에 대한 가장 큰 오해는 사내정치는 무조건 나쁘고, 나와는 전혀 상관이 없다는 인식으로, 사내정치와 상관없이 사는 것이 마치 독야청청 고고하게 살아가는 방법이라고 믿는 건 큰 착각이다. 회사생활도 정치와 밀접한 연관이 있기 때문에 사안에 따라 사내정치에 깊은 관심을 가지고 의사결정에 적극적으로 대응할 필요가 있다.

회사는 업무 실력 이외의 능력으로 평가받는 경우도 많다. 직원 수가 많든 적든 마찬가지로, 오히려 구성원의 규모가 클수록 사내 정치력이 직장생활의 성패를 좌우할 수 있다. 생각하는 것처럼 회사에서 업무역량이 모든 것을 지배하는 것은 결코 아니다. 그보다 학연이나 지연, 사내 정치력 등에 따라 직장생활이 즐거울 수도 있고, 일요일 저녁에 잠자리에 드는 것이 무서워질 수도 있다. 그럼, 당장 누가 실세이고 어떤 줄에 서야 할지 촉각을 세우고 눈치를 봐야만 할까? 사실 가장 오랫동안 회사에서 살아남는 방법은 직속상사와 코드를 맞추는 일이다. 아무리 과학문명이 발달하고 문화가 달라져도 인간 습성의 변화는 그것보다 훨씬 느리다. 서 있으면 앉고 싶고, 앉으면 눕고 싶다고 하지 않던가? 인간은 편한 것을 좋아하고, 누군가 자신을 믿고 따른다는 사실을 좋아하는 것은 동서고금에서 변하지 않는다. 직장인들이 퇴사하고 싶은 가장 큰 이유도 직속상사와의 관계 때문이다. 직속상사가 자신의 가치를 인정해 주면 거북하게 들릴 수도 있지만, 그를 위해 죽는 시늉까지도 할 수 있는 처세술이 필요하다.

"직속상사가 하라면 하는 척이라도 하라"는 말을 오랜 직장생활을 통해 깨달았다. 열심히 하면 알아줄 거라고 생각하거나, 담당자로서 가장 많이 알고 있기 때문에 자신의 선택이 옳았다고 판단해서는 곤란하다. 최종 의사결정은 상사가 내리고, 당신은 상사가 올바른 결정을 내릴 수 있도록 뒷받침한다는 자세로 업무에 임해야 한다. 직장생활에서 가장 중요한 점은 기본에 충실하는 것이다. 공용프린터에서 서류를 가져오면서 남겨진 다른 사람의 출력물을 가져다준다면 싫어할 사람이 있을까? 이것은 사소해 보이지만, 결코 쉬운 일이 아니다. 노력이 필요하다. 노력을 해볼 요량이라면 기본적인 것부터 습관을 개선해 나가자. 인사할 때 목소리의 톤을 반만 올려보고, 미소 짓기를 게을리하지 말자. 사소한 습관의 변화가 모여 당신의 조직생활을 크게 바꿀 것이다. 조직에서는 사소한 것들이 쌓여 자연스럽게 그 사람을 평가하는 기준이 된다.

사내정치는 필연적으로 발생한다

광고회사에서 사내정치가 발생하는 요소는 크게 2가지다. 업의 본질인 클라이언트의 전략방향을 결정할 때와 회사의 사업방향을 결정할 때. 클라이언트의 커뮤니케이션 전략에 정치적인 판단이 들어간다는 것이 넌센스일 수 있지만, 광고라는 것이 정답이 없기 때문에 전략을 결정하는 과정에서 사내정치가 필연적으로 발생한다. 광고대행사에서 일어나는 사내정치의 특징은 전략의 방향성이 옳고 그름과는 상관이 없이 팀원들은 동조그룹과 비동조그룹으로 나뉜다. 광고시안은 크리에이티브 결과를 예측하기가 매우 어렵다. 그렇기에 경험과 트랜드 등을 분석해 성공 확률을 높이는 쪽으로 전략과 크리에이티브를 준비한다. 이 말은 성공 확률을 높인다는 의미이지, 그것이 꼭 정답은 아니란 말이다. 따라서 여러 의견이 나올 수 있고, 갑론을박이 자연스럽게 일어난다. 이때 사내정치가 발생한다. 광고 성공을 높이는 것보다 광고주의 의견이나 내부 고위직급자, 또는 직속상사의 선호도에 따라 전략과 크리에이티브가 결정되는 경향이 있다. 여러 가지 의견이 개진되지만, 결국 두 개의 그룹으로 나뉘어 논쟁이 진행되다 보면 점차 방향성에 대한 논의보다 본인과 연관된 그룹의 의견에 동조해서 의견을 개진한다. 방향성에 대한 옳고 그름은 없어지고, 자신이 소속된 그룹과 그렇지 않은 그룹의 사내정치 싸움으로 변질된다. 즉, 크리에이티브나 전략방향과 상관없이 본인이 속한 그룹의 의견을 무조건 지지하는 현상이 나타난다.

광고회사는 광고 유치를 위해 다른 광고회사와 경쟁해야만 한다. 광고주에게 OT를 받고, 2-4주 사이에 전략과 크리에이티브를 준비한다. 여기서 중요한 것은 하나의 회사만 새로운 광고주를 유치하고, 나머지는 경쟁에서 탈락한다는 것이다. 만약 경쟁PT에서 떨어지면 회사는 책임을 묻는다. 이때 전략을 누가 냈고, 크리에이티브는 누가 냈는지, 그리고 그렇게 결정한 사람이 누구인지를 찾는다. 누군가에게 떨어진 책임을 전가하기 위해서다. 이러한 이유 때문에 두 개의 그룹으로 나뉘어 논쟁할 때 성공할 확률이 높으면 본인이 가져가려고 하고, 실패확률이 높으면 서로 떠넘기기에 바쁘다. 떨어졌을 때의 책임을 회피하기 위해서 치열한 정치게임이 필연적으로 발생한다. 때로는 책임 소재 때문에 막판에 의견을 바꾸는 직원도 나온다. 책임소재가 사내정치의 판도를 바꾸는 중요한 팩트인 것이다.

본인의 의견을 자유롭게 개진하고, 이성적인 판단으로 전략방향이 설정되고, 내용이 공정하게 공유된다면 의사결정 과정에서 사내정치는 미약할 것이다. 하지만 사내정치가 필연적으로 발생하는 이유는 소통이 미약하고 공정하지 않다는 것을 직원들이 본능적으로 느끼기 때문이다. 이를 극복하기 위해 대부분의 직원들이 정치적 판단을 내린다. 리스크가 높은 의사결정에 대해서는 힘 있는 그룹을 따라가는 것이 좋다. 힘 있는 그룹에서 본인의 의견이 채택된다면 역량을 인정받을 수 있다. 설령 의견이 수용되지 않더라도 반대 그룹에서 의견을 개진하는 것보다 안전하다. 좀더 솔직하게 표현하자면, 사내정치에서 살아남기 위해서는 전문경영인보다 오너를 따라 가는 것이 옳고, 실력 없는 사람보다는 실력 있는 사람을 따라가는 것이 유리하다. 또한 책임감 있는 사람을 따라가는 것이 좋다. 막상 어려움이 닥치면 뒤로 물러나거나, 책임을 타인에게 전가하는 상사와 일을 도모하는 것은 매우 위험하다. 결론적으로 오너(권력자)이면서 책임감 있는 사람에게 줄을 서는 것이 가장 안전하다.

회사에서 본인의 위치는 항상 유동적이다. 부서가 바뀌거나, 상사가 바뀌거나 혹은 오너가 바뀌면 본인 의지와 상관없이 반대편에 서는 경우도 자주 발생한다. 또한 본인이 진급을 하면 동지가 적으로 바뀌는 경우가 있고, 회사를 이직하면 지금까지와는 전혀 다른 태도를 가져야 할 때도 있다. 한번 정해진 위치가 영원할 수 없고, 한번 동지가 영원한 동지일 수 없으며, 한번 정해진 태도가 영원한 본인의 태도일 수도 없기 때문이다. 오늘의 동지가 적이 되고, 어제의 적이 동지가 되는 현상은 광고업계에서 허다하게 발생한다. 회사에서, 넓게는 비즈니스 세계에서 적을 만들면 곤란하다. 지금 당장의 이익을 위해, 또는 직장 내 지위를 차지하기 위한 목적보다 커리어 관리에 도움이 되는가를 놓고 처세해야 한다.

광고회사는 유달리 이직이 심한 업종이다. 회사에서 사내정치에 능숙하면 주변 사람들이 그가 어떻게 정치하는지 유심히 지켜본다. 악의적이었는지, 어쩔 수 없이 그렇게 된 것인지, 그래도 옳게 가려고 노력했는지, 본인만 챙기려고 그렇게 한 것인지. 적극적이었는지, 소극적이었는지. 이런 모습 하나하나가 동료들의 입에서 입으로 전파된다. 소문은 그 회사에만 머무르지 않고 같이 일하는 회사 혹은 동료들의 친구 회사까지 전달되기도 한다. 특히 요즘처럼 SNS가 발달한 사회에서는 확산 속도가 매우 빠르고, 자신의 커리어에 결정적인 영향을 미친다. '일은 못하고 정치에 능숙하다', '우리 회사에 오면 회사가 아사리 판이 될 거다', '이번에 누굴 배신하려고 하나'와 같은 정치가로 찍히면 승진이나 이직할 때 주변 사람들의 부정적 평판이 큰 걸림돌로 작용할 수 있다.

실패한 자들이 사내정치를 넋두리로 치부한다

사내정치란 직장에서 실패를 맛본 자들이 내뱉는 직장에서 성공한 사람들을 조소하는 말로 들리는 경우가 많다. 사내정치를 잘해야지 직장에서 인정받고 성공할 수 있다는 부러움과 조소가 뒤섞인 말로 터부시된다. 그렇다면 사내정치를 잘한다는 것은 어떤 의미일까? 상사들에게 분위기를 잘 맞추고, 상황에 따라 탄력적으로 처신을 잘하는 처세술이 뛰어나다는 의미이다. 그럼에도 능력이나 실력보다는 상사들의 비위와 코드를 잘 맞춰서 잘 나가는 사람을 풍자하기 위한 뉘앙스가 강하다. 정치라는 단어의 부정적인 의미를 직장 내 조직사회에서 부정적인 의미와 일치시킨 셈이다. 자신은 정작 소신 있고 능력이 뛰어남에도 사내정치를 못 해서 잘 나가지 못한다는 핑계, 변명을 만들기 위한 자기 합리화일 수도 있다. 일부는 맞고 일부는 틀리다. 사내정치는 직장이나 조직에서 성공에 꼭 필요한 조건임을 인정해야만 한다. 처세술과 같은 사내정치에 능숙해야지, 피해를 최소화시킬 수 있다.

사내정치는 직장에서 성공하는 직장인의 덕목 중 하나로, 상사와의 원만하고 적극적인 소통능력이다. 실제로 직급이 올라갈수록 중요한 팩트다. 물론 능력이 부족함에도 상사와 주변인들과의 소통을 핵심으로 승진하는 사람들의 뜻도 내포하고 있다. 그렇기에 사내정치는 부정적인 의미로 쓰일 때가 많다. 긍정적 의미로 사용될 때 사내정치는 소통이나 공감능력, 리더십, 처세술과 동의어이다. 직장생활을 하다 보면 사내정치를 유독 잘해서 승진한 사람의 이야기를 종종 듣게 된다. 실제로 어느 기업이든 자신의 업적보다 키맨과 적극적인 소통으로 성과를 포장하는 사람을 쉽게 목격할 수 있다. 당신이 조직생활에서 실패하지 않으려면 정치적인 때가 필요한 경우도 있다. 그럴 때는 매우 정치적이어야 한다. 다만 목적이 정당하고, 동료들의 눈에 정치협작꾼으로 비춰지지 않아야 한다. 전망이 좋은 신규 사업이 할당되는 과정에서 비전이 있다면 적극적으로 나서야만 한다.

심리학자들은 "인간은 올라가려는 욕망과 공동체에 들어가려는 욕망이 공존하며, 남을 이기려는 욕망과 타인에게 속하려는 욕망이 공존한다."고 주장한다. 조직생활을 하는 대부분의 직장인들은 이러한 두 가지 욕망 사이를 매일같이 오간다. 자신의 성공을 위해서 타인보다 성과를 더 내려는 욕망과 동시에 그러한 타인들과의 네트워크 안에 속해 있으려는 욕망이 공존한다. 이러한 두 가지 욕망을 동시에 충족시키기 위해서는 사내정치가 필요하다. 상황에 따라 당신이 적임자라는 사실과 동시에 공동체인 팀의 일원이라는 사실을 놓치지 말아야 한다. 타인으로부터 공동체에 잘 적응하고 순응하는 좋은 동료로, 상사로부터는 부하직원으로서 인정받으면서 원하는 목표를 달성하자는 것이다. 실제로 당신이 평가권자라고 가정해 보자. 승진 대상자인 A, B가 있다. A팀장은 가끔씩 실수를 하고, 업무 능력은 평이한 수준이다. 당신이 내린 업무지시에 반하는 행동을 하지 않고 좋은 관계를 유지하는 모습을 보인다. 그러면서도 다른 부서와 좋은 유대관계를 위해 노력한다. 반면 B팀장은 맡은 업무에 대해 늘 깔끔하게 처리한다. 업무처리 방식도 효율적이고, 성과도 좋은 편이다. 다만 당신이 내린 업무 방식이 마음에 들지 않으면 수용하지 않고, 컴플레인을 제기하기도 한다. 당신이라면 A, B 중에서 어떤 사람을 승진시키겠는가? A는 당신의 조직관리에 매우 도움이 되는 조력자이고, B는 조직의 업무성과에 도움이 되는 인재다. 사람의 성향이나 가치관에 따라 다르겠지만, 쉽게 단정짓기는 곤란하다. 이처럼 '사내정치'는 현업에서 더욱 복잡한 상황으로 나타난다.

사내정치는 까마귀들이 하고, 나는 백로?

잘못된 사내정치는 많은 부작용을 야기한다. 업무저하는 물론 스트레스로 인해 회사를 떠나는 사람도 심심치 않게 목격할 수 있다. 사내정치는 조직이 관료화될수록, 조직의 규모가 비대해질수록 심각한 상황에 빠지는 경우가 있다. 무엇보다 사내정치로 인해 조직의 목표가 크게 저해될 수도 있다. 그럼에도 직속상사의 정치적인 행동이 틀렸다는 사실을 알면서도 그의 캐릭터가 불도저 같다면 부하직원으로서 바른 말을 하기가 현실적으로 어려운 것이 조직이다. 그렇기에 직속상사와 코드가 맞지 않으면 직장생활을 함께하기가 힘들다. 이를 이유로 회사를 떠나는 사람들도 많다.

조직생활을 길게 오랫동안 가져가길 원한다면 직속상사의 틀린 의사결정에도 차라리 침묵하는 편이 옳다. 아무리 합리적인 요구도 독단적인 상사에게는 결코 통하지 않는다.

회사라는 속을 면밀히 들여다보면 실제로는 전쟁터이다. 인간들이 모여 자신의 이해관계에 따라 일을 하는 곳이기 때문이다. 어디든 인간들이 모여 만든 조직에는 정치는 필연적으로 발생한다. 사내정치는 까마귀들이 하는 것이고, 본인은 백로라고 생각하는 사람은 어리석다. 사내정치에 우둔하면 등 뒤에서 칼을 맞을

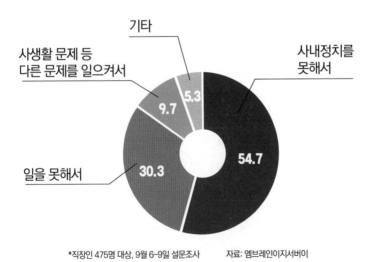

'만년 과장'들이 승진 못하는 이유(단위:%)

기타

사생활 문제 등
다른 문제를 일으켜서

사내정치를
못해서

5.3

9.7

54.7

일을 못해서

30.3

*직장인 475명 대상, 9월 6~9일 설문조사   자료: 엠브레인이지서버이

수도 있기 때문이다. 그렇다고 일을 소홀히 하면서 사내 정치력을 길러야 한다는 의미는 결코 아니다. 회사에서 기본적으로 일을 잘해야 한다는 명제는 불변한다. 거기에 사내 정치력이 더해져야 한다는 말이다. 사내 정치력을 키우기 위한 특별한 방법은 드물고, 상사와 커뮤니케이션하는 과정에서 스스로를 갈고 닦아야 한다. 손자병법이나 삼국지를 반복해서 보고, 처세술이나 인간관계를 강화할 수 있는 방법을 터득하면 크게 도움이 될 것이다. 흔히들 신입사원 시절에는 사내정치가 중요하지 않다고 말하지만, 나는 동의하지 않는다. 물론 직급이 올라갈수록 사내정치는 중요하고, 다른 팀장들보다 정치력이 뛰어난 팀장이 조직원들의 마음을 움직여 열정적으로 만드는 능력이 있다.

회사에서 사내정치를 차단하는 것은 원천적으로 불가능하다. 우리 회사에는 사내정치가 존재하지 않는다고 단언할 사람은 아무도 없을 것이다. 사내정치가 조직에 만연한 이유는 자원의 한정과 희소성 때문이다. 사람들이 회사생활을 하는 목적은 급여를 받기 위함이다. 직장인들의 연봉 테이블은 인사고과를 통해 이루어지고, 인센티브나 승진 등이 결정된다. 하지만 조직원들이 중요시하는 자원은 애초부터 한정되어 있다. 조금이라도 평가자에게 높은 인사고과를 받기 위해 많은 사람들이 사내정치를 할 수밖에 없다. 직장에서 내가 생존하기 위해서는 자신의 성과를 상사에게 어필해야만 하고, 상사들도 자신의 이해관계에 따라 직원들을 평가한다. 애초부터 조직은 피라미드라는 수직적 구조로 설계되어 있기 때문에 사내 정치는 필연적으로 발생한다. 수직적 구도에서 권력은 상사에게 집중되고, 상사들의 요구에 부응하기 위해 고군분투해야만 한다. 상사들의 가장 큰 무기는 인사평가권이다. 그들에게 평가권이 없고, 권력이 주어지지 않는다면 사내정치가 없는 이상적인 기업도 존재할 것이다.

좁은 의미에서 사내정치는 팀 내에서 팀원들 간에 벌어지는 행위을 말하고, 넓게는 CEO의 신망을 받기 위해 사업본부 차원으로 확대된다. 스마트한 CEO들은 사내정치의 순기능을 잘 이해하고 있다. 이들은 사업본부별로 책임과 역할(R&R)을 명확히 설계하고, 적절한 긴장관계를 조성함으로써 조직발전의 원동력으로 활용하기도 한다. 물론 사내에 파벌을 만들어서 권력을 남용하거나, 특정한 이해관계(혈연, 학연, 지연)에 따라 줄을 세우는 부정적인 사내정치 세력은 철저하게 차단시켜야 한다.

사내정치 vs 전략적 사고는 백지 한 장의 차이

자신이 몸담고 있는 조직의 위상은 조직장의 리더십과 사내 정치력에 달려 있다. 부서의 파워와 비전은 조직장의 스타일에 따라 크게 달라진다. 기업은 살아 꿈틀거리는 유기체로 언제든 필요에 따라 조직개편이 단행된다. 그렇기에 특정인에게 줄을 서는 것은 곤란하다. '저 친구는 김 부장 라인이야'라고 회사에 소문이 파다하게 퍼지고 나면 자신의 사내정치는 실패했다고 보면 된다. 하지만 자신도 모르는 사이에 동료들 사이에 김 부장 라인이라는 공감대가 형성된다면 그의 비전에 대해 진지하게 고민해야만 한다. 회사의 권력구도는 금방금방 변하기 때문이다. '화무십일홍 권불십년(花無十日紅 權不十年)'이란 말이 있다. 열흘 동안 붉은 꽃은 없다는 뜻으로, 번성한 것은 반드시 쇠하여짐을 비유적으로 이른다. 권불십년은 아무리 높은 권세를 가져도 십 년, 즉 오랜 세월을 지속하지 못하고 언젠가는 무너진다는 뜻이다. 직장에서는 라인을 잘못 서다가는 한 방에 훅 갈 수 있다. 더군다나 기업들이 수시로 조직을 개편하면서 '권불삼년(權不三年)'이란 말이 현실적으로 타당할 것이다. 확신하건대 직장에서의 권력은 특정인에게 그리 오래가지 못한다.

스탠퍼드 경영대학원의 제프리 페퍼 교수는 "승진을 원하는 사람이 흔히 저지르는 실수가 사내정치를 무시하는 태도"라고 말했다. 사내 정치를 무조건 나쁜 것으로 치부해서는 곤란하다. 직장이란 곳의 내면을 면밀히 살펴보면 사내정치가 곳곳에 도사리고 있다. 사내정치에서 살아남기 위해서는 평소부터 당신의 이미지 관리에 각별한 관심을 가져야 한다. 상사들의 머릿속에는 직원들의 우선순위가 정해지고, 이것은 인사고과와 그대로 연결되는 경향이 있다. 인간은 흔히들 이성적 존재라고 하지만, 지구상에 살아 있는 생명체들 중에서 가장 감정적인 동물이다. 팔이 안으로 굽는 것처럼 사람인 이상 직원들의 사소한 태도나 평소 자신을 잘 따르는 사람을 선호할 수밖에 없다는 말이다.

사실 정치라는 단어는 다소 부담스럽다. 그 이유는 정치인들이 보여주는 말바꾸기와 근본없는 행동 등으로 대표되는 부정적인 행태들로부터 기인한다. 하지만 정치 행위는 정당인들과 국회의원들만 하는 행위가 아니다. 정치는 인간관계를 맺고 살아가는 직장인들도 마찬가지다. 우리는 생계를 위해, 비전을 위해 직업생활을 하면서 회사나 조직에 소속되어 있다. 인간은 사회적 동물이고, 사회적 관계 안에서 자아를 실현하고, 비전을 키우면서 임금과 경험을 토대로 경험을 축적해 간다. 독불장군처럼 혼자만 살아갈 수는 없는 것이 사회다. 그런 의미에서 조직은 관계 속에서 함께 만들어가는 것이다. 회사에는 다양한 군상들의 인간들이 모여 지낸다. 우호적인 사람도 있고, 배타적인 사람도 있다. 많은 이들이 조직에서 만난 관계는 진정한 관계가 아닌, 이익이 우선한다고 말한다. 직업을 가지고 생계를 꾸리고 있는 이상 대부분의 조직생활은 정치적인 행위를 하면서 영위할 수밖에 없다. 직장에서 인복을 쌓고 성공적인 관계를 구축하기 위해서는 사소한 것에도 신경을 써야 한다. 작은 것들이 모여 자신의 이미지가 구축되고, 알게 모르게 자신을 평가하는 기준이 되기 때문이다. 사내에서 이를 위한 3가지 처세술을 제시해 보겠다

첫째, 인사는 무조건 잘하고 볼 일이다. 사내에서 특정인과 마주쳤을 때 3가지 유형의 사람이 있다. 본체만체 지나치는 사람과 적당히 눈인사를 하는 사람, 그리고 목소리 톤을 조금 올려서 깍듯하게 인사하는 사람이다. 회사에서 하루 종일 부대끼면서 일을 하다 보면 복도나 화장실, 사무실에서 다른 사람과 자주 마주치게 된다. 동료나 상사일 수도 있고, 처음 보는 외부업체의 사람일 수도 있다. 이들에게는 친근감 있게 인사를 공손하게 하는 것이 좋다. 인사하는 스타일과 방법, 태도만으로도 당신의 인성이나 인격을 어느 정도 가늠하게 할 수 있다. 조직생활에서 인사는 가장 기본적인 예의이다.

둘째, 동료의식을 형성하기 위해 업무 외적인 일로 인간관계를 만드는 것도 좋은 방법이다. 동료의식은 같은 직장에서 함께 일하는 사람에 대한 애정으로 유대감이나 친근감, 협동심 등으로 나타난다. 회사일은 혼자 하는 업무가 아니다. 업무가 분업화되어 있지만, 집단지성을 통한 업무협조가 대단히 중요하다. 부득이하게 부탁할 일도 생기고, 부탁을 받아줘야 할 때도 있다. 동료들과의 관계가 좋으면 회사생활도 즐겁다. 서로의 고민도 공유하면서 돈

독한 관계를 유지할 수 있다. 동료의식을 강화할 수 있는 방법은 의외로 간단하다. 함께 식사를 하거나 커피를 마시면서 관심사를 공유하면 급속도로 가까워질 수 있다.

셋째, 긍정적인 마인드를 보유하는 것이 좋다. 긍정적인 사고의 출발점은 스스로를 사랑하는 것이다. 회사의 업무는 냉철한 분석적 사고가 우선이겠지만, 부정적인 생각이 자리 잡지 못하도록 긍정적인 생각으로 바꾸는 훈련이 필요하다. 이를 위해서는 상황을 객관적으로 받아들이고 새로운 일에 도전하는 용기를 가져야만 한다.

직장에서 전략적 사고와 사내정치는 백지 한 상의 차이다. 전략적 사고는 모든 일에 목표를 설정하고 처신하기 때문에 말이나 행동에서 낭비되는 바가 없이 원하는 목표를 달성할 수 있다. 흔히들 아부는 간신이 하고, 직언은 충신이 하는 거라고 생각한다. 아부가 전통적으로 부정적인 평가를 받아온 이유는 리더의 판단을 흐려 조직을 위험에 빠트릴 수 있기 때문이다. 그럼에도 마키아벨리는 『군주론』에서 "인간은 자기 기만에 쉽게 빠지기 때문에 아부라는 질병으로부터 스스로를 보호하기가 매우 어렵다."고 말했다. 그렇기에 직장생활에서 전략적인 아부는 투입비용 대비 효과가 가장 높은 직장생활 노하우일 수도 있다. 자신에게 아부하는 사람을 싫어하는 상사는 거의 없을지 모른다. 실제로 고직급자를 대상으로 조사한 자료에 따르면, 자신에게 아부하는 사람을 본능적으로 좋아하는 것으로 나타났다. 인간은 자신의 의사에 동조하고, 좋아해 주는 사람을 선호할 수밖에 없다. 심리학자 프리츠 하이더는 '나는 그런 칭찬을 받을 만한 사람이 아닌데?'라고 생각하면서도 아부 속에 언급된 이미지로 자신을 맞추려고 노력한다고 했다. 조직에서 아부를 무조건 터부시할 일은 아니다. 너무 지나쳐도 곤란하지만, 적절한 아부는 직장생활에서 윤활유 역할을 해준다.

02 | 열정은 기회를 부른다

❖

　　나는 졸업을 눈 앞에 두고서야 신문기자의 꿈을 접었다. 일반기업에 취업하겠다고 도전했지만, 세상의 높은 벽을 자각해야만 했다. 서류전형에서 낙방하고, 면접에서도 쓴 맛 보기를 몇 차례. 무언가 특단의 대책이 필요했다. 지나간 시간을 후회해도 소용이 없었다. 그런데 운명이었을까? 친구가 버리려던 입사원서를 건네받아 그때까지 해왔던 방식과는 전혀 다르게 원서를 작성하기 시작했다. 지원하는 부서가 마케팅이고, 어쩌면 튀는 사람을 원할 수도 있겠다는 생각으로 모험을 시도했다. 입사원서 작성을 지켜보던 친구들은 "너, 이제 막가는 구나!"라며 결과를 궁금해했다. 입사원서의 자기소개서에 매직으로 물음표 하나만을 크게 찍고, 간단히 적었다.

"궁금하시면 직접 만나 보십시오. 당신의 선택! 실망시켜 드리지 않겠습니다."

그때까지 자기소개서를 꼼꼼하게 작성하던 방식과는 완전히 다른 파격이었다. 크게 기대는 않았지만, 서류전형에 합격했다는 연락을 받고 스스로도 놀랐다. 즉시 면접준비에 돌입했다. 예상질문을 만들어 암기하고, 거울에게 질문하고 답하면서 매달렸다. 나를 궁금해할 상사를 실망시키지 않기로 작정해서였다. 1차 팀장급 면접에서 질문을 1개만 받았다. 5명의 면접관 중에 한 명이 초조해하던 내게 던진 질문은 "마케팅이 뭐라고 생각합니까?"

기뻤다. 준비된 예상질문이었기 때문이다.

"예, 학교에서 배운 바에 따르면, '마케팅이란 기업에서 조직의 목표를 충족시키기 위해 소비자와 교환 창출을 목적으로 아이디어나 상품, 서비스를 정립하는 활동으로 가격설정 및 프로모션, 유통경로를 계획하고 집행'하는 것으로 배웠습니다. 하지만 이것은 어디까지나 이론일 뿐, 실무와는 다를 것이라 생각합니다. 그걸 직접 해보고 싶어서 지원했습니다"

연습을 수차례 해서인지 막힘없이 대답했다. 그 뒤 2차 최종면접과 신체검사를 거쳐 운 좋게 첫 직장에 입사할 수 있었다. 나중에 알게 된 사실이지만, 나를 채용한 팀장은 다른 회사에서 스카우트해 온 유능한 부장으로 서류심사 때부터 내게 관심을 많이 보였고,

자기 팀으로의 배치를 원했다는 것이다. 창의적인 일을 좋아한 내게 마케팅이라는 직종은 적성에 딱 맞았다. 더군다나 동료들이 부러워하는 리더십이 뛰어난 상사까지 만나는 행운을 누렸다.

마케팅부서에 신입사원으로 입사해 보니 모든 것이 낯설었다. 무엇보다 매일 입는 양복이 가장 불편했고, 전화를 받을 때도 어색했다. 사무실이나 복도, 엘리베이터에서 마주치는 사람들은 모두가 상사나 선배들이었기에 무조건 깍듯하게 인사를 했다. 그렇게 뭐 모르던 신입사원 시절에 팀장이 나를 회의실로 불렀다. 회의실 책상 위에는 '청볼'이라는 화장실에서 사용하는 변기세정제가 놓여 있었다. 팀장은 내게 일상적인 질문으로 대화를 시작했다.

"입사한 지 1달이 지났는데, 소감이 어떻습니까?"

얼떨결에 받은 질문에 당황했지만, 신입사원이라 큰 목소리로 솔직하게 대답했다.

"예! 어리둥절하지만 선배님들이 잘해주셔서 열심히 배우고 있습니다!"

"그래요? 목소리 톤을 조금 낮춰서 대답해도 괜찮아요. 마케팅 업무는 본인의 적성하고 잘 맞을 것 같습니까?"

"예! 그렇습니다. 마케팅은 참 재미있는 업무 같습니다. 제 적성과 잘 맞아서 입사를 잘 했다고 생각합니다"

솔직히 그랬다. 선배들이 진행하는 회사의 업무를 지켜보면서 모든 것이 신선했다. 소매점에서 판매되는 신제품의 가격을 직접 설정하고, TV-CF광고를 제작하거나 소비자들의 경품행사를 진행하는 모습을 보면서 나도 빨리 배워서 업무를 진행해 보고 싶었다.

"오늘 부른 이유는 변기세정제의 마케팅전략을 한번 수립해 보라는 업무를 주기 위해서입니다. LG생활건강과 옥시를 비롯해 군소업체 제품들까지 100억 원 정도의 시장을 형성하고 있는데, 우리 회사의 시장점유율이 10%밖에 되지 않아 고민입니다. 잘해 볼 수 있겠어요?"

입사한 지 겨우 1달, 당시 내게는 벅찬 과제였다. 하지만 아무리 신입사원이라고 해도 업무의 경중은 판단할 수 있었다. 팀장에게 처음으로 받는 업무지시를 어떻게 거부할 수 있겠는가? 걱정도 되었지만 한편으로는 오기도 생겼다.

"예! 팀장님. 최선을 다해 보겠습니다. 그런데 시장에 대해 조금만 설명해 주십시오."

"아, 그래요. 일본의 경우 제습제와 변기세정제 시장을 놓고 볼 때 변기세정제가 117억 엔으로 더 큽니다. 그런데 한국은 반대죠. 제습제 시장이 더 큽니다. 이것이 첫 번째 특징이고, 두 번째는 경쟁사들의 제품 품질은 거의 비슷비슷합니다. 모두가 거기서 거기인데, 시장에 가장 빨리 진입한 '청청'이 시장점유율 35%로 1등을 차지하고 있습니다. 세 번째는 가격적인 측면에서 1~2백 원 차이로 거의 동일합니다. 그 밖에 궁금한 것은 여기 파일에 있으니까 살펴보세요. 제가 더 이상 언급하는 것은 신입사원에게 편견으로 작용할 수 있기 때문에 여기까지만 하죠."

팀장은 혹시라도 개입될 자신의 의견을 우려해서인지 깊게 설명해 주지 않았고, 나도 팀장에게 더 이상 묻지 않았다.

"언제까지 완료할 수 있을까요?"

나는 순간적으로 판단했다. 1달은 너무 길 것 같고, 1주일은 짧게 느껴졌다. 2주 후에 보고서를 제출하겠다는 나의 대답에 팀장은 흔쾌히 수락했다. 그로부터 나의 끊임없는 고민은 계속되었다. 솔직히 막막했다. 직장에서 처음으로 받은 과제물이 내게는 너무도 크고, 어렵게 보였다. 그럼에도 나는 본능적으로 이번 과제물이 중요하다는 사실을 알아 차렸다. 입사 후 처음으로 받게 된 과제물의 결과가 첫인상 구축에 큰 영향을 미칠 것이라고 생각했다. 대학 시절에 교수님으로부터 어려운 리포트를 받았다고 생각하니 마음이 편했다. 이왕에 지시받은 숙제를 제대로 완수하고 싶었다. 퇴근하는 길에 교보문고로 향했다. 기획서나 보고서 작성에 필요한 책을 찾아보았다. 그러다가 실무자들에게 유익한 마케팅 책을 골랐다. 이 외에도 보고서 작성에 도움이 되는 책을 골라

집에 와서 정독에 들어갔다. 책은 읽을수록 깊게 빠져들었다. 늦게까지 읽으면서 조금은 든든한 마음으로 잠자리에 들었다.

다음 날부터 나는 선배들에게 일을 배우면서 틈틈이 자료조사와 정보를 파악하는 데 집중했다. 선배들이 만들어 놓은 자료를 살펴봤지만 여전히 갈증이 났다. 책상 앞에 앉아 몇 번이나 보고서 작성을 시도하다가 하얀 백지 위에 어떤 말을 시작할지 감이 잡히지 않았다. 그러자 보고서를 작성하는 일이 덜컥 겁이 났다. 고민 끝에 나는 선배의 조언을 구하기로 마음먹었다. 일을 잘하기로 소문난 나의 멘토인 K 선배에게 조심스럽게 부탁하자, 그는 보고서 작성에 필요한 핵심포인트를 잘 설명해 주었다. 선배의 말을 토대로 나는 불철주야로 보고서 준비에 만전을 기했다. 이러한 노력 끝에 정확히 2주 뒤에 팀장에게 보고서를 제출했다. 12페이지에 달하는 적지 않은 내용이었다.

보고서의 제목은 〈화장실을 마케팅하자〉로 정했다. 부제는 '화장실 문화를 선도할 청볼로 변기세정제 시장을 확 뒤집어 버리자!'로 잡았다. 공격적인 마케팅으로 시장을 혁신하자는 보고서를 받아 든 팀장은 집중적으로 살펴보기 시작했다. 보고서를 검토한 지 20여 분이 지났을 무렵, 팀장은 아무런 말없이 내게 따라오라는 눈짓을 보냈다. 무슨 영문인지도 모른 채 팀장의 뒤를 따라가 보니 본부장실이었다. 갑작스러운 방문에 놀란 본부장이 무슨 일이냐고 묻자, 팀장은 그동안의 자초지종을 본부장에게 설명했다.
그러면서 본부장에게 내가 작성한 보고서를 내밀었다.

"그렇게 작성된 보고서입니다."

"어떻게 작성했길래 여기까지 들어왔는지 한번 봅시다."

본부장은 궁금한 표정으로 내가 작성한 보고서를 훑어보기 시
작했다. 그러다가 나를 한번 곁눈으로 슬그머니 쳐다보다가 갑자
기 전화기를 들었다.

"송 대리, 본부장인데 빨리 올라와 보세요."

팀장이 누구에게 전화했는지를 묻자, 본부장은 홍보실의 송 대
리라고 말했다. 보고서 읽기를 마친 본부장이 내게 물었다.

"이거 정말로 네가 작성한 거 맞니?"

"예, 그렇습니다."

잠시 후 전화로 호출한 송 대리가 본부장실로 들어왔다.

"송 대리, 그룹사보 마감일이 언제지?"

"네, 다음주입니다. 본부장님!"

"그럼, 이 보고서 전체를 그룹사보에 게재하도록 하세요. 제목
은 〈화장실을 공격적으로 마케팅하자〉이고, 코너명은 '후레쉬
맨 신입사원'으로 정합시다."

그제야 나는 본부장이 홍보실의 송 대리를 호출한 내막을 알
게 되었다. 이러한 절차를 거쳐 내가 작성한 보고서는 그룹사보에

특집 기획기사로 실렸다. 12페이지에 달하는 방대한 분량이 가감 없이 게재되었다. 사보가 발간되자, 함께 입사한 동기들에게 많은 축하전화를 받았고, 팀장과 본부장에게 확실하게 눈도장을 찍을 수 있었다.

시간이 지날수록 나는 좋은 직속상사를 만났다는 사실을 깨달았다. 어떤 스타일의 상사를 만나느냐가 승패를 가른다는 사실도 알게 되었다. 술을 좋아하는 상사를 사수로 만나면 자신도 그렇게 변하고, 숫자를 중시하는 사람을 만나면 자신도 숫자에 밝게 변한다. 창의적인 일을 좋아하던 나에게 마케팅이라는 직종은 적성에 딱 맞았다. 동료들이 부러워하는 리더십이 뛰어난 팀장과 칼 같은 카리스마를 보유한 본부장을 제대로 만난 것이었다. 회사에서 마케팅을 총괄하는 본부장은 아주 특별한 사람이었다. 그는 부서원들에게 자부심을 심어 주었다. 다른 부서와 달리 마케팅은 회사에게 직접적으로 수익을 가져다주는 핵심부서라며 '특별수당'을 개설하여 직원들이 자부심을 갖게 만들었다. 마케팅에 대해 이론적으로 무장해야 한다며 직원들의 교육에도 심혈을 기울였을 뿐만 아니라 교수를 초빙해 마케팅스쿨을 정기적으로 개최하면서 수백만 원이 소요되는 외부교육에도 투자를 아끼지 않았다. 특히 스스로 박사학위를 준비하면서 직원들에게도 모범을 보였다.

직장에서 상사들이 좋아하는 직원의 공통점을 면밀히 살펴보면, 통하는 키워드가 있다. 다양한 요인이 있겠지만, 그중에서도 으뜸은 열정(Passion)이다. 상사들은 부하직원들의 눈빛과 태도만으로도 열정을 평가할 수 있다. 열정은 어떤 일에 열렬한 애정을 가지고 열중하는 마음이다. 동서고금을 막론하고 열정은 모든 일의 해답이 될 수 있다. 직장생활에서 자신의 이미지와 열정은 매우 긴밀하다. 상사들이 인지하고 있는 열정이 많은 직원과 부족한 사람에 대한 견해는 하늘과 땅 차이로 나타난다. 당신이 상급자라면 열정이 없는 직원을 신뢰할 수 있겠는가? 이러한 열정은 자신의 업무에 대한 애착으로부터 시작된다. 현실적으로 직장에서는 자신이 좋아하는 일만을 할 수는 없다. 어려운 과업도 있고, 주어진 시간도 짧다. 그런 와중에서도 다양한 업무가 하달된다. 이때가 중요하다. 아무리 어려운 일이라도 긍정적인 마인드를 가지고 열정적으로 돌파구를 찾아야 한다. 상사의 눈에는 당신의 열정이 모두 노출되기 때문이다.

신입사원 시절이 지나고, 입사 3년 차 때의 일이다. 팀장이 지시한 보고서 작성을 고민하면서 업무에 몰입하고 있었다. 그때 팀장이 보고서 작성의 경과를 물어왔다.

"신제품 보고서는 어디까지 진행되고 있습니까?"

그렇지 않아도 몇 개월 뒤에 출시할 신제품 이름을 확정하지 못해 고민하던 나는 정신이 번쩍 들었다. 팀장이 업무를 지시한

지 시간이 꽤나 흘렀기 때문이다.

"다음주 초에 1차 보고 드리겠습니다. 팀장님!"

"너무 서두를 필요는 없고, 가급적이면 초기투자 비용을 고려해서 달성 가능한 목표를 잡도록 해보세요. 이번에 출시될 신제품에 거는 경영진의 기대가 커서 부담입니다."

"염려 마십시오. 팀장님! 이번에는 열심히 해보겠습니다."

지난해 출시했던 신제품이 기대했던 것과 달리 실패로 끝나서 그런지, 이번에 출시하는 신제품에 팀의 명운이 달려 있었다. 나의 자신 있는 대답에 팀장은 웃으면서 말했다.

"일은 열심히 하는 것보다 잘하는 것이 중요합니다."

맞는 말이었다. 회사는 과정보다 결과가 더 중요한 곳으로. 특히 마케팅부서는 매출액이 곧 인격이라는 문화가 지배하고 있었다. 그런데 그때였다. 입사동기가 나를 급하게 찾았다.

"야! 본부장님이 찾는다. 빨리 가봐라, 본부장님 성격 급한 거 알지?"

팀장은 빨리 가보라는 눈짓을 보냈고, 나는 무슨 일인지 궁금해 총알같이 뛰어갔다.

"오늘 아침부터 홍보실이 왜 이리도 분주한지 아나?"

"죄송합니다. 잘 모르겠는데요?"

"이런 넋 빠진 놈. 내가 그렇게도 마케터는 주변의 환경변화를 놓쳐서는 안 된다고 강조했건만, 이런 고급정보를 모르다니. TV방송국에서 내일 우리 회사에 촬영하러 올 거다. 기업탐방 코너에 〈신입사원 연수현장을 가다〉라는 타이틀로 지금 연수원에서 진행하고 있는 신입사원들을 촬영하러 오겠다는구나."

직선적인 카리스마를 소유한 본부장은 평소에도 직원들을 직접 호출해서 허물없이 대화를 즐겼다. 그제야 나는 방송촬영과 본부장이 부른 이유와 어떤 관련이 있다는 것을 직감할 수 있었다.

"거기서 〈신입사원과 선배사원과의 대화〉라는 코너가 있는데, 사업본부마다 선배직원을 1명씩 뽑아서 내일 연수원으로 보내라고 하는구나. 문제는 과장급 이상이란 말이지."

"그럼, 저하고는 직접적인 관련이..."

"아니야, 다른 부서는 틀림없이 사장님이 지시한 대로 과장급 이상만 보낼 거야. 그런데 생각해봐라. 고직급자들이 가서 무슨 말을 하겠니? 앞에서 인사팀장도 지켜보고 있을 텐데. 다들 정치적인 답변이나 하고 오겠지. 그래서 우리는 혀를 차는 거다!"

다른 부서와 차별화하려는 본부장 눈빛이 그날따라 예리해 보였다.

"우리는 이번에 과장급 이하를 보내는 거다. 너 입사한 지 얼마나 됐지?"

"사원 3년 차입니다"

"벌써? 너는 회사에서 눈치 정도는 알아도 아직은 정치는 잘 모를 거고, 뒷일은 내가 책임질 테니, 신입사원들 질문에 솔직하고 자신 있게 대답해도 된다."

"본부장님! 저, 솔직히 자신이 없습니다."

"알아. 네가 카메라발은 안 바쳐주지만 헝그리 정신은 내 맘에 쏙 들거든. 일단 테스트 한번 해보자. 마케터를 한마디로 표현하면 뭐라고 내가 가르쳤지?"

"100여 명으로 구성된 오케스트라의 지휘자요."

"왜지?"

"오케스트라에서 악기를 연주하는 사람은 자신의 악기를 연주하는 데 집중하면 되지만, 지휘자는 모든 악기소리에 귀를 기울이고 이를 재해석함으로써 자기만의 음악세계를 창조해내는 과정이 바로 회사에서 마케터와 비슷하기 때문입니다."

"바로 그거다. 너 참 맘에 든다. 내가 경력사원을 안 뽑는 이유가 바로 이 점이야. 똘똘한 신입사원을 뽑아서 내공을 전수시키면 그냥 쏙쏙 빨려 들어가기 때문이지. 뭐랄까, 마치 하얀 도화지 위에 마치 내가 그림을 그리는 것 같다고나 할까?"

그래서일까? 본부장은 경력사원을 채용하지 않았다. 장기적인 측면에서 때묻지 않은 신입사원을 제대로 가르치는 것이 미래에 대한 투자라고 확신했다. 평소에 그는 직장생활에서 처세술과 사람에 대한 태도는 직장생활의 성패를 좌우한다고 강조했다. 회사에서 일이나 업무를 잘하는 것도 중요하지만, 그 사람의 태도와 처세가 오히려 더 중요할 수도 있다고 했다. 그중에서도 열정은 성공의 핵심적인 키워드로, 자신이 맡은 업무에 대한 애정으로부터 시작된다는 것이 그의 지론이었다. 그의 말에 따르면 직장에는 3종류의 사람이 있다. 열정이 있는 사람, 열정이 없는 사람, 그저 적당히 그런 사람이다. 열정적인 사람은 언제 어디서나 빛이 나고, 어려움에 부딪혀도 그것을 딛고 일어설 수 있는 에너지가 있다. 열정은 끊임없이 스스로를 재충전시켜 주기 때문에 쉽게 지치지 않고 목표를 향해 끝까지 달릴 수 있게 도와준다는 것이다.

"그런데 내가 너를 거기에 보내는 진짜 목적이 무엇인지도 아니?"

혹시나 하는 마음에서인지 본부장은 부드럽게 물어왔다.

"마케팅 PR을 잘해서 신입사원들이 우리 부서로 대거 지원하도록 만드는 겁니다."

"브라보!"

본부장은 손뼉을 치면서 기뻐하며 내게 신입사원들이 던질만한 질문과 대답하는 요령 등에 대해 몇 가지를 코치를 하더니, 갑자기 지갑에서 수표를 꺼내 내밀었다.

"오늘 일찍 퇴근해서 백화점에 가서 이걸로 넥타이랑 와이셔츠랑 컬러 배치해서 새로 사 입고 가도록 해!"

본부장의 성격을 아는지라 감사하다는 말과 함께 받아 들고 얼른 돌아서려는 순간, 귓전에 들린 한마디에 나는 그만 맥이 탁 풀리고 말았다.

"참, 생방송이다. 준비 잘해라!"

그날 밤 나는 잠을 제대로 이룰 수 없었다. 퇴근하면서 백화점에 들러 사온 벽에 걸린 와이셔츠와 넥타이를 볼 때마다 심장이 두근거렸다. 잠깐 눈을 부치고 새벽부터 거울을 보면서 연습에 들어갔다. 신입사원이 궁금해할 내용을 미리 생각해보면서 목소리부터 가다듬었다. 나는 차분한 마음으로 신입사원 시절을 떠올려 봤고, 그들이 선배에게 듣고 싶은 말이 무엇일지도 떠올려 보았다.

다음 날 경기도 곤지암에 있는 그룹연수원에 도착한 시간은 오전 7시 30분이었다. 촬영은 9시부터 시작될 예정으로 1시간 전에는 반드시 도착해야 한다는 인사팀장의 엄명과 수도권 교통도 예측을 불허했기 때문에 빨리 출발한 결과였다. 이미 촬영장비는 준비를 마친 상태였고, 마무리 작업으로 분주했다. 나는 방송장비와 현란한 조명 그리고 카메라에 긴장하지 않을 수 없었다. 촬영시간은 20에 불과하다며 심호흡을 가다듬었다. 얼마 후 PD로부터 간단한 주의사항을 전달받고 바로 촬영에 들어갔다. 모두가 긴장한 상태에서 신입사원들의 질문이 서슴없이 날아오기 시작했다. 주로 회사의 인사정책이나 연봉, 부서별로 주로 하는 업무에 대한 질문이 많았는데, 함께 참석한 다른 부서의 선배들은 인사팀장의 눈치를 보면서 적당히 회사의 입장을 옹호하는 방향으로 대답하자, 분위기가 자연스럽지 못했다. 이에 비해 상대적으로 나는 자유로웠다. 무엇보다 뒤를 책임져 준다는 든든한 본부장의 후원이 있었고, 준비를 많이 해서였다. 나는 인사팀장의 눈을 피했다. 그리고 신입사원들이 원하는 대답을 그들의 눈 높이에 맞춰 솔직하게 답변했다. 특히 마케팅부서에 관한 질문에 대해서는 스스로도 놀랄 정도로 열정과 애정을 가지고 있는 나를 발견할 수 있었다. 나는 마케팅이라는 업무를 누구보다도 좋아하면서 즐겼던 것이다. 이것은 자연스럽게 일에 대한 열정으로 이어졌고, 이것이 바로 본부장이 나를 이곳에 보낸 이유라는 확신이 들었다. 그때 정신이 번쩍 들만한 뜻밖의 질문 하나가 내게 날아왔다.

"선배님께 개인적인 질문이 있습니다."

카메라가 재빠르게 질문한 신입사원을 잡자마자 리포터가 추임새를 넣었다.

"아니, 이번엔 미모의 신입사원입니다. 뭐죠?"라고 즉각 응대하자마자 "여기는 CC(Company Couple)가 많다고 들었는데 사실입니까? 그리고 선배님은 지금 혼자입니까?"

리포터는 재미있는지 한 발 더 나아갔다.

"아, 결정적인 질문입니다. 내가 보기엔 애인이 없을 것 같은데. 자, 대답해 주시죠."

나는 중앙카메라가 재빠르게 나를 클로즈업하는 것을 느끼면서 일단 급조한 말을 날렸다.

"실제로 결혼까지 골인한 CC도 꽤 있습니다"

동시에 머릿속으로는 다음 말을 재빠르게 가다듬고 있었다. 이를 빠르게 눈치챈 리포터가 나를 거들어 주었다.

"CC로 결혼하면 회사에서 어떤 혜택도 있나요? 그리고 애인은 있습니까?"

"물론입니다. CC가 결혼하면 회사에서 크게 쏩니다. 지금 이 자리에서 제 옆에 앉아 계신 과장님도 CC입니다. 그런데 불행히도 저는 아직 솔로랍니다."

말이 끝나기가 무섭게 리포터는 "우와~ 대단한 회사입니다. 그렇다면 애인이 없으니까 두 분이 한번 잘해보는 것은 어떻습니까?"

생각지도 못했던 진행자 제안이 둘을 향해 동시에 날아왔다. 질문한 신입사원은 무척 당황하면서 언짢은 표정을 지었고, 나는 재치 있게 대답했다.

"제가 솔로인 이유는 호랑이는 배가 고파도 토끼를 쳐다보지 않기 때문입니다. 아직까지 퀸카를 만나지 못해서인데 저분 정도라면 OK입니다."

내 답변은 좌중을 웃음바다로 만들면서 전국방송을 탔다.

다음 날 인사팀장이 나를 찾았다. 인사팀장은 내게 두툼한 봉투를 건네며 말했다.

"수고 많았다. 방송도 가장 많이 탔고, 선배들이 모두 긴장해서 걱정했는데, 너마저 얼었다면 우리 회사 엄청나게 창피할 뻔했다. 하지만 그런 공개적인 석상에서 커뮤니케이션을 진행할 때는 말 한마디, 한마디는 굉장히 중요하단다. 그것은 우리 회사의 이미지이기도 하지만, 바로 너 자신의 이미지이기 때문이야. 약간 직설적으로 이야기한 부분이 조금 걸려서 하는 말이다. 너도 조금씩 회사생활을 하다 보면 내가 무슨 말을 하는지 알게 될 거야. 아무튼 어제는 잘했고, 이건 수고비다."

고맙다는 인사를 마치고 엘리베이터를 타려는 순간, 누군가 내 어깨를 잡으며 말을 건넸다.

"야~ 어제 TV 잘 봤다. 생각보다 카메라발 좋던데?"

사내에서 TV로 지켜봤다는 홍보실의 선배였다. 사내에서 나는 작은 영웅이 되어 있었고, 그날 만나는 동료들로부터 하루 종일 비슷한 이야기를 들어야만 했다. 돌이켜보면 내 열정을 긍정적으로 봐줬던 직속상사의 덕분이었다. 조직생활에서 가장 기본적인 덕목이 열정이다. 열정있는 부하직원을 아끼지 않을 상사가 드물고, 열정적인 상사를 따르지 않을 구성원도 드물 것이다. 사실 조직에서 열정적인 사람은 책임감이 강하다. 자신에게 맡겨진 어려운 일도 척척 해낸다. 책임감은 맡아서 해야 할 임무나 의무를 중히 여기는 마음이다. 책임감의 다른 표현은 주인의식이다. 직장에서 상사는 부하직원들의 노예근성을 가장 혐오하고 싫어한다. 상사들의 마음을 꿰뚫고 책임감과 주인의식으로 똘똘 뭉칠 필요가 있다.

그로부터 한 달 후 흥분된 일이 일어났다. 얼마 전 방송에서 대면했던 신입사원들이 OJT를 마치고 현업에 배치됐기 때문이다. 신입사원들을 축하하기 위해 회의실로 모이라는 본부장의 지시가 떨어졌다. 부담 없이 회의실로 갔다. 모두가 모였을 즈음에 등장한 본부장은 세련된 넥타이를 메고 있었다. "자~ 여러분들, 웰컴(Welcome)입니다. 서로 인사 나눕시다. 저는 마케팅을 총괄하고 있는 본부장입니다. 면접 때 봤죠? 이번 신입사원들은 특별히 머리 좋은 사람만을 추려서 데리고 왔습니다" 마케팅본부 직원들과 상견례하는 자리에서 본부장은 신입사원들의 자부심을 높여 주었고, 임직원들도 큰 박수로 환영했다.

"이번 신입사원들은 20명이 넘게 마케팅부서에 대거로 지원해서 우열을 가리기 힘들었지만, 그중에서도 가장 우수한 6명을 선발했습니다. 남자 4명과 여직원 2명! 그런데 여직원 한 명은 어디 갔지?"

"너무 긴장된다며 잠깐 화장실에 갔습니다."

눈치 빠른 신입사원이 씩씩하게 대답했다. 이때 미안한 표정으로 회의실로 들어서는 그녀를 보면서 나는 깜짝 놀라고 말았다. 촬영장에서 내게 질문을 했던 바로 그 여직원이었기 때문이다. 본부장은 마케팅부서의 위상과 역할에 대해 신입사원들이 프라이드를 느낄 만큼 부풀려서 강조했지만, 내 귀에는 아무것도 들어오지 않았다. 그녀를 훔쳐보기에 바빴다. 그녀도 그런 나를 의식했는지 보일 듯 말 듯한 미소로 내게 눈인사를 보내주는 것 같았다. 나도 모르게 얼굴이 빨갛게 달아오르는 걸 느꼈다. 촬영할 당시에는 현란한 조명과 긴장한 탓에 잘 몰랐지만, 그녀는 매력적이었다. 그 때부터 나는 그녀와 짝사랑에 빠지고 말았다. 이후 나는 동료들의 도움과 각고의 노력으로 그녀의 마음을 얻는 데 성공할 수 있었고, 지금의 아내가 되었다. 모두가 나의 열정적인 업무스타일을 인정해 준 상사가 촬영장에 보내준 덕분이었다. 직장에서 열정적이면 운명도 바꿀 수 있음을 나는 확고하게 믿고 있다.

03 | 직속상사의 힘

직장생활을 시작하고, 직급이 올라갈수록 깨닫는 사실이 있다. 다름 아닌 조직에서 사람과 사람으로 얽힌 인간관계의 힘이다. 이것은 시간이 지날수록 그 중요성이 더욱 선명해진다. 직장생활에서 가장 중요한 키워드는 열정과 상사와의 관계, 그리고 자신만의 확고한 철학을 구축하는 일이다. 직장인들에게 월요병이란 '일요일 오후가 되면서부터 불안해지기 시작해 밤잠을 설치다가 불안한 마음으로 월요일에 출근하는 현상'을 말한다. 심리적인 증상의 하나인데, 주말의 토요일과 일요일에 휴식을 취한 뒤, 새로 출근하여 일을 시작하게 되는 월요일에 자연스럽게 느끼는 무력감으로, 주말에 흐트러진 생체리듬이 원래의 리듬으로 적응해 가는 과정이다. 사람에 따라 정도가 다르게 나타날 수 있는

데, 심각한 경우에는 스트레스성 두통이나 우울증을 유발할 수도 있다. 이러한 월요병의 근본적 원인과 강도를 어디서 찾을 수 있을까? 여러 가지 요인과 원인이 있겠지만, 고민 끝에 아래와 같은 공식을 만들어 보았다. 공식의 핵심은 직장인의 행복은 리더급인 직속상사가 전적으로 좌우할 수 있다는 의미이다. 부하직원 중 누군가를 바보로 만드는 것은 조직장에게는 아주 쉬운 일이다. 직장인의 행복을 좌우하는 변수는 연봉이나 회사의 비전, 칼퇴근 문화 등도 있지만, '직속상사와의 관계'에는 감히 미치지 못한다.

직속상사와의 관계는 직장인의 행복점수를 좌우할 수 있는 선행변수로서, 분권화된 조직에서 직장인의 행복을 결정하는 최대 변수임에 틀림없다. 쉬운 예로 퇴근을 일찍하는 상사가 팀장이라면 심야까지 야근하는 팀원들도 드물다. 반대로 본부장의 눈치를 살피면서 늦게 퇴근하는 팀장은 팀원들도 자신보다 늦게 퇴근해야 된다는 잠재의식을 가지고 있을 것이다. 이처럼 조직에서 부서장이 함량 미달이면 부서원들은 딜레마에 빠질 수밖에 없다. 부서를 옮기는 일이 대체로 불가능해서 일에 대한 의욕이 생기지 않고, 이로 인해 업무성과도 나쁘게 평가받고, 자기발전도 없는 악순환이 반복된다. 실제로 직장인들이 회사를 이직하는 원인의 70~80% 이상이 직속상사와의 관계 때문이다. 즉, 회사에서 직속상사에게 찍히고 살아남을 수 있는 사람은 지극히 드물다.

직속상사에게 찍히면 끝이다

과거가 되어 버린 오래전의 일이다. 상사가 회의실로 부르더니 내일부터 회사에 나오지 않아도 된다는 말을 어렵게 꺼냈다. 믿기지 않았다. 장인어른의 환갑날에 들은 말이라 영원히 잊지 못할 것 같다. 퇴근하는 전철에서 회사에 대한 배신감으로 분노했다. 회사의 상황도 나쁘지 않은데 사직을 강요하다니. 헌신적으로 일해 왔는데 내가 당했다는 처참한 심정으로 회사를 원망했지만, 곰곰이 생각해보니 내가 뿌린 씨앗이 결국 화살로 되돌아온 것이었다.

지금도 시장에서 확고한 입지를 구축하고 있는 '2080치약'이 출시될 당시, 가평에 있는 대명콘도에서 워크숍을 가졌다. 토론의 주제는 출시를 앞둔 신제품 치약을 히트시킬 수 있는 기발한 아이디어나 프로모션 방안을 찾아오라는 CEO의 특명이었다. 6개의 마케팅팀과 광고대행사AE, R&D(연구소) 등 60여 명이 참석한 대형이벤트로, 그만큼 회사에서도 사활을 건 중대한 프로젝트였다. 당시 회사는 6개의 광고대행사를 운영하고 있었고, 브레인스토밍(brainstorming)도 6개의 팀으로 나뉘어 진행되었다. 대행사가 팀마다 서로 다르다 보니 자존심을 건 AE(광고기획자)들 간에 사투가 시작된 것이다.

그런데 회의에 참석한 나는 불만이었다. 경쟁사들이 이미 컨셉을 선점한 상황에서 당사가 동일한 컨셉으로 가는 길은 스스로 미투(Mee too)를 자처하는 전략에 불과하다는 이슈를 정면으로 제기했다. 같은 팀으로 참석한 AE와 마케터들도 동의했다. 발표자로 나선 나는 신제품의 판매 활성화를 위한 아이디어가 아닌, 컨셉을 수정하는 방향으로 네이밍을 변경하는 전략을 제시했다. 그것은 파격이었다. 다른 5개 팀이 프로모션 아이디어를 낸 것과는 달리, 이미 시생산에 착수한 브랜드전략의 수정을 제시하자, '갑론을박'이 무척 심했다. 전략은 간단했다. 경쟁사들이 이미 선점한 컨셉을 모방한 브랜드로는 똑똑한 소비자들을 설득할 수 없기 때문에 실패할 수밖에 없다는 논리였다. 이것은 마케팅을 조금이라도 아는 사람이라면 대체로 공감하는 전략이었다.

발표가 진행되는 동안에 치열한 논리싸움이 전개되면서 분위기는 냉각되었다. C본부장은 내 의견을 적극적으로 지지했지만, 이미 이름을 확정해 시생산에 착수한 J사업부장은 무조건 반대했다. 동료들은 내가 발표한 전략에는 동의하면서도 회사가 정해준 아이디어가 아닌, 전략을 언급해 버린 방식에는 곱지 않은 시선을 보냈다. 워크숍에서 결정을 내리지 못하고 의사결정권은 결국 CEO에게 넘어갔다. 마침내 회사는 제품의 디자인개발에 투자된 비용을 포기하고, 내가 제안한 대로 출시하라는 결정을 내렸다. 그래서일까? 2080치약은 시장에서 게임의 룰을 지배하면서 돌풍을 일으켰다. 마케팅에서 전략방향의 중요성을 여실히 보여준 사건으로, 그때는 소신이 있다고 생각했지만 돌이켜보면 어리석은 일이었다.

이후로 나와 J사업부장과의 관계는 어색해졌다. 직속상사가 아니고 옆 부서의 사업부장이라 크게 어려움은 없었지만, 아뿔싸! C본부장이 다른 회사로 스카우트되면서 J사업부장이 신임 본부장으로 발탁된 것이다. 그가 본부장인 직속상사가 되면서부터 내 직장생활은 심각하게 꼬이기 시작했다. 불과 얼마 지나지 않아 일이 터지고 말았다. 30여 명이 참석한 회의실에서 직원들을 모질게 나무라던 그에게 "정말로 너무 하십니다. 그 정도밖에 안 되십니까?"라는 속에 담아둔 말을 나도 모르는 사이에 내뱉고 말았다. 이성을 통제하지 못한 실언이었다. 회의실은 마치 찬물을 뿌려 놓은 것처럼 한동안 정적이 감돌았다. 나보다 더 당황해하던 J본부장은 사태를 수습하느라 진땀을 흘렸고, 회의는 더 이상 진행되지 못했다. 선택할 수 있는 방법이 내겐 없었다. J본부장에게 정식으로 사과한 다음에 이직을 준비하기 시작했다. 그때는 그게 최선이라고 믿었다.

그런데 1주일 후에 특단의 인사발령이 공지되었다. 오히려 회사는 내 직급을 '대리'에서 '과장'으로 특진시킨 것이다. 12월에만 승진이 진행되는 회사에서 8월에 특진이라니. CEO의 뜻하지 않은 배려로 직장생활을 계속하면서 J본부장과의 관계를 개선하려고 노력했지만, 한번 금이 간 서먹한 관계는 해결할 방법이 없었다. 그로부터 얼마 뒤에 인사컨설팅이 진행되면서 회사에 흉흉한 소문이 나돌기 시작했다. 일을 하면서도 살얼음판을 걷는 심정이었다. 그렇게 불편한 관계를 유지해 오다가 갑작스럽게 권고사직을 받게 된 것이다. 그나마 외롭지 않은 것은 4명의 다른 팀장들과 함께 권고사직을 받게 되었다는 사실이다. 그때 회사를 믿고, 내가 먼저 이직하지 않은 것을 후회해도 소용이 없었다.

마음이 다급해졌다. 사직일이 얼마 남지 않았서였다. 경력사원으로 이직할 때는 회사에 적을 두고 있어야 연봉이나 직급 협상에서 유리하다. 알량한 자존심으로 이직할 회사를 구하지도 않은 채 먼저 사표를 쓰는 것은 프로답지 못한 행동이라는 사실을 누구보다 잘 알고 있었다. 헤드헌터들에게 이력서를 보내고, 지인에게도 도움을 구했지만 생각보다 쉽지 않았다. 그러던 중에 평소부터 인간관계가 좋았던 C본부장이 추천해 준 회사에 면접을 봤지만, 낙방하고 말았다. 기대했던 회사에서 탈락하자, 마음이 더욱 초조해졌다. 헤드헌팅사 추천으로 강남에 있는 회사의 면접에서도 낙방했다. 다급한 마음에 경력사원 공채에도 원서를 내밀었지만, 소식이 오지 않았다. 낙심에 빠져 있을 무렵, 헤드헌팅사의 연락을 받고, 지푸라기를 잡는 심정으로 준비한 끝에 다른 업종으로 이직할 수 있었다. 지나간 시간이지만 마음 고생이 무척 컸다. 돌이켜보면 모두가 직속상사와의 관계 형성에 실패하고, 그를 확실한 적으로 만들었기 때문이다. 직장에서 가장 무서운 것이 상사에게 제대로 찍히는 것이다. 직장에서 업무보다 더 힘든 것이 사람과의 관계다. 회사를 옮겨본 사람은 어디든 반드시 트러블 메이커가 있다는 사실을 누구나 공감한다. 그들의 공통점은 직급이나 직위의 파워인 인사권을 무기로 부하직원들을 닥달한다. 직업에 따라 수명도 달라진다는 보고서가 있다. 미국과 일본의 조사결과에 따르면, 정치인들의 수명이 가장 길고, 예술가나 디자이너, 광고대행사 AE 등의 수명이 짧은 것으로 나타났다. 창조적으로 머리를 많이 쓰는 직업, 다시 말해 스트레스가 많은 직군은 오래 살지 못한다. 트러블메이커를 운명적으로 만났다면 새로운 보금자리를 찾아 떠나야만 하는 이유도 여기에 있다.

직속상사의 스타일을 파악하라

직장에서 관계의 중요성은 이루 말할 수 없다. 동료들과의 수평적인 관계는 물론, 자신의 인사권을 쥔 직속상사와의 관계는 자신의 운명을 좌우할 수 있다. 이것은 자신의 업무성과나 역량, 추진력보다 조직에서 절대적으로 중요한 요소다. 정말이지 상사에게 찍히면 끝장이다. 이를 회복하기 위해서는 10배, 아니 100배로 노력해도 회복하기가 쉽지 않다. 직장에서의 관계는 동료나 선후배, 다른 부서의 사람들과의 관계도 있지만, 자신의 인사권을 가진 직속상사와의 수직적 라인(팀원-파트장-팀장-본부장-사장)은 매우 각별하다. 이들과는 서로에 대한 신뢰를 반드시 구축해야만 하는데, 여기서 말하는 신뢰란 복종과 아부와는 차원이 다른 인간관계를 말한다. 하지만 어느 조직에서든 트러블 메이커는 반드시 있다. 자신의 의지와는 상관없이 트러블 메이커를 직속상사로 만날 수 있다는 말이다. 이들의 공통점은 자기중심적인 사고가 강해서 부하직원들은 심신이 괴롭다. 조직에서는 제아무리 똑똑한 사람이라도 밑에서는 쉽게 바꿀 수 없고, 위로부터 가능하다. 이런 상사를 만날 경우 절이 싫으면 중이 떠나야 하듯이, 과감한 선택이 필요하다. 그렇지 않으면 수년이 흐른 뒤에 아이러니컬하게도 어느덧 상사와 비슷해져 있는 자신을 발견하고 깜짝 놀랄지도 모른다. 뒤에서는 상사를 안주삼아 뒷담화를 즐기지만, 그러면서 자신도 모르는 사이에 그를 닮아가기 때문이다.

직장생활은 전쟁터이다. 전쟁터에서 살아 남지 못하면 인생도 끝장이다. 회사는 돈 때문에 일하는 사람들이 모여 있다. 돈은 경제활동의 근원으로, 직장생활을 하고 있는 모든 사람들은 돈을 위해 서로와 관계를 맺고 있다. 만일 당신이 정의롭고 인간적이라는 생각으로 직장생활을 한다면 당신은 좋은 먹이감이다. 직장생활에서는 자신 이외에 다른 사람을 함부로 믿으면 곤란하다. 동료나 상사들과의 관계가 좋다고 하더라도 자신에게 불이익이 온다고 생각하면 당신을 쿠폰으로 활용할 것이다. 회사에서는 이유를 불문하고, 직속상사를 99% 사모해야만 한다. 직장에서는 윗사람을 어떤 방법으로도 이길 수 없다. 그렇기에 직속상사에게 찍히면 죽음이다. 상사가 트러블메이커이고, 내가 선호하는 스타일이 아니더라도 직장생활을 계속하기 희망한다면 무조건 사모하라고 자신을 세뇌시켜야만 한다. 상사의 단점보다 장점을 배우겠다는 타산지석의 마음을 먹는 것이 좋다. 이것은 단순히 아부와는 다른 개념으로, 지나친 아부는 오래가지 못한다. 동료들과 상사의 험담을 살짝 토로하는 것도 언젠가는 상사의 귀에 흘러 들어갈 수 있다. 그런 행위를 상사가 알게 된다면 직장생활은 꼬인다. 이를 해결할 수 있는 방법은 직속상사를 마음으로 받아들이는 자세다. 그래야지 사소한 실수도 줄이고, 상사의 장점도 터득할 수 있다. 다소 거북하게 들릴지 몰라도, 조직에서 직속상사는 신(神)적 영역에 가깝다. 자신의 인사고과와 승진, 미래까지도 좌지할 수 있기 때문이다. 행복한 직장생활의 제1원칙은 '직속상사와의 관계'라는 절대 불변의 법칙을 유념하자. 직속상사는 인간성과 업무능력을 변수로 크게 4가지 유형으로 구분할 수 있다.

상사의 '인간성 vs 업무능력' 매트릭스

	Bad ← 업무능력 → Good	
Nice ↑ 인간성 ↓ **Bad**	2) NB 형 인간성 좋은 무능력자 (5%)	1) NG 형 인간성과 업무능력이 좋은 능력자 (10%)
	3) BB 형 인간성 나쁜 무능력자 (25%)	4) BG 형 인간성이 나쁜 능력자 (60%)

첫째, NG형이다. 이들은 인간성이 나이스하고, 업무능력도 베리굿인 상사로, 조직에서 10% 미만이다. 모든 직장인들이 꿈꾸는 완벽한 직속상사의 롤모델(Role model)이겠지만, 신은 결코 인간에게 모든 걸 주지 않는다. 사람은 본래 불완전한 존재로, 인간성과 업무능력을 동시에 갖춘 사람을 조직에서는 찾기가 힘들다. 이들은 대기업에서 임원으로 승진할 확률이 높지만, 현실화될 가능성은 낮다. 조직 간에 사내정치가 판을 치는 치열한 경쟁구도에서 조직생활을 하는 것보다 자신의 직장경험을 무기로 적당한 시기에 사업을 시작하면 자신의 분야에서 성공할 확률이 더 높기 때문이다. 이들을 직속상사로 둔 직장인은 분명 행운아로, 업무적으로

노하우나 스킬, 협상력, 리더십 등을 고스란히 물려받을 수 있다.

둘째, NB형이다. 인간성은 좋지만 업무의 능력은 떨어지는 리더로, 이들은 조직생활에서 다른 부서에게 좋은 먹잇감이다. 그렇기에 조직생활에서 생존률도 낮다. 직장생활에서 착한 것과 시쳇말로 어리석다와 동의어이다. 이들은 어쩌다 팀장까지는 승진할 수 있지만, 업무능력에서 밀리기 때문에 팀장의 보직에서 해임되거나, 때론 직무와 관계없는 다른 조직으로 발령나면서 이팀 저팀으로 떠돌이 생활을 하는 경우도 많다. 이런 유형을 직속상사로만나면 자신도 조직에서 인간관계가 좋은 사람으로 거듭날 수 있지만, 자기계발은 물론 업무를 체계적으로 배울 수 없다는 단점이 있다. 그렇다고 상사복이 없다고 생각할 필요는 없다. 적어도 BB형보다는 낫기 때문이다. 인생에서도 내 마음에 드는 사람이 드문데, 하물며 직장에서는 오죽할까? 오히려 인간성이 좋은 상사를 만난 것을 행운으로 여기면서 리더십을 쌓을 수 있는 절호의 기회로 활용해야 한다. 직장은 놀러 온 곳이 아니고, 사람을 사귀려고 출근하는 것도 아니다. 프로답게 긴장하면서 직장생활을 즐겨야한다. 직장에서는 모두를 내편으로 만들 수 없다. 그렇게까지 노력할 필요도 없다. 직장에서 몇 명의 똘똘한 협력자가 있으면 100만 대군을 얻는 것과 다름없다. 그들은 대체로 발이 넓기 때문에 다른 팀과의 업무협업이 필요할 때 그들에게 부탁하면 쉽게 해결할 수 있다.

셋째, 최악의 BB형이다. 인간성이 나쁘기에 정치력이 발달했으며, 어느 조직에도 존재하는 트러블 메이커로 오랫동안 직장생활을 영위할 수 있다. 업무능력이 없다고 하더라도 적재적소의 아부와 적당한 줄타기, 사내정보를 활용하여 악덕 직장인으로 승승장구하는 스타일이다. 다만, 업무능력이 바닥이라면 차장급 이상은 승진하기 힘든다. 이런 유형은 '모든 업무성과는 상사의 것이다.'라는 사고가 지배적이다. 당신이 제출한 아이디어나, 당신의 노력을 통해 이룬 성과라 할지라도 모두 상사가 진행한 일로 간주해야만 한다. 당신의 것이라고 억울해할 필요도 없고, 당신이 진행한 것이라고 말해서도 곤란하다. 모두가 상사의 것이라고 포장해야 살아남을 수 있다. BB형의 리더는 당신을 잠재적 경쟁자로 생각한다. 당신이 능력자라면 더욱 경계할 것이고, 당신이 성격 좋은 사람이라면 인간적으로 다가서되, 결정적인 때 배신할 것이다. 직장생활은 정글이기에, BB형 상사의 먹잇감이 되지 않으려면 항상 긴장하고, 그를 믿어서는 곤란하다. 오늘의 아군이 내일의 적이 되는 곳이 직장이기 때문이다.

넷째, 회사에서 가장 화두가 될 수 있는 BG형이다. 직급이 올라갈수록 점점 많아지는 유형으로, 이들은 인간성이 나쁘지만 업무능력이 탁월해 대기업의 임원까지 승진이 보장된다. CEO가 될 확률도 가장 높다. 이들의 공통점은 상사로서 부하직원을 모두 밟고, 짜르고 승진하면서 모두에게 욕을 먹더라도 승진과 돈을 함께 취하는 부류들이다. 이들에게는 특히 기본적인 예절을 잘 지켜야 한다. 지각을 하지말고, 지나칠 정도로 인사도 잘하고, 긍정적인 자세로 업무에 임해야 한다. 이들은 직원들의 미세한 행동도 다 관찰한다. 신입시절부터 몸과 정신에 배어있는 직장예절이 DNA에 박혀 있고, 예절을 기준으로도 직원들을 판단하기에, 직장의 기본 매너뿐만 아니라 그 회사의 고유한 기업문화에도 빨리 자기화해야 한다. 리더가 예절 없는 사람을 좋아할 리 만무하다. 상사가 설사 틀린 일을 했더라도 자신의 입에서 '그것은 틀렸다'는 말을 직설적으로 내뱉어서는 죽음이다. 진실을 말하는 순간, 당신의 직장생활은 고달파지고, 직장생활의 생명은 끝날 것이다.

상사들은 기획력이 뛰어난 인재를 원한다

조직에서 BG형 상사에게 인정받을 수 있는 방법은 간단하다. 일을 잘해서 그를 돋보이게 만드는 것이다. 즉, 상사가 좋아하는 사람이 되어야 한다. 회사에서 일을 잘한다는 의미는 여러 가지로 나타날 수 있는데, 그중에서 으뜸은 기획력이다. 직장인의 내공은 기획력과 추진력으로 평가된다. 기획을 잘하는 사람을 싫어할 상사는 아무도 없다. 실제로 회사에서 리더가 CEO로부터 인정받고 높은 지위로 승진하기 위해서는 자신의 능력도 중요하지만, 역량 있는 인재를 많이 확보해서 그들로부터 성과를 이끌어내야만 한다. 중간관리자까지는 자신의 역량에 따라 승진이 가능하겠지만, 그 이후부터는 사람을 다룰 수 있는 리더십과 인용술, 처세술이 좋아야 한다. 그중에서도 보고서를 잘 작성하는 역량은 상사가 부하직원을 평가하는 결정적 기준이다.

음식을 잘 만드는 사람들에겐 공통점이 있다. 많은 견해가 있지만, 대체로 음식을 빨리 만든다. 회사에서 일을 잘하는 사람도 마찬가지다. 대체로 빠르다. 어려워 보이는 일도 그들에게 맡기면 어디서, 어떻게 정보를 구했는지 만족스럽게 척척 보고서를 제출한다. 당신이 기획력을 강화하기 위한 방안으로는 남들이 작성한 뛰어난 자료를 통해 배우는 것이다. 아이디어가 떠오를 때 자발적으로 기획서를 작성해서 상사에게 제안한 다음에 역량을 평가받는 방법이다. 상사에게 적극적인 모습을 어필하는 동시에 기획력 자체도 크게 향상시킬 수 있다. 현업에서 기획력을 올리는 가장 좋은 방법은 기획력이 탁월한 상사에게 업무를 배우는 것이다. 수년이 흐른 뒤에 상사의 모습을 그대로 닮을 수 있기 때문이다. 동일한 주제를 A라는 사람과 B라는 사람에게 지시했을 때 제출되는 보고서의 품질은 다르게 나타난다. 그것은 기계가 아니라 순전히 사람이 하는 일이기 때문이다. 성공적인 기획서를 작성하려면 경험과 이론적 지식을 쌓아야 한다. 그래야지 참신한 아이디어를 발굴할 수 있다. 기획서가 추구하는 목적은 동일하다. 말로 설명하거나 설득하는 것보다 체계적으로 문서화된 자료로 커뮤니케이션을 전개하는 것이다.

좋은 기획서나 잘된 보고서의 조건은 제목이 명확하고, 첫 장을 보았을 때 다음 페이지가 궁금해져야 한다. 기승전결에 의한 논리적 구성이 탄탄하고, 호소력이 있다면 다음 페이지도 궁금할 수밖에 없다. 기획의 내용이 살아 있고, 적재적소에 도표와 숫자의 나열을 일목요연하게 정리하는 것도 중요하다. 정리가 깔끔해서 보기에 편해야 한다는 말이다. 기획의 근간은 콘텐츠(목차)다. 제대로 수립된 콘텐츠는 기획의 전반적인 구성을 마치 물이 흘러가듯이 자연스럽게 잡아준다. 반대로 어설프게 수립된 콘텐츠는 기승전결이 불명확하여 보는 이로하여금 호소력도 떨어진다. 기획서의 논리적 근거를 뒷받침해 줄 수 있는 많은 자료를 확보하는 것은 기본이다. 자료를 본격적으로 작성할 때는 1페이지부터 순차적으로 채우려 하지 말고 앞뒤를 오가면서 전체적으로 채워나가야 한다.

기획서를 작성하는 사람과 보고 받는 사람은 하늘과 땅 차이로 다른 입장을 가지고 있다. 작성자는 많은 시간과 노력을 투입하는 데 비해, 의사결정권자들은 바쁜 일정에서 매일 수십 건의 보고서를 읽어야만 한다. 내용이 장황하고 초점이 명확하지 않아 읽기조차 싫은 보고서를 대하면 화가 치밀어오를 것이다. 상사들의 입장에서 보고서는 간결할수록 좋다. 자기주장이 없이 다양한 의견만 나열하거나, 한쪽 면만 깊이 부각하여 불필요하게 내용이 길어지는 것을 경계해야 한다. 특히 의사결정권자들을 가장 화나게 만드는 유형은 겉만 화려하고 알맹이가 없는 보고서이다. 성공적인 기획서 작성을 바라는가? 그렇다면 고민을 많이 하고 아이디어를 발굴해야 한다. 보고서의 품질은 기획자의 고민한 양과 정보력, 참신한 아이디어에 따라 결정된다.

당신의 기획력을 강화하기 위한 방안으로는 첫째, 남들이 작성한 뛰어난 기획서를 벤치마킹하는 방법이다. 컴퓨터로 문서화 작업을 진행하기 때문에 남들이 작성한 잘된 기획서로 훈련하는 것은 아주 쉬운 일이다. 파워포인트나 워드로 작성된 뛰어난 기획서를 참고하면 단시일 내에 기획력을 끌어올릴 수 있다. 기획서 양식은 대부분이 비슷하고, 인터넷에 유포된 좋은 기획서를 확보해 훈련하는 방법이 최선일 것이다.

둘째, 아이디어가 떠오를 때 자발적으로 기획서를 작성하는 방법이다. 대부분의 업무는 상사의 지시에 의해 이루어진다. 상사가 지시한 업무만을 처리하는 것도 벅차겠지만, 자발적으로 기획서 작성을 독려하는 이유는 2가지 목적이 있다. 당신의 기획력을 스스로 키울 수 있을 뿐만 아니라 상사에게 자신의 열정도 어필할 수 있기 때문이다. 상사라면 누구나 부하직원이 시키지도 않았는데 스스로 작성해 온 보고서에 감동할 것이다.

직장은 보고에서 시작해 보고로 끝난다

직장인들은 보고를 위해 야근을 한다. 이들의 하루 일과는 상사에게 보고로 시작해 보고로 끝난다는 말이다. 그렇기에 보고서 자체를 제대로 작성하는 것도 중요하지만, 상사에게 어떻게 보고할지도 중요한 문제다. 보고하는 과정에서 자신의 이미지와 업무 역량이 모두 드러나기 때문이다. '얼마나 많이 알고 있느냐' 또는 '어떻게 보고서를 만들었느냐'보다도 훨씬 중요한 것이 상사에게 보고하는 스킬이다. 보고하는 방법에 따라 혼신의 힘을 기울여 작성한 보고서가 빛을 발하기도 하고 무용지물로 전락될 수도 있다. 당신이 상사에게 보고할 때 다음 4가지를 유념하는 것이 좋다.

첫째, 상사의 특성과 인격(Character)을 사전에 파악해 대응해야만 한다. 보고를 받을 때 상사들은 각자 다른 인성과 성격을 가지고 있다. 결론을 중시하는 사람이 있는가 하면 과정을 중시하는 사람도 있고, 논리적인 설명을 선호하는 사람도 있다. 신임으로 부임하지 않은 경우를 제외하고, 대부분의 상사 스타일은 이미 파악이 가능하기 때문에 문서를 작성할 때부터 이러한 특성을 감안하여 보고서에 반영하는 전략이다.

둘째, 상사들이 궁금해할 내용부터 먼저 보고해야 한다. 서론이 아니라 결론이나 핵심적인 사항부터 보고하는 것이 좋다. 보고서를 작성한 순서에 따라 보고하는 것이 정석이겠지만, 구두로 보고할 때는 결론이 더 중요하다. 마케팅기획서의 경우 예상비용과 기대효과(매출)를 먼저 보고한 이후에 시장현황과 경쟁사 동향, 전략방향 등을 순차적으로 보고하는 것을 말한다. 특히 주의할 점은 보고서에 쓰여진 문안을 그대로 읽거나, 지나치게 꼼꼼하게 1페이부터 차례로 읽어나가는 모습이다. 산전수전을 다겪고 의사결정자의 자리에 앉아있는 상사들은 보고서를 대충만 훑어보아도 무슨 내용인지 파악할 수 있다. 이들에게 A부터 Z까지를 설명하려는 것은 프로답지 못한 행동이다.

셋째, 보고 과정에서 예상질문을 미리 숙지하고 대비하는 자세다. 상사들에게 대면보고를해본 사람이라면 누구나 공감할 것이다. 필수적으로 질문이 나오기 마련이다. 전년도의 숫자나 정량화된 기대효과, 경쟁사의 숫자, 또는 보고서에 기록된 전문용어에 대한 질문을 말한다. 사전에 체크리스트를 마련해 상사의 입장에서 궁금해할 내용을 정리하고 기록할 필요가 있다. 상사가 질문을 했는데도 대답을 못하면 어색한 침묵이 흐르고, 보고서를 준비한 노력들이 수포로 돌아갈 가능성이 크다. 보고서에 수록된 내용을 완전히 숙지하고, 시나리오에 따라 철저하게 준비해야만 한다. 연관성 있는 자료를 함께 챙기고, 상사의 질문과 그에 따른 답변이 명쾌할 때 상사로부터 인정받을 수 있다.

넷째, 보고는 타이밍이 굉장히 중요하다. 상사들은 해외출장이나 다양한 회의로 보고할 시간을 마련하기가 여간 힘든 게 아니다. 상사에게 괜찮은 시간을 묻거나 적절한 타이밍을 찾아보고 시점을 맞춰야 한다. 보고서에 자신이 있을 때 가장 좋은 방법은 E메일로 보고서를 첨부시켜 먼저 보고한 다음에 상사의 필요한 시간에 맞춰 대면보고를 하는 것이다. 개념없이 월요일 오전에 보고서를 들고 급하게 상사를 찾아가는 것은 아마추어적인 발상이다. 사람인 이상 월요일 아침은 누구에게나 부담스럽다. 심리적으로 시간적 여유가 있는 목요일이나 금요일이 효과적일 것이다. 회사에서 보고의 대상은 대부분이 직장 상사이고, 이들은 항상 바쁘고 꼼꼼한 사람임을 잊지 말아야 한다.

상사에게 업무를 보고하는 과정에서 "그래. 잘했어, 그런데 결론이 뭐야?"라는 질문을 받았다면 아주 심각한 상황이다. 이러한 배경에는 인사이트(Insight)를 도출하는 역량이 부족해서 그럴 수 있고, 커뮤니케이션 목적이 불명확해서일 수도 있다. 직장에서 이루어지는 대부분의 커뮤니케이션은 정보의 전달이나 의견청취, 행동요구 등으로 압축된다. 상사에게 보고할 때는 항상 시간

(Time)과 장소(Place), 상황(Occasion)을 고려한 TPO적 사고가 중요하다. 직장에서 상사들에게 업무를 보고하는 과정에서 인정받을 수 있는 방법은 의외로 간단하다. 보고 횟수에서 사소한 것도 자주 보고하면 좋다. 상사와의 관계를 긴밀하게 만들 수 있을 뿐만 아니라 업무에 대한 열정의 또 다른 표현이기 때문이다. 사실 누구에게나 상사를 대면한다는 것은 부담스러운 일이다. 하지만 자주 보면 정이 들고, 만나다 보면 친해질 수 있다. 방법적인 측면에서 사소한 것도 문서화된 보고서를 미리 준비해서 보고하는 것이 좋다. 보고서의 양을 말하는 것이 아니라 1페이지로 간결하게 미리 준비하면 그만큼 상사의 합리적인 의사결정을 도울 수 있을 뿐만 아니라 당신을 치밀한 사람으로 평가할 것이다. 장소적인 측면에서도 고민이 필요하다. 상사의 집무실에서 보고할 공식적인 사안이 있고, 회식자리에서 가볍게 상사의 의견을 묻는 것도 지혜다. 회식자리는 어려운 주제도 쉽게 넘어갈 수 있다.

상사들은 그대가 쓴 E메일을 지켜보고 있다

지금은 E메일 보고가 대세다. 과거에는 부서 간 업무를 진행할 때 '업무연락'이나 '업무협조전'과 같은 별도로 명문화된 문서를 작성해 해당부서로 발송했다. 문서를 접수한 담당부서는 이를 근거로 업무를 착수하거나 진행하면서 상사에게도 대면보고도 진행했다. 하지만 지금은 완전히 달라졌다. E메일 하나로 업무협조는 물론 상사에게도 보고서로 작용한다. 그렇기에 지금은 회사에서 직급이 올라갈수록 하루에 받는 E메일이 증폭한다. CEO들에게는 사업본부에서 보내오는 E메일이 폭주하고, 본부장급은 사업부서나 팀마다 보내오는 E메일로 하루가 가는 줄 모를 지경이다. 팀장에겐 팀원들의 업무가 E메일로 집중적으로 몰리고, 파트장에게는 파트원들의 E메일이 수시로 도착한다. 의사결정권자들은 개인이 올린 E메일을 읽어보고, 업무지시나 피드백할 범위를 결정한다. 팀에게만 국한되는 사안이 있고, 경우에 따라 전사 임직원들과 공유할 때도 있다. 이처럼 E메일은 상사들이 당신의 업무역량을 평가하는 결정적 기준이 된다.

E메일로 업무를 전개할 때도 반드시 지켜야 할 원칙이 있다. 설령 상사를 E메일 수신자로 넣었다 하더라도 중대한 내용에 대해서는 구두로도 간략하게 보고하는 자세다. 상사들에게는 하루에도 수많은 E메일이 폭주하기 때문에 놓칠 수 있다. 이를 사전에 예방하고, 업무의 중대함을 상사에게 각인시키기 위해서다. 당신이 E메일로 상사에게 이미 보고했는데, 상사가 다시 진행경과를 문의할 경우 "그거 E메일로 보고했는데요?"라고 대답하면 프로답지 못한 행동이다. 특히 다음과 같은 E메일이 상사들에게 리턴되어 도착하면 그들의 심정이 어떨지 역지사지(易地思之) 해볼 일이

다. "메시지가 전부 또는 일부 받는 사람에게 도착하지 않았습니다. 홍길동님의 사서함이 꽉 차서 메시지를 배달할 수 없습니다." 당신이 사서함 관리를 소홀히 했기 때문으로, 평상시부터 불필요한 메일을 수시로 정리해 E메일 용량을 충분히 확보해 두어야 한다. 이것은 사소하게 생각할 문제가 아니다. 해당 직원이 게으르다고 생각되고, 리턴된 메일을 지울 때마다 상사의 머릿속에 부정적인 이미지가 각인될 것이다. 상사들은 E메일이 리턴된 직원들에게 다시 E메일을 보내줄 마음도, 시간도 없다. 고급정보를 놓칠 수밖에 없게 되고, 반복되면 왕따로 전락할 수 있다. 상사에게는 사소한 일이 쌓여 당신에 대한 이미지가 각인되고, 인사고과에도 반영될 것이다. 직장인들에게 E메일의 사서함 관리는 특히 중요하다. 휴가나 장기 출장을 떠나기 전에 메일함 용량을 체크하는 것은 기본이다. 1주일에 한 번쯤 메일함 관리를 위한 별도의 시간을 내서 E메일의 중요도와 긴급성에 따라 사서함 폴더를 구축해서 관리해 나가야 한다.

스마트폰의 출현으로 지금은 회사의 업무가 시공을 초월해 실시간으로 진행된다. 대외적으로도 협력업체나 파트너사와 업무를 진행할 때도 E메일이 대세다. E메일은 업무추진의 근거가 되는 동시에 법적인 효력까지 있다. 그렇기에 E메일을 쓸 때는 각별히 유념해야만 한다. 실제로 나는 다른 팀과 업무를 협의하는 과정에서 책임 소재가 불분명한 이슈에 대해 내 잘못을 인정하는 글을 순진하게 E메일로 보낸 적이 있었다. 문제는 그다음이었다. 내 E메일을 받은 다른 팀장은 E메일로 답을 보내면서 나의 직속상사를 참조자로 추가해 보냈다. 내 의도와 상관없이 다른 팀장의 주도로 E메일이 직속상사에게도 포워딩된 것이다. 회사에서 E메일을 쓸 때는 매우 신중하게 처신해야만 한다. 우선은 모든 것을 E메일로 처리하겠다는 생각부터 버려야 한다. 가급적이면 만나서 대화나 전화로 해결하는 것이 좋다. 사람이라면 딱딱한 문자보다 음성으로 업무를 협의할 때 공감대가 형성되기 때문이다. E메일을 쓸 때 당신이 역량있는 사람으로 인정받기 위한 6가지 원칙이 있다.

첫째, 제목을 잘 정해야 한다. 시쳇말로 '책 장사는 제목장사다.'다. 제목에 따라 책이 베스트셀러가 될 확률도 높다. 『칭찬은 고래도 춤추게 한다』라는 책은 실패한 제목을 6개월 후에 다시 만들어 재출간함으로써 초대형 베스트셀로로 등극한 경우다. 언론사들도 헤드라인을 정할 때 매우 신경쓴다. 인터넷신문의 제목이 자극적인 이유는 제목에 따라 클릭률(수익)이 달라지기 때문이다. 직장에서 쓰는 E메일도 마찬가지다.

둘째, 간략하게 쓴다. 완벽함이란 더 이상 뺄 게 없을 때를 말한다. E메일이 장황하면 중요성도 떨어지고, 세세하게 읽지도 않는다. 업무와 직접적으로 관련된 사람이야 읽겠지만, 그렇지 않은 사람들은 보지도 않는다는 사실을 자각해야만 한다.

셋째, 쓰는 순서도 중요하다. 제목부터 쓰고, 첨부할 문서가 있다면 첨부부터 시켜야 누락을 방지할 수 있다. 첨부문서가 누락되어 재차로 E메일을 보내는 경우가 종종 있다. 자주 반복되면 신뢰를 잃을 수 있다. '제목설정→문서첨부→본문작성→수신인 지정→메일발송' 순서를 따르는 것이 좋다.

넷째, 수신자 범위에 대한 전략적 판단이다. 다른 부서에게 E메일로 업무협조를 의뢰할 때면 담당자를 지정한 다음에 참조인으로 유관부서나 팀장을 넣는다. 이렇게 보내진 E메일은 중대한 의사결정 사안일 경우에 왔다갔다를 반복한다. 첫 E메일 작성자가 수신자들을 누구로 설정하느냐에 따라 일부 사람에게는 업무가 크게 방해되기도 한다.

다섯째, 육하원칙을 고려하는 것이 좋다. 메일의 용도에 따라 육하원칙에 입각하여 누가(Who), 언제(When), 어디서(Where), 무엇을(What), 어떻게(How), 왜(Why)를 항상 고려한다면 지정된 수신자들이 추진해야 할 업무가 무엇인지 구체적으로 명시할 수 있다.

여섯째, E메일 쓰기도 매너가 있다. 서두에 "안녕하십니까?" 마지막에 "감사합니다."는 기본이다. 아무리 바빠도 기본적인 매너까지 건너 뛰는 사람을 좋게 볼 리가 없다. 결론적으로 직속상사들은 당신이 쓴 E메일을 통해 당신의 열정이나 추진력, 리더십 등을 지속적으로 평가하고 있다.

04 | 인사고과의 허와 실

❖

　　직장인들은 해마다 업무실적에 따라 평가를 받는다. 이때가 가장 중요한 시기이다. 평가 결과에 따라 연봉이나 승진, 이동배치, 인센티브 등이 결정되기 때문이다. 하지만 대부분의 사람들은 자신의 평가에 만족하지 못한다. 애초부터 회사의 자원은 한정적이기에, 인사고과 철마다 직장인들은 홍역을 치른다. 나는 인사고과를 진행할 당시에 실장에게 최고등급인 'S'를 요구했다. 불철주야를 막론하고 초대형 상품을 성공적으로 출시해 경쟁사를 제압했고, 회사로부터도 인정받아 우수상도 받았기 때문에 정당한 요구라 생각되었다. 하지만 사실은 다른 이유가 있었다. 옆 팀장을 의식해서였다. 옆 팀장과 나는 나이와 학번이 같았은데, 그는 차장직급으로 팀장의 보직을 맡았고, 나는 과장 직급의 팀장이었다. 헤드헌팅사를 통해 비슷한 시점에 입사했지만, 그는 동종 업종에서 이직하면서 혜택을 받았고, 이종업에서 이직한 나는 인사팀과 최대한으로 협상했음에도 과장 직급으로 입사했다. 이직한 뒤에 좋은 인사고과를 받아왔기에 'S'등급만 받으면 차장으로 진급할 수 있었다. 문제는 옆 팀장과 인사권을 가진 실장이 같은 회사 출신이라는 사실이 마음에 걸렸다. 하지만 실장과의 관계가 좋았던 옆 팀장은 스텝부서에서 기획 업무를 맡았고, 나는 실행조직의 팀장이었기 때문에 유리할 것으로 판단되었다. 이러한 내 고민을 평소부터 멘토로 지내던 다른 임원에게 솔직하게 털어 놓았다. 그는 당연히 내가 S를 받아야 한다며, 이럴 때는 상사에게 당당하게 요구해야 된다는 조언을 들었다. 멘토의 조언에 따라 용기를 얻어 상사에게 'S'등급을 요구했지만, 결국 받아들여지지 않았다.

심한 배신감으로 회사를 나와 차를 몰고 서해안 바닷가로 달렸다. 사내정치가 싫어서라도 이직할 때가 되었는지를 고민하면서, 인천공항에 근무하는 선배를 찾아가 속내를 털어 놓았다. 선배는 "야, 인마. 정신차려라. 그거 1년은 아무것도 아니다. 직장생활이 얼마나 긴데. 너 혼자만의 자격지심일 뿐, 아무도 신경쓰지 않으니 잊어버려라!"는 말을 들었지만, 남의 일이라고 쉽게 말하는 것 같은 선배의 말이 귀에 들어오지 않았다. 인사고과 이후로 나는 직장생활 자체에 회의를 느꼈다. 성과보다 오히려 인간관계나 친분이 우선이라는 사실을 절실하게 깨닫고, 업무에 대한 열정마저 잃어버렸다. 하지만 지금은 안다. 당시에는 받아들이기 힘들었지만, 선배의 말이 전적으로 옳았다는 것을. 직장생활에서는 경우에 따라 다른 사람을 크게 의식할 필요가 없다. 혼자만이 괴롭고 스스로를 더욱 옭아매는 사슬일 뿐이다. 그럼에도 평소에 일을 잘하는 것도 중요하지만, 그 밖의 외적인 요소, 다시 말해 직속상사와의 관계가 더 우선임을 몸소 경험했다. 회사에서 인사고과의 내막을 피부적으로 실감한 것이다. 혹자들은 말한다. "요즘 MZ세대가 눈치를 보나?"라고. 아주 틀린 말은 아니지만, 조직의 생리를 잘 모르고 하는 소리다. 상사들은 기본적으로 일을 잘하는 직원을 좋아하지만, 결정적인 때 태도가 달라질 수 있다. 그들도 사람인지라 감정의 힘이 지배할 수 있다. 인사고과를 진행할 때 인간으로서 완벽한 인격체가 아닌 이상 자신을 잘 따르고, 믿음이 가는 사람을 선호할 수밖에 없다. 아무리 과학문명이 발달하고 문화가 달라져도 인간의 습성은 쉽게 변하지 않는다.

사내정치로 얼룩진 인사고과

직장에서 인사고과의 변수는? 기획력과 업무추진력, 창의력, 리더십 등과 같이 여러 가지 인사고과 지표가 있지만, 평가결과는 주어진 조건이나 이슈에 따라 달라질 수 있다. AI가 아닌, 사람이 평가하기 때문이다. 그럼에도 인사고과는 직장인의 역량을 판가름할 수 있는 핵심지표로, 1년 동안의 업무성과를 동료들과 비교해 평가받는 일이야말로 직장생활에서 가장 중요한 연례행사다. 이를 통해 회사에서 자신의 가치가 정해지기 때문이다. 그런데 생각해보자. 기업에서 인사고과는 과연 공정하게 이루어지고 있을까? 대부분의 직장인들은 여기에 동의하지 않는다. 그들은 혈연이나 지연, 학연 등을 기반으로 한 직속상사와의 인간관계가 고과에 지대한 영향을 미치는 핵심 변수라고 굳게 믿고 있다. 전문 조사기관에 따르면 직장인 5명 중에 3명은 현재 재직 중인 회사의 인사평가제도가 불합리하다고 생각하는 것으로 나타났다. 이들은 미흡한 평가제도와 인맥 위주로 주관이 개입되는 방식, 업무 외적인 요인 등으로 인해 인사고과가 불합리하다고 했다.

조직에서 인사평가란 '조직구성원의 능력이나 태도, 직무관련 성과를 사전에 설정된 목표(KPI: Key Performance Indicator)나 기준에 따라 체계적으로 판단'하는 것이다. 이를 통해 조직구성원들의 선발이나 재배치, 승진, 봉급인상 등이 정해지기 때문에 직장인들 사이에 최고의 관심사이다. 주로 상급자가 하급자를 평가하는 것이 원칙이나, 요즘에는 동료 상호 간이나 하급자에 의한 상급자의 상향평가를 병행하는 곳도 증가하고 있다. 회사생활을 통해 경제

활동을 영위하고 있는 대부분의 직장인들은 해마다 인사평가라는 시험을 치른다. 기업들은 조금이라도 공정한 평가를 목적으로 큰 돈을 들여 외부에 컨설팅을 의뢰하거나, 평가자를 대상으로 교육을 시키면서 자사에게 적합한 모델을 찾기 위해 고군분투한다. 하지만 이러한 노력으로 평가를 진행해도 불협화음은 끊이지 않는다. AI가 아닌 감정의 동물인 사람이 평가하는 이상, 인사고과의 근본적인 한계점일 것이다.

인사평가의 목적은 명확하다. 객관적인 인사고과를 통해 조직원들에게 동기를 부여하고 필요한 역량을 갖추도록 독려하기 위함이다. 그럼에도 본래의 목적을 상실한 채 평가자의 사심이 들어가 조직원들의 불만을 야기한다. 평가자들이 명심할 점은 인사고과 자체가 목적이 아니라 인사고과는 하나의 수단이라는 사실이다. 평가시스템을 고도화한다면 다양한 문제점을 일시에 잠재우고 직원들이 원하는 방향으로 합리적인 평가를 달성할 수 있을까? 천만의 말씀이다. 개인별로 절대평가가 아닌, 구성원들 간의 성과를 비교해서 평가하는 상대평가 방식에서는 반드시 희생자가 나오기 마련이다. 쉽게 말해 S를 시작으로 A, B, C, D등급의 5단계로 진행되는 가장 일반적인 평가방식에서 누군가는 반드시 C나 D등급을 받아야만 한다. 지극히 일부 기업에서 진행되고 있는 절대평가 방식은 현실적으로 꿈과 같은 이야기일 수밖에 없다. 그렇기 때문에 평가를 책임지는 리더의 역할이 무엇보다 중요하다.

평가 대상자들은 업무성과 이외에도 평가자와의 인간관계나 커뮤니케이션 스킬, 처세술이 있어야 좋은 평가를 받는다는 사실을 잘 알고 있다. 그렇기에 인사평가 시즌에는 직원들의 기이한 행동을 목격할 수 있다. 평가시즌인 연말이 되면 연초에 날뛰던 직원들이 순한 양이 되어 평가자 근처를 배회하는 경우가 잦아진다. 상사를 걱정하는 멘트는 기본이고, 스스로 야근을 자청하거나 간식거리, 꽃 등을 책상 위에 갖다 놓는 경우가 빈번하다. '저렇게 하면 평가가 좋아질까?'라고 대부분이 부정적인 생각을 갖지만 실제로는 효과가 있고, 알게 모르게 평가에 영향을 미친다. 인간이 AI가 아닌 감정의 동물이기 때문이다. 평가를 주관하는 인사팀에서는 부서장들의 오류를 최소화하기 위해 다양한 교육과 정보를 제공하지만, 근본적으로 평가오류를 차단하기 쉽지 않다.

상사와의 관계가 좋으면 C, D는 피한다

연말에 팀장이 내게 갑자기 옥상으로 올라가자고 말했다. 추운 겨울철에 회의실이 아닌, 남의 시선을 피해 단둘이 옥상으로 가자는 것이었다. 그때가 인사평가 시즌이라 인사와 관련된 내용이라 직감했다. 엘리베이터를 타고 옥상으로 향했다. 한참을 망설이던 팀장은 인사평가 때문에 부탁할 것이 있다며 내게 조심스럽게 말을 꺼냈다.

"음, 요즘 평가 시즌이잖아. 사실은 인사평가 때문에 보자고 했어. 누구나 좋은 인사고과를 받기 바라지만, 상대평가이기 때문에 모두에게 좋은 고과를 줄 수는 없잖아. 그래서 말인데, 이번에 K에게 고과를 양보했으면 좋겠어. 잘 알다시피 K는 이번에 승진케이스잖아. 그가 승진하기 위해서는 A 이상을 꼭 받아야 하거든."

어렵게 평가 이야기를 꺼내는 팀장은 리더십이 뛰어난 사람이었다. 대부분의 팀장들은 이런 예고도 없이 자신이 마음가는 대로 평가하고, 직원들에게 일방적으로 통보하는 방식으로 진행했다. 심지어 직원들의 입장을 완전히 무시한 채 고과를 진행한 뒤에 아무런 피드백도 없는 관리자도 있었다. 하지만 평소 K의 업무 태도나 업무성과를 고려할 때 수긍이 가지 않았다. 평소부터 실력보다는 상사들과의 관계에 밝은 그의 처신이 탐탁치 않았던 것이다.

"이번에는 양보하고 다음을 기약했으면 해. 나도 고심 끝에 어렵게 부탁하는 거니까 들어줬으면 하고."

마음속으로 무척이나 섭섭하고 분노가 치밀었다. 아무리 K가 업무보다 사내정치의 달인으로 통했다 하더라도 팀장의 간곡한 부탁을 부하직원으로서 어떻게 거절할 수 있겠는가? 아쉬움도 컸다. 평가에 따라 등급 간 연봉인상률이 크게 달라졌기 때문으로,

지난 1년간의 노력들이 물거품이 되는 것 같았다.

부서장에게 요구되는 임파워먼트는 부서원들에게 적절하게 책임과 권한을 분배하고, 부서장으로서 목표를 달성할 수 있도록 권한이 부여된 것이다. 부하직원들로 하여금 목표를 성취할 수 있는 방법을 스스로 결정하게 함으로써 자기 업무에 대한 주인의식과 책임감을 갖도록 만드는 일이다. 업무를 지시할 때도 무조건 보고서의 품질이나 기한만 강조하는 것이 아니라 검토할 중요한 사항과 가이드라인을 구체적으로 제시하는 것도 리더의 역할이다. 부서장으로서 구성원들로 하여금 자신의 능력을 파악하고 개발할 수 있도록 수시로 피드백하고, 업무수행력을 증진시키는 역할도 평가대상이다. 리더로서 코칭과 피드백 역량을 말한다. 부서장이라면 부서원들의 장단점을 이해하고, 역량개발을 촉진할 수 있는 교육기회와 업무기회를 제공해야만 한다. 부하직원들이 각자 자신이 가지고 있는 성과와 관련된 문제를 진단하고 해결할 수 있도록 도와주고 동기를 부여하는 것이다. 급변하는 환경을 예의주시하면서 대처하는 역량도 부서장이 갖춰야 할 필수 덕목이다.

부서장들의 역량을 강화할 수 있는 방법이 있다. 부서원들로부터 비공개적으로 진행되는 상향평가의 도입을 통해 상호존중과 신뢰의 문화를 정착시키는 것이다. 이렇게 하면 말 뿐인 부서장은 퇴출되고, 실행에 집중하는 리더의 모습으로 변모시킬 수 있다. 아울러 조직의 리더에게 '인사평가는 팀장의 일에서 가장 중요한 업무'라는 사명감을 갖게 만들어야 한다. 관리자로서 많은 일로 쫓기겠지만, 제대로 수립된 목표와 이에 따른 공정한 평가가 이루어질 때 사내문화를 긍정적으로 쇄신할 수 있다. 다양한 기업에서 인사평가를 받아보고, 또 평가를 진행한 관리자로서 현업에서 어떻게 인사평가가 이루어지고 있는지 경험을 통해 밝히려 한다. 인사고과는 크게 정량평가와 정성평가로 나뉜다. 직급에 따라 다르지만, 대략적으로 정량평가가 70%를 차지하고, 정성평가가 30% 내외를 차지하는 경향이 있다. 조직원들이 서로 엇비슷한 업무를 진행하기 때문에 특별히 회사에 손실을 끼치지 않았다면 정량평가에서는 동료들과 크게 차이가 나지 않는다. 일반적으로 인사고과 등급은 5단계로 구성된다. S등급을 시작으로 A, B, C, D등급으로 구분되고, S와 A등급이 20%, 중간이라 할 수 있는 B등급이 60%, 하위 C, D등급이 20%로 주어진다.

팀원이 50명인 팀의 인사평가를 진행한다고 가정하자. 이때 상위 S, A가 10명, 하위 C와 D등급이 10명, 나머지 30명은 B등급으로 평가된다. 이러한 상황에서 평가자들이 정량평가 방식으로만 평가 대상자를 선정하는 일은 대단히 어렵다. 애초부터 목표(KPI)를 수립할 때 평가자들 간의 업무 목표가 거의 비슷하기 때문이다. 이를 조정할 수 있는 변수가 정성평가이다. 주로 정성평가 항목으로 취급되는 변수로는 리더십과 업무추진력, 창의성과 같이 숫자로 환산하기 힘든 지표인 경우가 많다. 즉, 정성평가 항목은 처음부터 평가자들의 주관이 개입될 수밖에 없는 애매모호한 지표다. 정량평가에서 차별화가 미약한 부분을 보완하기 위한 수단이 정성평가임에도, 실제로 평가단계에서는 정성평가가 오히려 정량평가보다 큰 영향을 미친다. 이것은 주와 객이 전도된 것이다.

그렇다면 실제로 인사평가자들은 어떠한 기준으로 정성평가 항목을 체크할까? 원칙적으로는 수립된 목표에 따라 냉정하게 점수를 부여해야 되겠지만, 현실적으로 적용하는 몇 가지 원칙이 있다. 가장 먼저 S, A 상위 고과자를 선정할 때는 전년도에 좋은 평가를 받은 사람을 제외하는 경우가 많다. 특히 최고 등급인 S의 경우 전년도에 승진한 사람은 거의 제외시킨다. 대체로 차년도에 승진을 앞둔 사람이나, 일을 잘하면서 자신을 믿고 잘 따르는 사람에게 할당하는 경향이 있다. 현실적으로 평가자에게 가장 어려운 숙제는 누구에게 C등급과 최하위 D등급을 부여할지의 문제다. 특히 최하위 등급인 D는 평가받는 사람의 입장에서 회사를 그만두라는 신호로 해석될 수도 있기 때문이다. 팀원들이 누구나 인정할수 있는 대형사고를 친 사람에게 D등급이 주어질 확률이 높겠지만, 특별한 경우를 제외하고 조직원들의 성과가 엇비슷한 상황에서 D등급의 할당은 평가자들에겐 고역 중의 고역이다. 이러한 이유로 대부분 D등급을 받는 사람을 유심히 살펴보면 조직에서 가장 늦게 입사한 막내인 경우가 많고, 중간에 합류한 경력사원인 경우도 있다. 이것이 기업의 현장에서 관행처럼 이루어지고 있는 인사고과의 현실이다. 직원들 사이에서 평판이 좋고 일도 잘하는 직원이 S를 받는 것과는 극명하게 대조를 이룬다. 명백한 사실은 조직에서 묵묵히 일만 잘하는 직원이 S나 A로 평가받기는 힘들다. 말인즉, 최고등급인 인사고과S를 받기 위해서는 성과도 중요하지만, 직속상사와의 관계나 처세술이 뛰어나야만 한다.

뒷담화? 사내에 비밀은 없다

인사고과를 진행하면서 무척 힘들었던 경험이 있다. 부서원들과 인터뷰를 마치고 본부장과 인사고과를 협의하는 과정에서 의외의 사실을 알게 되었기 때문이다. "평가가 끝나고 나면 팀원 중에 다른 부서로 이동하기로 확정된 사람이 있다."는 말을 들었다. 뒤통수를 맞은 심정이었다. 그것도 모르고 그를 승진시키기 위해서는 'A'를 줘야만 하는 이유를 장황하게 설명한 스스로가 안타까웠다. 오히려 본부장에게는 직원관리를 잘하라는 뼈아픈 말을 듣고 말았다. 짐작컨대 부하직원은 비밀이랍시고 친분이 두텁다는 사내의 누군가에게 자신의 속내를 분명히 털어놓았을 터이고, 그

말이 사내를 돌아 마침내 본부장의 귀에까지도 들어간 것이 분명했다. 그에게 심한 배신감을 느꼈다. 다른 부서로 이동할 직원에게 좋은 고과를 줄 수는 없는 노릇이었다. 세상에 비밀이 없는 것처럼, 조직 사회에서는 더욱 그렇다. 회사에서 다른 직원에 대한 루머나 뒷담화를 즐기는 불평불만자들과는 애초부터 대화하지 않는 것이 좋다. 사내를 돌고 돌아 결국 자신에게 화살이 되어 되돌아오기 때문이다.

성공에는 재능과 행운이 모두 필요하다. 여기서 '행운'이란 다름 아닌 다른 사람의 도움을 받는 일이다. 자신의 목표를 세우고 실력을 쌓기 위해 애쓰는 것처럼, 사람들과의 관계에서도 노력을 기울여야 하는 이유가 여기에 있다. 지금은 네트워크 지수가 경쟁력을 좌우한다고 해도 과언이 아닐 정도로 인적 네트워킹의 중요성이 커지고 있다. 다양한 채널을 통해 정보를 수집하는 능력, 소중한 사람들과 함께 자기계발을 도모하는 능력 등 네트워킹 능력은 직장인들에게 다채롭고 풍요로운 삶을 만들어주는 원동력이다. 흔히 인맥이라고 하면 학연이나 지연 등 부정적인 의미로 받아들이는 경우가 많지만, 인맥을 통해 자신의 삶에 긍정적인 영향을 받아본 사람은 결코 그 의미를 무시할 수 없다.

특히 한국사회에서는 인맥의 힘이 어떠한 것보다 우선시되는 경우가 많다. 비즈니스의 세계는 철저하게 사람에서 시작하여 사람으로 끝난다. 실제로 회사에서 혼자의 힘만으로 할 수 있는 일은 지극히 드물다. 때문에 직장인에게 인간관계는 핵심으로, 위급한 일이 닥쳤을 때 진가를 발휘한다. 평소 친분이 없다가도 막상 필요한 상황에 몰리고 나서 아쉬운 말을 꺼내는 사람이 있는데, 이들이 반갑지 않기는 누구나 마찬가지다. 회사에서 쌓인 그대의 이미지는 협력업체나 파트너를 통해 비즈니스 세계로 퍼져나간다. 미국의 한 조사기관의 연구결과에 따르면, 내가 모르는 누군가에 대해서도 인맥의 '6단계'만 거치면 다 알게 된다는 것이다. 한국의 경우 4.6단계만 거치면 알 수 있다고 조사되었다. 아무리 이력서를 그럴싸하게 꾸며도 4.6단계만 거치면 진실성 여부가 드러날 수 있다는 말이다. 회사에서의 인맥관리는 진정성을 바탕으로 원원할 수 있는 관계를 만드는 것이다. 정보가 개방된 SNS 시대에 더욱 유념할 사항이다.

직장에서 인사고과가 불공정하게 이루어질 수도 있다. 하지만 거기에도 분명한 이유가 있다. 리더급들과 대화를 해보면 상사들의 머릿속에는 평소부터 이미 S급, A급 인재에 대한 평가가 굳어져 있고, 왜 그런지에 대해서도 이유를 가지고 있다. 상사들은 개인보다 팀이나 조직 전체를 보면서 인사고과를 진행하는데, '상대평가' 방식으로 진행되는 상황에서 모두에게 만족한 고과를 주는 일은 현실적으로 불가능하다. 인사평가에 불만족해서 상사와의 관계를 오히려 악화시키거나, 회사를 떠나는 사람은 지극히 하수다. 때론 자신이 회사에 기여한 바를 돌아보고, 평가자와의 역지사지해 보는 자세도 꼭 필요하다.

인사고과에서 가장 중요한 것은 공정한 목표의 수립이다. 공정한 평가를 달성하기 위해서는 핵심성과지표(KPI: Key Performance Indicator)를 제대로 수립한 다음, 사전에 부서원들 간 공유가 이루어져야 한다. 부서원들 간에도 가장 고생하면서 실질적으로 성과에 기여한 사람을 인정하는 풍토의 조성도 필요하다. 업무적으로 우수한 사람에게 고과가 잘 주어지는 것은 수긍하겠지만, 평가자가 학연이나 지연, 관계 등을 근태나 업무성과보다도 우선시할 경우에 불합리하다고 느낀다. 사실 1년 동안 직원들의 업무성과를 평가해 점수를 할당하는 작업은 관리자들에게는 고역 중의 고역이다. 평가를 받는 직원들의 기대치와 평가하는 상사들의 생각이 서로 불일치하기 때문이다. 무엇보다 절대평가 방식이 아니라 누군가에게는 'C, D'를 반드시 할당해야만 하는 상대평가 방식으로 진행되기 때문에 딜레마에 빠진다. 냉철하게 평가하는 것이 원칙이겠지만, 상사들도 사람인지라 팔이 안으로 굽는 건 어쩔 수 없다. 즉, 평상시의 태도나 몰입도, 업무에 대한 열정을 비롯해 인간관계나 처세술이 큰 영향을 미친다. 부서원들은 이러한 상사들의 마음을 잘 모른다. 부서장이 되어 부서원들을 평가해 보지 않았기 때문에 자신의 점수에만 관심이 높다. 하지만 팀장은 개개인의 평가보다 팀평가가 우선이다. 따라서 평소부터 자신이 맡은 업무도 중요하지만, 팀 전체를 위한 아이디어를 고민하는 것도 중요하다. 이를 싫어할 팀장은 아무도 없고, 만일 당신이 낸 아이디어가 실행되어 팀의 전체평가가 올라간다면 팀장은 틀림없이 당신을 A등급으로 평가할 것이다.

사소한 것들이 모여 큰것이 결정된다

인사평가를 진행할 당시의 일이다. 승진을 앞둔 두 직원 간에 평가점수가 똑같이 92점이 나왔다. 업무성과가 중심인 업적평가와 역량평가 점수가 똑같은 상황이었다. 둘을 모두 승진시키는 것은 불가능했다. 누구에게 A를 줄지 며칠을 고민하다가 K과장에게 마음이 끌렸다. 가끔씩 그가 먼저 식사를 제안해서 함께하는 자리를 가졌기 때문이다. 우리는 살아가면서 뭔가 큰 변수가 큰 의사결정을 좌우하는 것으로 알고들 있지만, 인간관계에서는 꼭 그렇지 않은 경우가 많다. 작고 소소한 것들이 모여 큰것을 결정하는 것이다. 직장에서 직속상사의 영향력은 절대적이다. 누구에게나 직속상사는 껄끄럽고 어렵기는 마찬가지다. 그런 사람과 식사를 한다는 것이 말처럼 쉬운 일이 아니다. 하지만 사람이 함께 식사를 한다는 것만으로도 유대감과 긴밀한 관계를 형성할 수 있다.

인간은 사회적 공동체로 함께 식사를 할 때 가장 큰 친밀감을 느끼게 된다. 현실적으로 직장에서 상사에게 먼저 1:1 식사를 제안하려면 용기가 필요하다. 상사들은 대체로 만나는 사람들이 많고 일 정도 바쁘기 때문이다. 그런데 반대로 생각해볼 필요가 있다. 부하직원이 먼저 찾아와 식사를 제안할 경우, 상사들은 가슴이 덜컥 내려 앉는다. 대부분이 회사를 사직하거나 중대한 일이 있을 때 상사에게 식사를 제안해 오기 때문이다. 그렇기에 부하직원이 식사를 요구해 오면 상사들은 90% 이상을 승락한다. 사실 상사들도 사람인지라 조직에서 외롭다. 직급이 올라갈수록 책임감 때문에 스트레스는 가중된다. 임원은 팀장들보다 더 외롭고, CEO는 임원들보다 더 외로운 자리다. "왕관을 쓰려는 자, 그 무게를 견뎌라!"는 말처럼, 피라미드 조직구도에서 직급이 올라갈수록 고독하고 힘든 책임감이 주어진다. 약육강식이 지배하는 직장에서 상사와 함께 식사를 한다는 것은 아주 특별한 의미를 가진다. 직장에서 상사와 인간적으로 친밀감을 형성할 수 있는 최고의 방법이다.

옆에서 지켜볼 때는 리더십도 뛰어나고 직원들과의 관계도 좋게 보이는 리더가 있다. 하지만 실상을 파악해 보면 함께 근무하는 동료들의 평가는 정반대인 경우가 있다. 본인이 직접 상하관계로 얽혀 일을 해보지 않고서는 사람에 대해 쉽게 평가할 일이 아니다. 옆 팀의 상사일 때와 자신의 팀장일 때는 권력구조가 달라지고, 업무로 얽힌 이해관계가 차이가 나기 때문이다. 직장인들은 흔히들 본인이 맡은 일에 충실하면 조직생활에 별 문제될 게 없다고 생각하지만, 오산이다. 누군가는 항상 당신의 행동 하나하나인 일거수일투족을 모두 지켜보고 있다. 그렇기에 수직적 관계도 중요하지만 수평적 관계도 중요하다. 조직생활에서는 작은 행동까지도 처신을 잘해야만 한다는 말이다. 작은 부분까지 섬세하게 신경쓰면서 당신의 이미지를 관리해 나갈 필요가 있다.

옥상에서 담배를 함께 피우던 옆 팀장이 내게 자신의 팀원인 L 대리에 대해 물어온 적이 있었다. 인사평가 시즌을 앞두고 그에 대해 어떻게 생각하냐는 것이었다. 평소에도 회사 어디에서든 마주치면 인사를 깔끔하게 잘하는 L 대리의 모습이 떠올랐다. 나는 그의 매너를 칭찬하면서 긍정적인 말을 해주었다. 짐작컨대 L 대리의 평가는 아마도 좋았을 것이다. 인간이라면 제3자의 말을 더 신뢰하기 때문이다. 이처럼 평소부터 잘해야 한다. 아쉬울 게 없는 평상시의 태도를 살펴보면 그 사람의 진면목을 가늠할 수 있다. 절실한 때만 찾고 뭔가 필요한 때만 친밀함을 강조한다면 그 누구도 그가 보여준 친절을 달가워하지 않을 것이다.

05 | 커뮤니케이션 역량

❖

커뮤니케이션이란 자신의 생각이나 의견, 아이디어를 상대방에게 호소하여 마음을 움직이는 자기표현의 행위이다. 직장인들에게 필수적으로 요구되고, 덕목으로 얼마나 많이 알고 있느냐는 측면보다 어떻게 상대방에게 효과적으로 전달하느냐가 핵심이다. 실제로 커뮤니케이션 역량은 리더급을 채용할 때 채용사나 헤드헌터들이 필수적으로 요구하는 덕목이다. 동일한 사안이나 주제도 A라는 사람과 B라는 사람의 커뮤니케이션 방식은 크게 다를 수 있다.

직장생활의 일상은 커뮤니케이션의 연속이다. 상사에게 매일같이 진행하는 업무보고를 시작으로 파트너사, 다른 부서의 구성원들과 끊임없이 소통해야만 한다. 그렇기에 상사들은 커뮤니케이션을 하는 동안에 당신의 지식이나 소양, 인성 등을 알게 모르게 평가한다. 어쩌면 이것은 일 자체보다 더 중요한 문제다. 업무의 경중에 따라 보고 타이밍과 보고방법, 보고주기 등을 잘 잡는 것을 말한다. 직장에는 많은 조직과 부서가 있다. 이들과 하루 종일 부대끼면서 생활한다. 기업은 대체로 조직을 사업본부 체제하에 팀제로 운용하는 경우가 많다. 긍정적 측면도 많지만, 다른 본부나 팀과 서로 비교될 수밖에 없기 때문에 경쟁심리가 발동한다. 하지만 조직에는 약간의 갈등이 존재할 때 발전도 있다. 갈등이 없다면 일부 공기업처럼 임직원들의 마인드가 타성에 젖을 수 있다. 리더십이 뛰어난 상사들은 커뮤니케이션에도 능숙하다. 이들은 사내에서 다른 부서와 경쟁하기보다 파트너십으로 관계가 좋은 경우가 많다. 관계가 좋기에 업무협조도 잘 이루어지고 최고경영자로부터 인정받는다. 반면 커뮤니케이션 스킬이 부족한 리더는 자신의 부서를 중심으로 생각하기에, 조직에서 심각한 갈등을 유발하면서 실무 담당자들을 힘들게 만든다. 커뮤니케이션 역량은 상사들이 중요하게 판단하는 인재의 요건으로 그 이유는 다음과 같다.

첫째, 회사에서 이루어지는 업무의 대부분이 커뮤니케이션 행위이기 때문이다. 기업에서 중시되는 각종 보고나 회의, 프레젠테이션, 협상력 등의 행위는 모두가 커뮤니케이션에 해당한다. 즉, 어떤 내용을 어떻게 소통하느냐에 따라 그 결과물이 달라질 수 있다.

둘째, 상사들은 보고서를 들고 들어오는 직원들의 태도만으로도 보고서의 질을 미리 내다볼 수 있다. 그만큼 상사들은 직원들의 자세와 근태, 업무절차를 중요하게 생각한다는 이야기다. 커피를 마실 때 고급스러운 커피잔에 마시는 것과 사발에 마시는 것의 맛이 다르듯, 아무리 훌륭한 문서라도 보고하는 사람의 커뮤니케이션 스킬이 뒷받침되지 않으면 노력한 만큼의 평가를 받기가 어렵다.

셋째, 커뮤니케이션에서 가장 중요한 것은 상대방이 사용하는 언어의 해석에 틀을 맞추는 것이다. 상사와 코드를 맞추는 일로 커뮤니케이션에 능한 사람과 부족한 사람이 일을 할 때 빚어내는 결과물은 크게 다를 수밖에 없다. 즉, 기업에서는 담당자의 커뮤니케이션 역량에 따라 수백억 원이 소요되는 프로젝트가 추진될 수도 있고, 철회될 수도 있다. 그렇기에 기업에서 커뮤니케이션은 상사들이 임직원의 인사고과를 평가하는 핵심 수단이다.

넷째, 커뮤니케이션 능력이 뛰어난 사람은 항상 자신감으로 똘똘 뭉쳐 있고, 특유의 당당함이 몸에 배어 있다. 이런 사람들에게 더 많은 기회가 주어지고 더 많은 성취가 이루어진다는 사실을 상사들은 이미 경험적으로 알고 있다. 이러한 자신감은 본인의 업무에 대한 전문성으로부터 나온다. 소통만 잘해서 될 일은 아니다.

　다섯째, 평소의 표정이나 옷차림 같은 몸가짐도 역시 커뮤니케이션의 수단이다. 몸가짐은 곧 마음가짐이다. 상사들은 마음가짐까지 몸으로 표현해낼 수 있는 사람을 선호한다. 지금은 이미지메이킹의 시대다. 사람들은 흔히 실체적 진실보다 외부로 드러나는 첫인상을 통해 다른 사람을 평가하는 경향이 있다. 실제로 영화 〈귀여운 여인〉에서 주인공인 줄리아 로버츠는 허름한 옷을 입고 백화점에 갔다가 종업원들에게 괄시를 받는다. 하지만 얼마 뒤에 말끔한 고급 옷차림으로 들르자 종업원들의 태도가 완전히 달라진다. 흔히들 겉모습이 중요하지 않다고 말하지만, 실제로 사람들은 겉모습을 통해 다른 사람을 평가한다. 이처럼 우리가 매일같이 입는 복장은 인간관계와 비즈니스에도 지대한 영향을 미친다. 자신의 이미지를 긍정적으로 구축하기 위해서는 비즈니스 캐쥬얼에도 돈을 아끼지 않아야 한다. 시간과 장소, 상황이라는 TPO에 따라 옷을 잘 차려 입을 필요가 있다. "옷을 잘 차려 입으면 사람이 보이고, 옷을 허술하게 입으면 옷이 보인다."는 말이 있다. 회사에서 자신의 옷차림에 아낌없이 투자해야만 하는 이유도 여기에 있다.

월요일 오전보고는 극피 대상이다

직장인들에게 상사에 대한 업무보고는 대단히 중요한 사안이다. 인사고과를 좌우하는 결정적 기준이 되기도 한다. 직장에서 상사들에게 업무보고와 관련하여 인정받을 수 있는 방법은 의외로 간단할 수 있다.

첫째, 보고 횟수에서 사소한 것도 자주 보고하면 좋다. 상사와의 관계를 긴밀하게 만들수 있을 뿐만 아니라 업무에 대한 열정의 또 다른 표현이 될 수 있기 때문이다. 지나치면 금물이지만, 적재적시의 보고는 상사와 신뢰적인 관계를 형성할 수 있다. 상사에게 특정한 보고서 작성을 지시받았을 때에도 중간에 중간보고를 하는 게 좋다. 상사들의 머릿속에는 지시한 보고서가 계속해서 맴돌고 있기 때문이다.

둘째, 방법적인 측면에서 사소한 것도 문서화된 보고서를 미리 준비해서 보고하는 것이 좋다. 보고서의 양을 말하는 것이 아니라 1페이지로 간결하게 미리 준비하면 그만큼 상사의 합리적인 의사결정을 도울 수 있다. 그 결과 상사로부터 치밀한 사람으로 인식될 수 있다.

셋째, 보고 타이밍적 이슈로, 사안에 따라 조금씩 다르겠지만 직장인이라면 누구나 피곤해하는 월요일 오전은 피하는 것이 좋다. 대체로 월요일 아침에는 임원이나 관리자급 회의가 진행되는 경우가 많다. 좋을 때야 문제될 게 없지만, 좋지 않은 분위기로 회의가 끝난 직후를 피하라는 말이다. 상사들이 스트레스를 주로 받는 월요일에 딱딱한 업무 보고나 결제서류를 내미는 것은 자살행위이기에 좋은 결과를 얻기 힘들다. 시급한 사안에 대해서는 화요일을 넘기면 곤란할 것이고, 중대한 사안이라면 늦어도 목요일까지 1차 보고를 마치는 것이 좋다. 업무적으로는 덜 중요하거나, 보고하기 곤란한 인사문제나 휴가 등의 이슈는 금요일 오후가 적기일 수 있다. 직장인이라면 금요일 오후에는 엥겔지수가 올라가는 경향이 있어서 긍정적 답을 들을 확률이 높다.

넷째, 장소적인 측면에서도 고민이 필요하다. 상사의 집무실에서 보고할 공식적인 사안이 있고, 회식자리에서 가볍게 상사의 의견을 묻는 것도 지혜다. 회식자리에서는 어려운 주제도 쉽게 넘어가기 마련이다. 이처럼 직장인에게 보고 타이밍과 관련된 커뮤니케이션 역량은 아무리 강조해도 지나치지 않는다.

현명한 사람들은 사내에서 타 부서와 경쟁하기보다 파트너십으로 관계가 좋은 경우가 많다. 관계가 좋기에 업무협조도 잘 이루어지고, 그렇지 않은 사람들보다 우선순위를 선점하며 성과까지 도출해낸다. 반면 자신의 부서를 중심으로 생각하는 사람은 조직에서 심각한 갈등을 유발할 뿐, 성과도출이 어려울 수 있다.

조직에서 갈등이 주로 발생하는 부서로는 예산계획을 관리하고 수립하는 경영기획팀과 비용을 지출하고 실행하는 마케팅부서, 매출액을 개별 브랜드의 합으로 평가받은 마케팅본부와 유통별로 전체의 실적으로 평가받는 영업본부는 물과 기름처럼 섞이기가 힘들다. 전산개발을 담당하는 IT부서와 신규 프로젝트를 추진하는 부서 간의 갈등도 계속될 수밖에 없다.

직장인들은 직속상사와의 수직적 관계가 중요하다는 것을 대체로 알고 있지만, 동료들과의 수평적 관계를 크게 간과하는 경향이 있다. 동료평가나 상향평가, 360도 평가를 진행하고 있는 직장도 마찬가지다. 머리로는 중요하다고 생각하면서도 가슴으로 받아들이지 못하는 경우가 많다. 회사에서 동료들과의 수평적 관계는 수직적 관계만큼이나 중요한 문제다. 사람들은 흔히들 제3자의 말을 신뢰하는 경향이 있다. 상사들도 마찬가지로 부하직원들 이야기를 3자로부터 들을 때 긍정적 피드백이면 문제될 게 없지만, 부정적 피드백을 듣게 되면 인사고과 A에서 제외시켜 버리는 경향이 있다. 회사를 이직하면서 헤드헌터들로부터 레퍼런스 체크를 당해본 사람들은 수평적 관계가 얼마나 중요한지 잘 알고 있을 것이다.

이처럼 능력자들의 공통점은 유관부서와의 커뮤니케이션이 원할하다. 회사도 단순화시켜서 보면 사람들이 모여서 일하는 곳이다. 좋아하는 사람과 함께 일하고 싶은 것은 인지상정으로, TFT

를 구성할 때 사내의 다른 부서로부터 합류를 제안받아 본 사람이라면 커뮤니케이션 역량이 뛰어나다고 보면 틀림없다.

직장인이라면 누구나 협력업체나 거래선을 비롯해 대외적으로 파트너사와 커뮤니케이션을 진행할 것이다. 이들과 가격을 협상하거나, 특정한 테마를 주제로 업무를 협의해 나갈 때 커뮤니케이션 역량이 뛰어난 사람들은 회사에게 유리한 결과를 도출할 수 있다. 적게는 수십만 원부터 대기업 구매부서의 경우는 수억 원의 이익을 기업에게 가져다줄 수도 있다. 이처럼 협력업체와의 커뮤니케이션 역량은 대단히 중요한 이슈다. 커뮤니케이션 역량이 뛰어난 사람들은 회사 대 회사로 맺는 전략적 제휴를 도출할 뿐 아니라 작은 계약도 쉽게 성사시킨다. 어제의 적이 오늘의 동지가 되고, 오늘의 동지가 내일의 적이 되기도 하는 비즈니스 세계에서 뛰어난 협상력은 능력자의 필수 조건이다. 커뮤니케이션 역량이 뛰어난 사람들은 사회의 주요한 이슈나 트렌드를 주시하는 경향이 있다. 다른 기업으로부터 전화가 걸려오기를 기다리지 않고 적극적으로 먼저 연락해 만남을 주선한다. 이를 통해 전략적 제휴가 성사되었을 때 제휴조인식에 참석한 CEO나 임원은 만족하게 되고, 이것은 바로 인사고과로 직결된다.

대부분의 기업들은 해마다 워크숍을 실시하고 있다. 유관부서들 간의 원활한 소통이나 관계를 강화하려는 취지다. 특정한 주제를 설정해서 실시하는 경우도 있고, 편안한 소통의 자리도 있다. 1박2일로 외부 호텔이나 콘도에서 진행되는 워크숍은 직장인들에게 특별한 의미를 가지고 있다. 사내 업무가 아니라고 소홀히 해서는 안 된다는 말이다. 상사들의 입장에서는 워크숍에서 부하직원들의 또 다른 면을 평가할 수 있는 자리다. 사무실에서 비슷한 옷을 입고 업무를 진행할 때는 비슷해 보이다가도 워크숍에 참석한 직원들은 특징이 보인다. 워크숍을 가볍게 보지 말고 상사의 관점을 의식하면서 처신할 필요가 있다.

PT역량, 인사고과의 바로미터다

프레젠테이션은 청중과의 실시간 커뮤니케이션이다. 상대방과 대화를 나눈다는 자세로 한 명 한 명 눈을 맞춰(Eye contact) 가면서 진지하게 청중을 리드해야 하는데, 만일 청중이 지루해 한다면 이는 진행자에게100% 문제가 있다. 웃겼다가 때론 진지한 말로 청중을 감동시킬 수 있는 역량이 PT스킬이다. 당신은 청중이란 승객을 태우고 관광명소를 소개하는 가이드인 것이다. 형편없는 가이드를 만나면 여행이 만족스러울 수 없다. 성공적인 PT는 무엇보다 철저한 준비가 성패를 결정한다. 준비를 제대로 하지 않으면 원고를 단조롭게 읽거나, 이 전에 했던 평범한 얘기를 다시 언급하는 경우가 많다. 핵심적인 내용을 적은 메모를 활용하여 사전연습을 하는 것도 좋은 방법이 될 수 있다. 연습을 통해 적절한 타이밍과 표현에 대한 감을 잡을 수 있을 것이다. 그렇지 않을 경우 말하려는 바가 불분명하고 체계적이지 않으며, 참신성도 떨어진다. 결국은 말하고자 하는 것과 듣고자 하는 방향이 엇갈리게 되고, 시간제약에 걸려 결론부를 서두르기 마련이다. 이러한 PT는 아쉬움만 남게 되고, 비참한 심정이 들 것이다. 반면에 준비가 철저하면 명확한 논리로 청중들을 매료시킨다. 청중들과 수차례 눈을 마주치면서 교감하고, 성공적인 마무리로 찬사를 받는다. 이러한 사람은 직장생활이 즐거울 수밖에 없을 것이다.

성공적인 PT를 수행하기 위해 발표자가 명심해야 할 점은, 청중은 결론을 궁금해한다는 사실이다. 프레젠터가 말하고자 하는 취지와 청중들이 듣고자 하는 순서가 서로 다르다. 따라서 결론을 먼저 이야기하고, 그 이유와 근거를 본론부에서 제시한 후 다시 한번 결론부를 강조하는 방식으로 PT를 마무리하는 것이 좋다. PT를 진행할 때 특히 개인의 독특한 습관이나 손의 위치에 대해 매우 유념하라는 것을 당부하고 싶다. 아울러 특정단어를 유달리 자주 사용하거나 말을 더듬는 행위, 책을 읽는 것과 같이 말의 고저와 강약 없이 진행하는 행위는 지양되어야 한다. 흐르는 물과 같이 적재적소의 연결어 사용도 매우 중요한 요소이다.

청중은 당신의 PT를 듣기 위해 귀중한 시간을 할애하면서 PT

에 참여하고 있는 만큼 청중을 졸게 만드는 사람은 발표자로서 이미 자격이 없다. 청중이 PT 중에 존다는 의미는 이미 PT의 실패를 의미한다. 청중과 PT 진행자 사이에는 적당한 긴장관계가 유지되는 게 좋다. 참석자 중에 몇 명의 이름을 언급하거나 연단으로 나오게 하여 PT의 핵심과 관련된 이야기를 할 수 있는 기회를 주는 것도 하나의 방법이다. 부담스럽지 않게 청중의 참여를 유도할 수 있는 방법을 강구하는 것이 좋다. 청중에게 생각 또는 상상을 해보라고 요청하기도 하고, 어떤 질문에 손을 들어보라고도 한다.

PT를 진행할 때는 청중과 끊임없이 대화한다는 자세로 임하되, 경우에 따라 청중에게 질문을 던져 주위를 환기시키는 것도 방법이다. 청중에게 질문을 할 경우에 청중들과 적당한 긴장감을 형성할 수 있을 뿐만 아니라 공감대를 이끌어낼 수도 있다. PT 성격에 따라 선물을 준비해서 질문에 대답한 청중에게 선물을 주는 것도 하나의 좋은 방법이 될 수 있다. 무엇보다 중요한 것은 청중을 아름다운 애인으로 생각하고 그들에게 사랑을 고백하는 것 같은 진지한 마음으로 다가서는 자세를 가져야 한다. 연구결과에 의하면, 실제로 몸동작 언어(Body language)를 통해 93% 커뮤니케이션이 가능하다고 한다. 따라서 발표자는 프레젠테이션 진행 시 얼굴 표정이나 몸짓, 손짓 하나하나까지 철저하게 자기 이미지 관리 차원에서 접근하는 것이 타당할 것이다. 일반적으로 동양 문화권에서 상대의 눈을 응시하는 것이 실례란 고정관념이 있지만, 사람이란 누구나 주목을 받고 싶어 한다. 따라서 PT 발표자는 모든 청중들에게 지속적으로 눈길을 줘야만 한다. 특히 정중앙에 위치하고 있는 핵심인물에게는 눈길을 자주 주는 배려를 해야 한다. 이것은 선택이 아니라 필수다.

PT를 진행할 때 말을 어떻게 하느냐도 중요한 이슈다. 말의 속도도 일반적으로 아나운서들이 뉴스를 진행하는 속도보다 약간 느리게 진행하는 것이 적합하다. 말의 속도가 너무 빨라도 문제가 되지만, 너무 느린 것도 문제가 있다. 말이 느리면 답답하고 자신감이 없어 보인다. 말의 어법도 중요한데, 자신감이 있는 어투를 사용해야 한다. "같습니다."와 같은 애매모호한 말이 반복되면 청중들은 실망할 수 있다. 또한 의미없는 말을 계속해서 습관적으로 반복하는 사람이 있는데, 커뮤니케이션의 큰 장애로 작용할 수 있다.

진정으로 PT 스킬을 향상시키고 싶다면 자신의 PT 장면을 녹화해서 보는 방법을 권하고 싶다. 다소 어려움이 따르겠지만, 자신의 모습을 직접 스마트폰으로 촬영해서 확인할 수 있다면 백 마디 말보다 훨씬 큰 개선효과를 거둘 수 있다. 실제로 일부 다국적 기업에서는 마케터의 PT 스킬 함양을 위해 이를 시행하고 있다. 최근에는 스마트폰의 활성화로, 주위의 동료에게 부탁할 경우 어렵지 않게 자신의 PT 모습을 얼마든지 녹화할 수 있다. 주로 PT 후반부에 진행하는 'Q&A' 준비도 유종의 미를 거두기 위한 중요한 요소 중의 하나다. 질문의 유형은 분명치 않은 바를 명확히 해 달라는 질문과 추가적인 정보를 요구하는 질문, 그리고 질문자 자신의 견해를 피력하기 위한 유형으로 구분할 수 있는데, 답변 테크닉에 따라 그동안 진행해 온 PT가 더욱 빛을 발할 수도 있고, 오히려 퇴색될 수도 있으므로, 질문 시나리오를 준비하는 것이 좋다. 만일 도저히 대답할 수 없는 질문을 받은 경우 당황하지 말고 해당 질문을 청중에게 재질문함으로써 유연하게 대처할 수도 있다. 거의 90% 이상은 청중들 중 누군가가 그 대답을 대신 해줘서 당신을 위기로부터 구해줄 수도 있다.

성공적으로 PT를 진행하고자 한다면 몇 가지 지켜야 할 원칙이 있다. 몸동작에서부터 말투까지 세심하게 주의를 기울여야 한다. 가장 먼저 PT를 진행할 때 바른자세는 청중에 대한 기본적인 예의이다. 먼저 양발을 가지런하게 11자 모형으로 유지하면서 몸의 균형감을 확보한다. 이때 양발의 간격은 10센티미터로 안정감 있게 바르게 선다. 어깨는 활짝 펴고, 허리를 곧게 세운다. 고개의 각도는 청중의 눈을 바라보기 좋게 조정한다. 시선을 옮길 때는 몸동작도 시선을 따라 함께 움직여야 한다. 몸을 고정시킨 채 시선만 움직이면 사람이 거만해 보이기 때문이다.

딱딱한 표정보다는 밝은 얼굴이 좋고, 항상 미소를 유지해야 한다. 청중들과 긍정적으로 교감하기 위해서다. 강사의 얼굴이 굳어 있으면 강연도 딱딱하게 흐르기 마련이다. 호의적인 표정으로 전체를 리드할 때 비로소 청중들도 마음의 문을 열고 경청하게 된다. 때에 따라 적절하게 구사되는 제스처는 강연을 한층 돋보이게 만드는 촉매제다. 부드러운 손짓과 시의적절한 제스처는 주위를 환기시킬 수 있다. 말을 할 때는 스토리텔링 기법으로 이야기하는 것이 좋다. 이야기는 차트와 그래프의 숫자보다 발표 내용을 전개하기가 훨씬 더 용이하다. 청중들을 집중하게 하는 부가적인 장점도 갖고 있다. 슬라이드를 지루하게 읽지 말아야 한다. 슬라이드는 발표하고자 하는 내용을 보조하는 것이지, 보고 읽기 위한 것이 아니다. 슬라이드에 대한 메모도 마찬가지다.

프레젠테이션 발표 화면을 띄운 상태라면 더더욱 주의해야 할 실전 포인트가 있다. 바로 발표자의 위치이다. 발표 화면 안으로 들어가 버리거나, 화면 끝부분에 걸쳐 서있으면 곤란하다. 발표 화면 스크린의 오른쪽이나 청중을 마주본 상태에서 화면 왼쪽에 위치하는 것이 좋다. 스크린과 너무 떨어져도 안 되고, 스크린 오른쪽에 적당히 붙어주어야 한다. 마이크는 왼손으로 잡고, 오른손으로는 제스처나 손동작을 자유롭게 구사하는 것이 좋다. 포인터를 사용할 때도 주의할 점이 있다. 너무 자주 포인터를 스크린에 비추는 것은 집중도를 오히려 떨어트릴 수 있다. 평소에 핵심이 되는 내용을 정확하게 포인터로 짚어낼 수 있는 훈련이 필요하다. 또한 포인터를 스크린 위에서 빙빙 돌리거나 장황하게 강조하는 것은 주위를 흐트러트릴 수 있으므로 경계해야 한다. 레이져 포인터는 적재적소에 활용되어야 효과적이다. 특히 청중들 쪽으로 레이져 포인터가 향하지 않도록 유념해야 한다.

　PT를 진행할 때 용어의 선택에도 신중해야 한다. 언어는 듣거나 읽는 사람이 해석하기 나름이다. 사람들은 자기가 가장 잘 아는 말을 가장 쉽고 빠르게 이해한다. 따라서 정확하고 쉬우면서도 직접적인 어휘를 사용한다. 한 번 들었을 때 핵심적인 단어들을 제외하고는 그냥 지나치기 쉽다. 말은 글과 달라서 사람들의 머릿속에 새겨지지 않는다. 청중들은 프리젠터들의 말에 이끌려 갈 수밖에 없기 때문에 신중해야 하지만, 정확하고 간결한 단어를 선택하는 것이 좋다. 아무리 복잡하고 어려운 이야기라도 적절한 비유를 사용하면 쉽게 이해할 수 있다. 정확하고 간단하며 귀에 쏙쏙 들어오는 어휘의 선택은 성공적인 프레젠테이션을 진행할 수 있는 중요한 무기다.

나는 이직을 앞둔 직장인들에게 죽기 전에 꼭 가봐야 할 세계 최고의 목적지로 유럽이 아닌, 인도를 추천해 주고 싶다. 특히 매너리즘에 빠진 자신을 돌아보고 새로운 삶의 방향이나 목표를 수립하고 싶은 사람에게 인도는 '딱'이다.

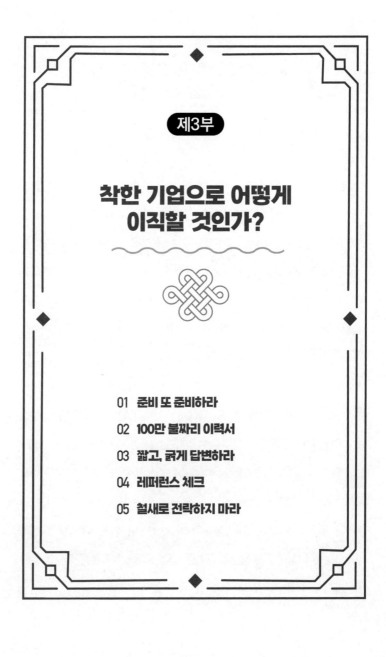

제3부

착한 기업으로 어떻게
이직할 것인가?

[03]

착한 기업으로 어떻게 이직할 것인가?

기업들이 자사에 필요한 경력사원을 채용하는 이유는 크게 3가지로 압축된다. 신규사업 확장에 따른 신규 인력을 충원할 때와 기존 사업이 잘되어 신규로 증원할 때, 그리고 기존의 담당자가 역량이 부족하여 외부로부터 전문가를 채용할 때이다. 자사의 핵심역량을 강화할 목적과 이미 검증된 신사업 영역에서의 핵심 인재를 채용하는 경우는 긍정적이지만, 기존 인력을 대체하는 포지션은 대체로 어려운 경우가 많다. 기존 인력이 그만둔 이유가 분명히 있다. 직속상사와의 문제, 그리고 담당업무가 어렵고, 내부 충원도 쉽지 않기 때문이다.

경력사원이 이직할 수 있는 방법은 3가지가 있다. 기업의 공채나 헤드헌팅사를 이용하는 방법과 지인의 인맥을 활용하는 것이다. 헤드헌팅사를 통해 이직할 경우 연봉이나 직급은 인상시킬 수 있지만, 입사동기가 없기 때문에 신입사원이 된 마음으로 새로운 일터에 적응해야 하는 어려움이 따른다. 이에 비해 공채는 동기들이 있어 새로운 직장에 적응하는 데 큰 도움이 될 수 있지만, 연봉이나 직급이 채용사의 인사원칙에 맞춰지는 경향이 있다. 이와 달리 네트워킹을 활용한 이직은 많은 장점을 가지고 있다. 공채와 헤드헌팅, 인맥을 통해 이직해 본 내 경험을 근거로 이야기하는 것이다.

01 | 준비 또 준비하라

　　대부분의 나쁜 기업은 근무환경도 매우 열악하다. 좋은 기업과 나쁜 기업에서 근무해 본 나로서는 다양한 장단점을 잘 알고 있다. 일반적으로 생각되는 연봉이나 처우, 복리혜택 등은 물론, 연차를 내고 쉴 때에도 상사의 눈치를 더 봐야만 한다. 자신이 맡은 직무가 극심하게 세분화되어 있는 대기업과 달리 중소기업은 한 사람이 다양한 업무를 넓게 소화해야 한다. 시스템과 조직력으로 돌아가는 대기업에 비해 중소기업은 철저하게 사람 중심으로 운영되기 때문이다. 헤드헌터로서 수많은 이력서를 검토하며 과업에 따른 연봉정보를 보면서 세상은 참으로 불합리하다고 느낄 때가 많다. 대기업에 근무하는 A라는 사람과 중견기업의 B, 그리고 중소기업에 근무하는 C의 연봉차이가 너무 컸기 때문이다. 그래서일까? 중소기업에 근무하는 직장인이라면 누구나 규모가 큰 대기업군으로 이직하기를 희망한다. 하지만 현실은 녹록지 않다. 대기업이나 중견기업들이 경력사원을 채용할 때는 중소기업 출신보다 규모가 동일한 유사업종의 인력을 선호하기 때문이다. 그렇다면 중소기업에 근무하는 사람이 대기업으로 이직하는 방법은 요원한 것일까? 결코 아니다. 목표를 설정하고, 장기적인 안목으로 대기업들이 원하는 스펙을 준비한다면 충분히 이직할 수 있다.

하지만 한 회사에 몸담고 있을 때는 그곳이 전부로 보인다. 그곳을 떠나봐야지, 비로소 관찰사의 시점에서 제대로 자신을 돌아볼 수 있다. 처음으로 직장을 옮길 당시 나는 수없이 고민했다. 그런데 막상 회사를 옮겨보니, 훨씬 중요한 것들이 보이기 시작했다. 무엇보다 세상이 넓다는 사실이었다. 본인의 인생을 책임져주지 않는 회사를 다시 생각해볼 수 있는 계기가 되었다.

이직해야 할 사유가 명확하다면 직장을 그만둘 때 막연하게 가로막는 불안감은 사치에 불과하다. 참으로 중요한 것은 용기다. 올림픽이나 단일 스포츠 경기에서 금메달을 차지한 선수들이 인터뷰 때 항상 하는 말이 있다. 경쟁선수보다 "자신과의 싸움에서 이기는 것이 더 힘들었다."는 말이다. 수영이나 육상, 역도처럼 인간의 한계를 시험하는 경기에서 해마다 신기록이 수립되는 것을 보면 경이롭기까지 하다. 자신을 이긴 위대한 선수들이기 때문이다. 이직도 마찬가지다. 이직을 실행으로 옮기는 과정에서 가장 큰 적은 다름 아닌 자기 자신이다. 실행하기까지 자신을 구속하는 것은 주변의 환경이나 여건이 아니라 자신이라는 사실을 자각해야만 한다.

역량있는 직장인의 필수조건

회사생활을 잘한다는 이유만으로는 몸값이 높아지는 것은 아니다. 철저한 자기관리와 자신의 직무분야에서 미래를 준비하는 자세로 오늘을 영위할 때 헤드헌터의 표적이 될 수 있다. 이러한 측면에서 직장인이라면 반드시 갖춰야 할 소양과 자질이 있다.

첫째, 직장인이라면 누구나 3C 마인드를 겸비해야 한다. 현대는 격동의 시대다. 기업경영에서 지식이나 핵심역량, 경영혁신이란 말은 이미 진부한 말이 되어가고 있다. 하루에도 수십 개의 신제품이 출시되거나 소멸한다. 역량있는 직장인이라면 변화하는 환경을 리드할 수 있는 안목을 지녀야만 한다. 변화를 미리 감지하고 자신의 업무와의 유기적인 관련성을 파악해 대처하는 자세를 말한다. 여기서 말하는 3C란 변화(Change), 창의성(Creative), 도전의식(Challenger)에 대한 이니셜로, 직장인들이 갖춰야 할 필수적인 소양이다.

둘째, 리더십으로 무장하고, 직장에서 자신의 포지셔닝도 확고하게 구축해야 한다. 직속상사는 물론 동료들과의 수평적인 관계도 매우 중요하다. 사내에서 확고한 성과를 내지 못한 사람이 이직에 성공할 수 있을지 의문이다. 직장에서는 자신의 내면에 존재하는 실체적 진실보다 겉으로 포장된 이미지가 더 중요할 수 있다.

셋째, 직장인이라면 풍부한 독서로 간접경험을 많이 쌓아야 한다. '남아수독오거서(男兒須讀五車書)'란 말이 있다. 남자는 모름지기 다섯 수레에 실을 만한 책을 읽으라는 성현들의 말이다. 역량 있는 직장인은 경험(Experience)과 직관(Intuition), 열정(Passion)이란 3박자가 중요한데, 독서를 통한 간접경험은 업무성과와 직결될 수 있다. 시대적 흐름을 조망할 수 있는 경제서는 물론 자신의 업무와 연관된 책, 인문학과 베스트셀러에 이르기까지 가급적 많이 접할수록 좋다. 나는 지금도 첫 직장을 방문할 때면 내가 제안하고 기획해서 만들어 놓은 마케팅 관련 책자가 꼽힌 작은 도서관을 보면 기분이 좋아진다. 당시에 회사에는 총무부에서 운영하는 도서관이 별도로 있었지만, 마케팅 관련 책은 턱없이 부족했다. 그때 문득 사무실에 작은 도서관을 만드는 것이 의미 있는 일이라 판단되었다. 아이디어란 실행해야 내 것이 된다. 즉시 품의서를 작성했다. 목적은 '작은 도서관'을 만들어 마케팅과 관련된 도서를 비치함으로써 전문지식을 쌓고, 이를 수시로 활용해 업무에 직접 적용하고, 이론에 충실한 전략을 실행하기 위함이었다. 사무실의 측면공간을 활용해 진열장을 구비하고, 교보문고로 달려가 마케팅 전문서적과 경영관련 도서를 200여 권 구입해서 비치했다. 새로운 책이 출간될 때마다 정기적으로 책을 구입하는 등 최신 트랜드도 놓치지 않았다. 상사는 물론 동료들도 무척 좋아했다.

카오스 이론(Chaos theory)은 무질서한 구름의 움직임을 자연이 스스로 체계적인 조화를 이루려는 질서 정연한 과정이라고 해석한다. 기업환경도 이와 같이 끊임없이 변화한다. 기업은 지속적인 수익창출로 지속 가능한 성장을 이어가는 것이다. 이러한 목표를 달성하기 위해 기업들은 사업특성과 목적에 따라 사업부서가 전략적 사업단위로 조직화되어 있다. 이들의 목표는 명확하다. 이익창출이다. 이를 위해 각각의 사업부들이 모여 기업의 목표 달성을 위해 매진한다. 현업에서 직장인의 가치를 평가할 때 '매출액이 인격이다'는 정서가 통용되는 것도 이러한 이유 때문이다. 모든 업무를 계량적으로 수치화하기는 어렵겠지만, 직장인을 평가하는 KPI는 매출액과 크게 연동되어 있다. 따라서 역량있는 직장인이 되고 싶다면 기업이 지향하는 목표를 직시하고, 자신이 맡은 분야에서 최선을 다해야만 한다. 역량있는 직장인이라면 KPI에 따른 숫자를 달성할 의무를 지닌다. 역량을 인정받고 싶다면 자신의 KPI부터 달성하라.

직장인이 갖춰야 할 근성

시인은 바위를 뚫고 바위 뒤에 있는 꽃을 볼 수 있어야 한다. 사람이라면 눈에 보여지는 단편적 사실보다 실체적 진실을 볼 수 있는 시야를 가져야 한다는 의미로, 직장인들에게 '6개의 쌍기억'을 제시하고자 한다. 이미 들어서 알 수도 있겠지만, 너무도 명쾌하기에 공유하고 싶다.

첫째, '꿈'이다. 모두 꿈이 있었지만 풍파에 찌들면서 잃어버렸을지도 모른다. 미국의 통계에 따르면 성공한 미국인들의 공통점은, 일반인들은 꿈을 마음속에만 지니고 살지만 성공한 1%는 꿈을 구체화시켜 실행으로 옮긴다는 것이다. 아름다운 전원주택에서 가족과 노년을 보내겠다는 꿈을 가졌다면 다른 사람의 전원주택에서 가족과 사진을 촬영하고, 사진을 지갑에 가지고 다니면서 반복적으로 각오를 새롭게 다진다는 것이다. 이들은 꿈을 구체화시켜 현실세계로 옮기면서 하나씩 실천해 나간다. 이직도 마찬가지다. 이직을 원하는 업종과 기업을 타깃으로 설정해야 한다.

둘째, 꾀다. 직장생활에서 대단히 중요한 키워드다. 보기에 따라 '잔머리'로 오인될 수 있지만, '스마트'란 의미이다. 직장생활에서는 지혜로운 전략이 필요하다. 상사의 컨디션이 나쁠 때나 혹은 월요일 아침에 결제문서를 내미는 것이 아닌, 적당한 타이밍을 활용하는 것은 잔머리가 아닌 지혜다. 꾀가 있어야 성공할 수 있다.

꾀가 없으면 직장에서 이리 치이고 저리 치여서 결국에는 다른 사람에게 이용만 당할 수 있다. 현명한 처세술이야말로 직장생활에서 성공의 지름길로, 항상 상사의 관점에서 그가 원하는 것이 무엇인지를 생각하고 처신하는 것이 좋다.

셋째, 끼다. 끼에 대한 사전적 정의는 '끼: 명〈속〉 바람기나 화냥기처럼 속에 맺혀 있다가 밖으로 발산되는 달뜬 기운'이지만, 직장인에게는 오히려 긍정적으로 해석될 수 있다. 대리급 미만의 면접이나 특히 신입사원들은 '끼'를 가장 높이 쳐준다. 면접관들에게 확실하게 자신의 '끼'를 보여줄 필요가 있다. 이러한 끼는 주로 부모에게 물려받는 선천적인 요인이 강하게 작용할 수 있다. 그렇다고 너무 걱정하지 않아도 된다. 의도적인 노력을 통해 얼마든지 개선시킬 수 있다. 사람이라면 누구에게나 끼를 가지고 있기 때문이다.

넷째, 깡이다. 단어 자체에서 강한 힘을 발산하고 있다. 이를 업무적인 단어로 표현한다면 추진력이다. 헝그리 정신이고, 열정이다. 끼가 선천적으로 타고나는 것이라면, 깡은 후천적인 노력으로 충분히 개선할 수 있다. 회사의 업무는 다양한 곳에서 돌출된다. 쉬운 일보다 어려운 숙제가 더 많이 몰리는 경향이 있다. 어떠한 업무도 해내겠다는 집념이 중요하다. 노력한 만큼의 성과로 보상 받을 수 있는 키워드가 깡이다.

다섯째, 꼴이다. 『꼴』이라는 책도 있다. 부모에게 물려받는 생 김새는 40대 이후에 확고하게 자리잡는다. 태어나면서 꼴이 결정 되지만, 스스로 만들어 나가는 것이다. 40세 이후의 사람을 만나면 관상가들이 일정 부분 맞추는 이유도 여기에 있다. 직장생활에서 꼴이란 업무에 대한 태도를 일컫는 말로 해석할 수 있다. 긍정적인 자세로 자신에게 주어진 업무를 완벽하게 소화하는 것을 말한다. 밝은 표정과 우호적인 자세로 다른 사람을 대할 필요가 있다.

여섯째, 끈이다. 한국사회에서 가장 중요한 요소가 아닐까 싶 다. 네트워크와 인맥이 지배하는 사회다. 출신학교나 지역, 라인 등으로 직장인들의 관리대상 1호다. 여기에 중요한 원칙이 있다. 평소에 잘해야지, 필요할 때만 연락하면 오히려 독이 된다는 사실 이다. 철저하게 기브앤테이크(Give & Take)가 지배하는 것이 사회 다. 먼저 베풀줄 알아야 자연스럽게 되돌려 받을 수 있다. 직장생 활에서는 나아가고 물러설 때를 알고 현명하게 처신하는 지혜가 필요하다.

자신의 직무에서 전문가로 인정받아라

세상에는 수없이 많은 직업이 새로 생겨나고 사라진다. 이런 시대에 살아남기 위해서는 스스로에게 끊임없이 질문하고 특화된 전문성으로 한 우물을 파야 한다. 자신만의 분야에서 전문성을 확보하는 것이다. 특화된 전문성을 바탕으로 해당 분야에서 자기만의 경쟁력을 보유할 때 이직의 기회는 찾아오기 마련이다. 이러한 100세 시대를 맞아 직장인으로서 무엇을 준비해야만 할까? 자신이 좋아하는 분야에서 전문성을 터득하는 길이다. 논어(論語)에 '지지불여호지 호지불여락지(知之不如好之 好之不如樂之)'라는 말이 나온다. 아는 것은 좋아하는 것만 못하고, 좋아하는 것은 즐기는 것만 못하다는 뜻이다. 공자도 "자신이 좋아하는 일을 직업으로 삼으면, 평생 단 하루도 일하지 않는 것과 같다."는 말을 남겼다. 말인즉, 자신이 좋아하는 분야와 연계해서 자신만의 전문성을 확보할 때 시너지 효과가 극대화된다는 것이다.

자기만의 인생 사업계획서를 만들자. 기업에서도 성공적인 전략이 실행되기 위해서는 사전에 제대로된 기획서가 반드시 필요하다. 즉, 훌륭한 기획서 없이 성공적인 전략은 실행될 수 없다. 대부분의 직장인이라면 매일 매일 수십 장의 보고서와 기획서를 작성할 것이다. 고민하고 또 고민하면서 조금이라도 상사의 마음을 사로잡을 수 있는 기획서 작성에 집중하지만, 정작 자신을 위한 인생설계서를 만드는 일에는 인색하다. 그렇다면 인생의 사업계획서는 어떻게 만들어야 할까? 어려운 질문이지만, 전략에 따라 인생의 사업계획서도 만들 수 있다고 믿는다. 자신의 강약점에 따른 대내외적인 환경요인을 분석하고 방향성을 확정하는 것이다.

구체적인 목표가 설정되었다면 목표를 정조준한 실행이 뒤따라야만 한다. 하얀 백지를 준비하고 지금 당장 자신의 인생사업계획서에 도전하라.

『손자병법(孫子兵法)』 저자 손무(孫武)는 '모공편(謀攻篇)'에서 "상대를 알고 나를 알면 백 번 싸워도 위태롭지 않다(知彼知己, 百戰不殆)."고 주장했는데, 이 말은 곧 상대방과 자신의 약점과 강점을 파악해 승산이 있을 때 싸워야 이길 수 있다는 것으로, 스왓분석 내용과 일치하고 있다. 여기서 손무는 "적과 아군의 실정을 잘 비교 검토한 후 승산이 있을 때 싸운다면 백 번을 싸워도 결코 위태롭지 아니하다. 그리고 적의 실정은 모른 채 아군의 실정만 알고 싸운다면 승패의 확률은 반반이다. 또 적의 실정은 물론 아군의 실정까지 모르고 싸운다면 만 번에 한 번도 이길 가망이 없다."라고 말하고 있는데, 이 말 속에는 직장인들이 반드시 알아야 할 전략적인 마인드를 함축하고 있다. 자신의 강약점을 철저하게 분석하면서 이직의 기회를 찾아야 한다.

이직에 성공하는 사람들에게는 공통점이 있다. 전문성을 강조하지만, 자신의 일에 대한 신념과 열정이 먼저다. 열정이 있으면 전문성은 자연스레 따라오는 후행변수에 불과하다. 직장에서 전문성이란 그리 대단한 것도 아니다. 사내변호사나 법무사, 공인회계사 같은 전문분야의 채용에 국한될 것이다. 마케팅전문가? 브랜드전문가? 영업전문가? 회계전문가? 신사업전문가? 전략기획 전문가? 총무전문가? 인사전문가? 모두가 평범한 부서일 뿐이다. "서당개도 3년이면 풍월을 읊는다."는 말처럼 자신의 직무에서 3년 이상 열심히 일하면 전문가라 자부해도 틀림없을 것이다. 회사에서 열정과 신념이 있는 사람은 틀림없는 능력자이다. 이직에서 바른 타이밍을 잡는 일은 보기에 따라 어려울 수도, 의외로 간단할 수도 있다. 스스로 여러 가지 정황을 고려해서 판단하는 것이 옳다. 하지만 원칙이 있다. 강조했듯이, 직장생활은 주가 흐름과 매우 흡사하다. 계속 잘 나갈 수 없고, 반드시 굴곡이 따르기 마련이다. 당신이라면 주식을 언제 팔 것인가? 가장 고점에서 팔아야 수익을 높게 챙길 수 있다. 첫 직장 상사였던 J본부장이 K사 본부장(전략마케팅실장)으로, H사 J본부장이 외국계 대표로, H사의 성공 주역 B본부장은 S사 전무로, P본부장이 H그룹 대표이사로 이직할 때 공통점이 있었다. 회사에서 모두 뛰어난 업적과 성과를 내고 있을 때라는 점이다. 지금의 직장에서 박수를 받을 수 있는 사람이 되면 언제든 본인이 타이밍을 결정할 수 있다.

천천히 가는 것을 두려워 말고, 가다가 멈추는 것을 두려워해야 한다. 직장생활을 하면서 변리사나 세무사, 대학시절에 이루지 못했던 공인회계사 시험에 도전하는 것도 방법이다. 뜻이 있는 곳에 길이 있기 마련이다. 인생이란 사업계획서를 수립할 때는 철저한 자기분석이 요구된다. 직장인의 가치는 자신이 맡은 분야에서 어느 정도의 역량을 발휘하느냐에 달려있다. 대기업들이 원하는 스펙은 의외로 간단하다. 대기업들이 경력사원을 채용할 때 원하는 스펙은 다음과 같다.

첫째, 해당 업무에 대한 전문성이다. 아쉬운 점은 기업이 경력사원의 전문성을 판단할 때 기업의 규모나 명성을 생각보다 크게 고려한다는 사실이다. 그렇기에 중소기업에 근무한 경력자가 명성있는 대기업이나 비전있는 기업에 쉽게 이직할 수 없다. 단계가 필요하다. 중견기업을 경유해 최종적으로는 대기업에 인착하는 방법이 현실적이다.

둘째, 학벌도 중요하다. 스스로 부족함이 느껴지면 경영전문대학원(MBA)을 준비하는 것이 좋다. 우수한 대학의 졸업자가 업무를 특별히 잘하는 것도 아닌데, 우리나라는 '국적은 바꿀 수 있어도 학적은 바꿀 수 없다.'는 학벌 중시문화가 팽배해 있다. 경영전문대학원을 졸업했다는 사실은 자기계발에 노력했다는 가장 확실한 추천장이다. 부족한 스펙을 채워줄 수 있을 뿐만 아니라 인맥까지도 넓힐 수 있는 기회의 장으로 활용할 수 있다.

셋째, 영어는 필수고 중국어는 선택이다. 국경을 초월한 비즈니스 환경이 조성되었고, 해외의 파트너와 직접적으로 업무를 수행하기 위해 영어는 필수다. 중국어도 자기 경쟁력 강화에서 좋은 수단이 될 수 있다. 외국어가 아무리 노력해도 안 된다는 것은 핑계일지 모른다.

넷째, 보고서 작성역량과 컴퓨터 스킬이다. 직급이나 직종에 따라 차이가 있지만, 직장인의 보고서 역량은 대단히 중요하다. 현업에서는 보고서 내용보다 '보여지는 문서양식'이 중요할 때가 있다. 여러 부서 앞에서 발표할 기회가 많은 부서는 파워포인트 역량이 절대적으로 영향을 미치기도 한다. 하지만 앞서가는 대기업들은 엄청나게 시간이 요구되는 '파워포인트' 문서를 없애고 1페이지 보고서로 대체하고 있다.

다섯째, 인간관계가 좋아야만 한다. 조직에서 수직적 관계만큼이나 수평적 관계도 중요하다. 대부분의 대기업들은 면접을 통과하면 레퍼런스 체크를 진행한다. 직장 내부에 100명의 아군보다 한 명을 적으로 만들지 말아야 하는 이유도 여기에 있다. 레퍼런스 체크에서 인성이나 인간관계에 실패하면 입사가 취소되기 때문이다.

세상이 빠르게 변하고 있다. 우리는 익숙한 것과 과감하게 결별해야 함에도, 과거에 해왔던 방식에 집착하고 새로운 방식을 두려워한다. 뭐 모르던 신입사원 시절이 엊그제 같은데, 대리를 거쳐 어느덧 과장-차장-부장-팀장의 직책으로 일하고 있지만, 회사를 위해 충성했을 뿐, 진정으로 본인의 가치를 높이기 위해 무언가를 준비하지 않아 공허한 상태로 '정리해고', '삼팔선', '사오정'을 두려워하고 있다. 그것이 더 이상 남의 이야기가 아니라 내 문제가 되었을 때에야 비로소 왠지 모를 불안감에 사로잡혀 이직을 고민하지만 이미 늦어 버렸다. 자칫하다가 시대적 흐름에 뒤쳐질 경우 '재고품'이나 '폐품'으로 전락할 수 있다. 사실 능력자들은 한 직장을 고집할 필요가 없다. 어디를 가든 인정받고 책임완수를 해낼 수 있기 때문이다. 그런데도 일부 직장인들은 회사를 떠나면 죽는 줄로만 안다. 그럴수록 구조조정 시기가 닥치면 더욱 위축될 수밖에 없다. 경험적으로 회사에서 구조조정을 당할 것 같은 사람은 언젠가는 반드시 당한다. 조직은 피라미드 구조로, 신입사원을 수혈하지 않은 채 고직급자들로 구성할 수 없도록 구조화되어 있다. 자신의 강점이나 핵심역량의 개발에 도전해야만 한다. 실제로 직장에서 잠재된 업무역량의 차이는 별로 없다. 특히 유명대학과 업무역량과는 아무런 관계도 없다. SKY대학 출신자들보다 오히려 업무를 잘하는 사람을 더 많이 봐왔고, 겪었다. 부서를 막론하고 기업의 업무는 생각보다 단순하다. 자신의 무능으로 단정할 게 아니라 자신의 강점을 발굴해 직무개발에 주력해야 한다.

직장인이라면 자신이 맡은 직무에서 전문가가 되어야만 한다. 기업이 경력직을 채용하는 이유도 여기에 있다. 자사의 전문역량이 부족하기 때문에 외부에서 전문가를 찾는다는 단순한 논리다.

흐르는 물에 이끼가 끼지 않는 것처럼, 세상의 변화에 맞추어 자신을 가꾸어 나갈 필요가 있다. 목적지가 분명하다면 지금의 직장은 걱정할 필요가 없다. 자신의 강약점과 개선점, 미래에 원하는 목표를 수립해 자신의 능력보다 뛰어난 사람들과 경쟁하면서 조금씩 자기발전을 실천한다면 자신이 원하는 곳으로 이직할 수 있다. 반면에 열등감은 자신의 혼을 얼어붙게 하고 잠재능력마저 죽일 수 있다. 실패를 두려워말고 다양한 업무에 도전해 스펙부터 쌓아라. 이직을 고려할 때는 너무 많이 조심하는 것도 인생에서 독이 될 수 있다. 직장에서는 긍정적인 사고를 치는 사람이 되어야만 한다. 뭔가 남들과 다른 새로운 방식으로 재창조를 선도하라. 주도적으로 변화를 이끌어 가는 사람에게 정리해고란 낯선 단어다. 직장생활에서 도전은 아름다운 단어다. 성공하든 실패하든 자신만의 자산으로 구축되기 때문이다.

02 | 100만 불짜리 이력서

❖

      대기업이든, 어느 조직이든 입사하기 위해서는 1차 관문인 이력서라는 서류전형을 반드시 통과해야만 한다. 사실 돋보이는 이력서를 작성하는 방법은 지천에 널려있다. 그런데 분명한 사실은, 어설프게 이력서를 작성한 사람은 지금까지 어설프게 직장생활을 해왔다는 반증이다. 그래서 이력서의 품질은 무엇보다 중요하다. 이력서를 검토하는 사람들은 이력서를 잘 작성하는 사람이 일도 잘한다는 확고한 믿음을 가지고 있다. 성공적인 이력서 작성을 바라는가? 상대적으로 다른 사람이 작성한 좋은 이력서를 보면 자신의 이력서가 얼마나 미흡한지 깨달을 수 있다. 이력서 양식은 헤드헌팅사의 사이트나 채용사 홈페이지를 통해 얼마든지 확보할 수 있다. 지금까지 나는 직원들을 채용하면서 많은 이력서를 검토했다. 그때마다 끌리는 이력서만 통과시켰다. 이처럼 문서화된 콘텐츠로 채용담당자를 설득하는 수단이 이력서의 본질이다.

　직장생활을 하다 보면 수많은 선택에 직면하게 된다. 갑작스럽게 닥친 이직의 문턱에서 당황해 본 경험도 있을 것이다. 경기불황으로 인해 취업이 어려울 때나, 상사와 갈등이 있을 때 적당한 곳으로 이직하면 해결될 것 같지만, 옳지 않다. 평소부터 냉정하게 이직을 준비해 원하는 곳에 취업해야 한다. 최근의 대세는 '한번 직장은 평생직장'의 시대가 끝나고 '한번 직종은 평생 직종'의 시대가 되었다. 무엇보다 자신의 직무에서 전문성이 더욱 중요해지고 있다. 나는 회사를 여러 번 옮겼지만 오직 한 길, 마케팅직무가 아니면 쳐다보지 않았다. 회계부서에서 시작했어도 그랬을 것이고, 인사팀에 입사했어도 그랬을 것이다. 직무변경이 가능한 시점은 대리직급에 올라가기 전까지가 아닐까 싶다. 과장급 이상이 헤드헌팅사 리스트에 이름을 올렸다면 자신의 직무분야에서 전문성을 확보했다는 긍정적 신호이다.

경력사원의 성공적인 이직 로드맵

　경력사원이 이직할 때 해당 회사의 보스 스타일이나 기업문화를 사전에 점검할 필요가 있다. 기업이 사람을 채용하는데는 그만한 이유가 있기 마련이다. 채용사가 내부적으로 제대로 굴러가지 않기 때문에 외부전문가의 수혈을 필요로하는 것이다. 입사해 보면 만만치 않은 경우가 많다. 기존에 업무를 담당하던 전임자가 힘든 이유가 있었기 때문에 이직하거나 물러났을 것이다. 신입사원과 달리 경력직은 이직을 할 때 중요한 원칙이 있다. 가장 중요한 것은 이직의 목적부터 명확해야 한다. 목표가 분명해야 된다는 점이다. 자신이 전 직장에서 달성한 성과물이나 업적이 뚜렷할수록 좋다. 내세울 게 없다면 이직은 요원할 수밖에 없다. 먼저 지금의 직장에 충실해 업적을 쌓으라는 말이다. 지원하려는 직장에 대한 구체적인 정보도 파악해야 한다. 섣불리 회사를 옮겼다가 경력을 망친 후배들을 여럿 봐왔기 때문이다. 직급별로도 이직 요령이 있는데, 대리급 미만은 연봉을 좇지 말아야 한다. 연봉을 많이 주는데는 그만한 이유가 있다. 대리 직급이 연봉을 기대 수준보다 높게 협상하려는 행동을 보이면 관리자들의 눈에는 자칫 건방지게 보일 수 있다. 그런 사람을 쓸 리 만무하다. 본격적인 연봉협상은 과장급 이상부터다.

직장인이라면 누구나 자신의 브랜드가치가 궁금할 것이다. 신입사원으로 시작했지만, 대리를 거쳐 과/차장 직급에 도달하면 누군가는 50점도 있고, 90점도 있다. 자신의 가치를 스스로 평가해볼 수 있는 방법이 있다. 대형 잡포털인 잡코리아나 사람인에 들어가보면 수많은 헤드헌팅사의 경력직 채용정보가 있다. 시험 삼아 자신의 이력서를 성심껏 작성해서 이들 중 3군데를 골라 송부해 보라. 3곳의 헤드헌터로부터 전화를 받았다면 95점 이상으로, 마음먹기에 따라 언제든지 회사를 옮길 수 있는 스펙이다. 1~2곳의 전화는 80점으로, 약간 보완하면 이직이 가능하다. 3곳으로부터 전화가 아닌, E메일 답변을 받았다면 70, 1~2곳의 E메일 답변은 60점이고, 만일 아무런 답변도 없었다면 스스로를 의심해 볼 수 있는 50점 미만으로, 부단한 자기계발 노력이 뒤따라야만 한다. 이처럼 성공적인 이직의 출발점은 스펙부터 쌓는 일이다.

경력사원의 성공적인 이직 로드맵

01 스펙쌓기	02 이력서 작성	03 면접	04 레퍼런스 체크
-업무가 연계된 자격증 -경영전문대학원 -외국어	-업무성과 및 업적 -계량화 및 수치화 -JD에 맞춤형 이력	-첫 인상(태도) -짧고, 굵은 답변 -Q&A 체크리스	-업무스타일 -평판 -전문성

지원자의 역량

| 전직장 업무성과 | 40% | 20% | 미래성과 창출 가능성 |
| 전문성 | 30% | 10% | 커뮤니케이션 역량 |

채용사의 평가

서류전형 → 면접 → 레퍼런스 → 최종합격

직장 생활 4년 차 미만의 실무자들이 크게 오해하는 부분이 있다. 헤드헌터에게 전화를 받게 되면 자신의 브랜드를 높이 평가하는 경향이 있다. 오산이다. 그때가 가장 잘 팔리는 직급이라고 생각하면 틀림없다. 기업들이 가장 저렴한 비용으로 스카우트해 올 수 있는 직급이라는 말이다. 경우에 따라 아닐 수도 있지만, 대부분이 그렇다는 사실을 직시하고 스펙쌓기에 집중할 시기이다. 매니저급인 과장급부터가 진정한 헤드헌팅이라 볼 수 있다. 잠재적 가능성보다 이미 구축된 리더십이나 의사소통(Communication) 능력이 핵심이다. 업무의 실질적인 성과와 몸담고 있는 회사의 명성도 크게 영향을 미칠 수 있다.

한편 팀장이나 보직을 맡고 있는 부장급은 전체 채용에서 3% 내외로, 지극히 드물다. 어쩌면 임원급보다 어려운 직급으로, 낙타가 바늘 구멍에 들어갈 만큼이나 기회도 적고 어렵다. 조직은 위로 올라갈수록 피라미드 구조이기에, 수요도 그만큼 따르지 않는다. 뛰어난 업적과 탁월한 리더십, 주변의 평판으로 승부하는 길 뿐, 특별한 대안은 드물다. 한 가지 있다면 네트워킹을 적극적으로 활용하는 방법이다. 실제로 보직자들은 임원이 다른 곳으로 이동할 때 기회를 엿볼 수도 있다. 직책자로서 교육은 신입사원들이나 받는 것이라고 생각하면 곤란하다. 외부 교육을 활용해 네트워크(Network)를 넓히고 자산화해야 한다. 인터넷으로 연결된 네트워크도 중요하지만, 오프라인 만남도 중요하다. 대외적인 전문교육이나 워크숍, 전문대학원 등에서 만난 다른 회사 사람과의 작은 만남이 회사를 이직하게 만드는 계기로 작용한 사례는 수없이 많다. 본부장급의 이직은 시장을 꿰뚫을 수 있는 인사이트와 회사의 정책을 좌우할 수 있을 만큼 큰 그림을 그릴 수 있어야 한다. 직장인들에게 임원은 하늘에 별따기만큼 어려운 직급이지만, 그만큼 외로운 직책이기도 하다. 권한이 많은 만큼 책임도 따르는 임원은 1년씩 계약하기 때문에 '임시직원'이라는 우스갯소리도 있다. 그렇기 때문에 임원 채용은 정규직인 팀장이나 부장급보다 수시로 발생하는 경향이 있다. 다른 사람과 똑같이 일하고 똑같이 놀면서, 다른 사람보다 잘되길 바라는 것은 도둑 심보다. 직장생활은 투자(input)와 결과(output)가 정확하게 비례하는 아직도 정직한 곳이다.

이직, 급할수록 돌아가라

인생에 해답이 없는 것처럼 이직의 타이밍에도 정답은 없지만, 경력사원이 이직할 때는 몇 가지 꼭 지켜야 할 원칙이 있다.

첫째, 상사와의 갈등으로 '욱'하는 순간에 이직하지 말아야 한다. 실패할 확률이 높다. 내가 경험자이다. 사람이란 부모에게 물려받은 DNA는 어쩔 수 없다는 생각이 들 때가 있다. 불의를 참지 못하는 성격에 '욱'하다가 인간관계가 꼬인 경우가 있다. 그럴 때일수록 반대로 행동하는 것이 좋다. '욱'할수록 상사에게 각별히 잘하면서 업무에 집중해야 한다. 그러다보면 기회는 반드시 온다. 지금의 직장에서 '욱'한 사유로 이직한 사람은 새로운 직장에서도 '욱'할 수 있다.

둘째, 인사고과가 누락되었다고 이직하지 말아야 한다. 앞에서 강조했듯이 평균수명 100세 시대에 인생은 길게 볼수록 좋다. 길게 보면 1년 누락은 하찮게 느껴질 수 있다. 오히려 열심히 일하면서 다음해를 기약하는 것이 좋다. 상사들도 사람이기에 특별히 부족하지 않다면 다음해에는 대부분이 승진을 시켜 주는 경향이 있다.

셋째, 하찮은 연봉인상에 현혹되지 마라. 대부분의 사원급 직급사늘은 헤드헌터에게 전화를 받으면 유혹에 넘어가기 십상이다. 뚜렷한 철학이나 목표없이 단순히 1천만 원 미만의 연봉에 현혹되었다가 큰코 다친 후배를 여럿 봤다. 동기들이 이직하면 이들의 마음은 심란해진다. 옮긴 사람이 능력자로 보이고, 자신이 무능력자로 비춰진다. 결코 아니다. 명심할 점은 사원급은 본인의 역량이 뛰어나서가 아니라 그만큼 기업들이 채용을 많이 하기 때문에 상대적으로 이직이 쉬운 직급이란 사실을 자각해야만 한다. 사원 때는 기본기를 갖추는 시기로, 실무에 집중해야만 한다.

넷째, 사람마다 이직 시점은 다르겠지만, 너무 자주 옮기는 것은 금물이다. 채용사에서도 이직횟수가 많은 사람은 처음부터 배제시켜 달라고 주문한다. 직장을 자주 옮기면 능력자가 아니라 철새로 낙인 찍힐 수 있다는 사실을 직시해야만 한다.

다섯째, 먼저 사직서부터 쓰지 마라. 이것은 자존심의 문제가 아니다. 성공적인 이직을 꿈꾸는 직장인이라면 반드시 유념할 이슈다. 사표를 쓴 다음에 새로운 직장을 찾는 것은 대단히 어렵다. 사표를 쓰는 순간 당신의 몸값은 50% 깎이고, 연봉이나 직급 협상에서도 '슈퍼을'로 전락되기 때문이다.

이직에 최적의 타이밍이란 없다. 그럼에도 이직 타이밍이 자신의 인생이나 가족의 행복을 결정한다. 큰 생각없이 입사한 신입사원이 기업의 핵심부서에 배치되면 인생의 향방이 달라진다. 당연히 좋은 직장에서 좋은 직무로 배치되면 금상첨화(錦上添花)일 것이다. 흔히들 좋은 직장의 키워드로 기업의 규모나 연봉을 고려하지만, 이보다 중요한 것이 회사의 비전이나 성장률, CEO 철학이다. 특히 자신의 직무를 미래에 평생 직업으로 연계시킬 수 있으면 행복한 사람이다. 대기업이라고 무조건 좋은 것은 아니다. 고액의 연봉보다 '지금 내가 무슨 일을 하고 있는가?'가 훨씬 중요할 수도 있다. 회사는 개인의 미래까지 보장해 주지 않는다. 타이트한 피라미드 구조 속에서 위로 올라갈수록 자연스럽게 조직은 재구성을 반복한다. 특수한 상황을 제외하고, 이직할 최고의 타이밍은 직장생활 3년 차에 1번, 과장급이 팀장으로 점프할 때 2번, 팀장급에서 임원으로 뛸 때가 아닐까 싶다.

사원급은 자신의 전문성을 살리면서 동시에 직급과 연봉도 인상시킬 수 있다. 가장 잘 팔리는 시기로, 직무의 연계성은 그리 걱정하지 않아도 된다. 업종을 전환해도 직무는 변하지 않는다. 실무자일 때 트러블 메이커를 직속상사로 만났다면 하루라도 빨리 팀을 이동하거나, 그것이 안 되면 이직을 시도해야 한다. 과·차장급은 팀장의 보직으로 뛰어야 하고, 팀장급들은 임원이 아닌, 팀장으로의 수평적 이동은 바람직하지 않다. 타이트한 피라미드 구조에서 팀장 보직자들이 임원으로 올라가는 일은 매우 어렵다. 임원급 오퍼가 왔을 때는 큰 협상을 통해 이직해 볼 것을 권유하고 싶다.

100만 불짜리 이력서 쓰기

신입과 달리 경력사원 채용은 이력서가 결정적 역할을 한다. 돋보이는 이력서를 작성하기에 앞서 이력서가 왜 중요하고, 직장인들에게 어떤 의미를 가지는지 고민해 볼 필요가 있다. 회사를 몇 차례 옮겨본 경험으로 이력서는 3가지 측면에서 중요한 의미를 가진다.

1) 이력서는 경력사원의 업무역량을 평가하는 바로미터가 된다.

2) 이력서 품질에 따라 휴지통으로 들어가기도 하고, 반대로 면접으로 진행되기도 한다.

3) 어설프게 이력서를 작성한 사람은 업무도 어설프게 해왔다는 반증이다.

이력서는 문서화된 글로 헤드헌터나 채용담당자를 설득하는 수단이다. 보고서 작성 역량이 곧 이력서 작성 역량이라고 나는 확신한다. 보고서를 잘 작성할 수 있으면 이력서도 잘 작성할 수 있다는 말이다. 이를 강화할 수 있는 방법은 의외로 쉽다. 잘 작성된 이력서에서 교훈을 얻는 방법이다. 그렇다면 보고서 작성스킬을 어떻게 강화할 수 있을까? 그것은 아이디어가 떠오를 때면 자발적으로 보고서를 작성해 상사에게 먼저 제안하는 방법이다. 기획서를 보강하면서 상사로부터 배울 수 있을 뿐만 아니라 지시하지 않았는데도 자발적으로 보고하는 태도에서도 큰 점수를 획득할 수 있다. 기획력이 뛰어난 상사와 함께 일하는 행운이 최고의 복이다. 시간이 지나면서 자연스럽게 상사의 장점을 습득할 수 있기 때문이다. 이력서 작성은 순서가 중요하다. 가장 먼저 페이지 수를 확정하고, 페이지마다 밑그림을 그리면서 콘텐츠를 채워 나가야 한다. 자신의 직무성과를 뒷받침해 줄 수 있는 구체적인 숫자와 프로젝트를 채용사가 원하는 스펙을 고려하면서 연계시키는 것이 중요하다.

경력사원이 이직에 성공하기 위한 첫 단추는 서류전형이다. 이를 위해 100만 불짜리 이력서에 모든 노력을 경주하라. 공채를 제외하고, 헤드헌팅사를 활용할 때 가장 먼저 헤드헌터를 매료시켜야 한다. 이력서 양식이 비슷해서 특별할 것이 없다고 생각하면 큰 오산이다. 비슷한 경력임에도 사람에 따라 천차만별로 다르게 작성될 수 있다. 자신의 관점보다 이력서를 누가 보겠는가를 고려해야 한다. 두말없이 인사팀의 채용담당자이다. 많게는 수만, 적게는 수천 개씩 접수되는 이력서를 모두 검토하기란 현실적으로 불가능하다. 인사팀 채용담당자가 10배수 정도로 이력서를 먼저 거른다. 일단 10배수에 들어가는 것이 관건이다. 신입사원과 달리 경력사원은 직장의 명성이나 업무성과, 외국어, 자격증, 자기계발 노력 등이 명시된 이력서를 대각선으로 읽으면서 우수한 인재를 쪽집게처럼 골라낸다.

인사팀에서 채용부서로 넘겨진 10배수는 다시 채용부서의 관리자가 경력을 중심으로 면밀하게 검토한다. 인사팀이 일종의 형식적인 과정을 거쳤다면, 실제로 사람을 쓸 채용부서는 확연히 다른 기준으로 평가한다. 훌륭한 사람을 뽑고 싶은 심정은 관리자라면 똑같을 것이다. 이력서의 진위여부, 업무 적합성, 직급, 나이, 성별을 비롯하여 인맥을 동원해 알아보기도 한다. 이들은 주도면밀한 과정을 거쳐 3배수 정도로 면접자를 확정한다. 특히 서류전형을 최종적으로 결정하는 사람은 채용부서의 리더라는 사실을 명심해야만 한다. 헤드헌팅사를 활용할 경우에도 프로세스는 동일하다. 헤드헌터가 인사팀에 이력서를 E메일로 보내면 인사팀 채용담당자가 이를 채용부서 관리자에게 포워딩해 준 다음 면접여부가 결정된다. 경력사원은 인사팀에서 주도적으로 결정되는 신입과는 상황이 다르다. 경력사원의 이력서는 인사팀의 채용담당자와 채용부서의 관리자(임원/팀장)의 욕구를 동시에 만족시켜야만 한다. 사람이라면 누구나 복잡한 것을 싫어한다. 1페이지 제안서가 유행했던 적이 있다. 간결하고 명확한 것이 돋보이는 이력서의 한결같은 공통점이다. 채용사가 선호하는 100만 불짜리 이력서는 다음과 같은 특징을 가지고 있다.

100만 불짜리 이력서의 필수조건 7

1) 첫 페이지가 매력적이라 다음 페이지가 확 끌린다.

2) 채용사의 직무양식(JD)에 적합한 맞춤형 이력서이다.

3) 흐름이 자연스럽고, 페이지 연결이 좋다.

4) 경력기술서의 성과 및 실적이 숫자로 계량화되어 있다.

5) 시각적으로 보기에 편하다.

6) 심플하다.

7) 설명이 아닌, 설득이 있다.

휴지통에 던져질 나쁜 이력서 7

1) 첫 페이지에서 3초 이내에 느낌이 훅 간다.

2) 90% 자신의 입장에서 작성되었다.

3) 알 수 없는 자신감(헝그리 정신)을 너무 강조한다.

4) 장황하게 구어체로 설명을 늘어 놓는다.

5) 자기계발 흔적을 찾을 수가 없다.

6) 성과가 너무 부풀려져 있다.

7) 스펙은 좋은데 거만함이 느껴진다.

서류 전형, 10초 안에 당락이 결정된다

채용담당자들이 많게는 수만, 적게는 수천 개씩 접수되는 이력서를 모두 읽어보는 것은 현실적으로 불가능하다. 이들은 10배수 정도의 이력서를 1차적으로 먼저 거른다. 일단 10배수에 들어가는 것이 관건이다. 이때 주로 평가되는 팩트가 출신학교와 전공, 외국어, 자격증, 해외경험, 자기계발의 흔적, 자기소개서의 특이점, 입사 후 포부 등으로 당락이 결정된다. 인사팀에서 채용부서로 넘겨진 10배수는 다시 채용부서의 관리자가 면밀하게 재검토한다. 인사팀이 일종의 형식을 거쳤다면, 실제로 사람이 필요한 채용부서는 더욱 신중하게 평가한다. 주도면밀한 과정을 거쳐 3배수 정도로 면접대상자를 확정한다.

이력서는 자신의 상품성을 나타내는 도구다. 전체적인 스타일, 글자체, 글씨 크기, 종이의 질감과 색 등 세밀한 부분의 조합이 당신의 첫인상이 된다. 무조건 다른 사람의 이력서를 베끼지 말아야 한다. 책에 실린 예시나 친구의 이력서 형식을 빌어서 자신의 이야기를 채우는 방식으로는 효과적으로 자신을 알릴 수 없다. 우선 자신이 하고 싶은 이야기를 정하고 거기에 가장 적합한 형식을 찾아야 한다. 성과를 빛나게 하는 나만의 양식이 만들어질 것이다. 이력서는 철자나 문법, 문장 만들기에도 심혈을 기울여야 한다. 사소하지만 중요한 문제로, 이력서 작성이 끝난 뒤에는 몇 번이고 오타가 없는지, 어색한 문장은 없는지 확인해야 한다. 내용이 아무리 좋아도 사소한 실수를 하면 치명적이다.

지원분야와 관련 없는 내용은 언급할 필요가 없다. 채용사에서 제시하는 채용조건(JD)에 맞춰 자신의 능력이나 성취한 내용을 구체적으로 서술하는 것이 좋다. 다양한 경력을 가진 사람이라면 지원하는 회사가 요구하는 전문성을 강조한다. 그렇다고 모든 이야기를 장황하게 내세울 필요는 없다. 지원 분야에 적절한 정보를 중심으로 중요도에 따라 엮어 나가야 한다. 취업을 하기 위해선 여러 가지 자격 요건이 필요하겠지만, 뛰어난 능력의 소유자라 할지라도 자신의 능력을 적절하게 포장하지 못하면 자신의 몸값을 제대로 받지 못한다. 많은 사람들이 첫인상에 대한 선입견을 가지고 있듯이, 첫 느낌이 좋은 이력서는 인사담당자들의 시선을 끌기 마련이다. 동등한 실력을 보유하고 있는 지원자라고 할 경우 두말 할 필요없이 깔끔하게 작성된 이력서를 선택한다. 기획부서나 마케팅 또는 일반 사무직을 모집하는데 이력서 하나 제대로 꾸미지 못하는 사람에게 어떻게 회사의 중대한 의사결정 이슈를 맡길 수 있겠는가? 이력서를 잘 쓰는 것만으로도 연봉의 차이가 크게 날 수 있다.

이력서는 첫 페이지에서 모든 승부를 걸어야 한다. 차별화된 인재를 찾는 기업으로서는 '짧지만, 분명하게' 자신의 커리어를 드러낸 이력서를 주목한다. 많은 이력서를 받는 경우 10초 만에 서류 전형의 통과가 판가름난다. 첫 페이지에서 모든 것이 결정된다고 해도 과언이 아니다. 인사담당자가 한 사람의 이력서에 눈길을 주는 시간은 짧다. 인사담당자가 자신의 이력서를 세 줄 이상 읽고 있다면 일단 성공한 셈이다. 특히 경력사원 이력서의 첫 페이지를 장식하는 핵심역량은 심혈을 기울여 작성하라. 수십 번을 고민해 자신의 핵심역량을 어필해야만 한다. 아울러 JD에 수록된 직무분야와 연관된 내용에 집중하라. 잡포털에 등록된 이력서는 기업체나 헤드헌터가 키워드를 걸어서 원하는 스펙을 가진 사람을 찾는 방식이다. 수천 장의 이력서가 목록에 올라오면 인사담당자는 당장 제목부터 관심을 갖는다. 따라서 온라인 이력서의 제목이 눈길을 끌어야 한다. 당연히 이력서에 쓰지 말아야 할 내용도 있다. 경력직의 경우 지원한 직무 분야와 동떨어진 분야에서의 경험이 나열되면 되레 점수가 깎일 수 있다. 특히, 자기소개서에 본인의 장단점을 나열하는 사람은 지극히 하수다. 직무와 연관된 자시소개가 채용담당자의 마음을 크게 움직일 수 있다.

경력기술서, Simple is Best!

경력사원의 이력서는 크게 3가지로 구분할 수 있다. 핵심역량과 경력(경력기술서), 자기소개서(지원동기 및 입사 후 포부)이다. 핵심역량은 이력서 전체 내용을 요약한 핵심 중의 핵심으로, 자신의 강점을 전략적으로 어필해야 한다. 경력기술서는 현재로부터 거슬러 올라가거나 과거로부터 현재로 내려 쓸 수 있지만, 가급적이면, 최근에 있었던 일부터 기록할 것을 권장한다. 현재 필요로 하는 직종과 가장 근접한 자격 요건을 최근 경력에서 볼 수 있어야 한다. 자기소개서란에는 지원동기와 입사 후 포부가 필수이고, 간절함과 자신감을 반드시 표방하라. 이력서를 작성할 때는 주의사항이 있다. 무엇보다 사소한 실수를 하지 말아야 한다. 이미 강조했듯이, 철자가 틀리거나 오타가 난 경우에는 그의 업무 능력까지 의심받을 수 있다. 실수하지 않도록 꼼꼼히 점검하는 과정이 반드시 필요하다. 이력서에는 약어나 속어 등을 가급적 쓰지 말아야 한다. 약어, 속어를 쓰면 경박해 보일 수 있다. 가능한 한 표준어를 구사하라. 경력에 따라 다를 수 있지만, 가급적이면 5장을 넘기지 않는 게 좋다. 경력기술서는 지금까지 맡은 업무와 앞으로 맡게 될 업무의 연계성을 두고 기술해야 한다. 회사에서 경력사원을 모집하는 이유는 지원자의 경력을 십분 활용하여 회사의 이익을 극대화하는 것이 목적이다. 그런 만큼 회사에서 필요로 하는 커리어를 극대화하여 포장하고, 단순 나열이 아닌, 직장에서의 업무실적을 구체적인 수치로 표현하여 업무 능력에 대한 신뢰감을 심어주어야 한다. 경력기술서는 경력사원 이력의 꽃이다. 너무 간결해서도 복잡해서도 안 된다. 구체적인 숫자와 %, 성장률, 도달률 등으로 깔끔하게 채워 나가라. 또한 이전 직장에 대한 정보(업종, 매출액, 임직원수 등)도 간략하게 제시하는 것이 좋다.

이력서는 간단명료하게 적는 것이 원칙이지만, 보여줄 수 있는 것은 다 보여주어야 한다. 아르바이트 경험이나 인턴도 자신의 지원 분야와 연관된 것이라면 장점으로 작용할 수 있다. 업무성과와 기대효과를 정량적 측면과 정성적 측면에서 심플하게 숫자로 구체화시켜라. 서술형으로 장황하게 작성한 이력서는 휴지통으로 직행할 가능성이 매우 높다. 특히 자기소개서를 쓸 때는 가급적이면 소설을 쓰지 말아야 한다. 이력서는 본인의 내공이 함축된 자신의 얼굴이다. 이력서 작성에서 가장 강조하고 싶은 것은 무엇보다 심플함이다. 간단명료하게 작성하되 구체적으로 자신의 기록, 출신학교나 학과, 자격증뿐만 아니라 수상경력, 대내외적 활동 등 자신의 능력이나 장점을 돋보이게 할 수 있는 사항들을 일목요연하게 정리해야 한다. 큰 틀에서 심플한 기조를 유지하면서 적재적소에 콘텐츠를 구체적으로 서술하는 방식이다. 다음은 이력서를 작성하는 요령이다.

첫째, 이력서는 약간의 과장이 필요하다. 그럼에도 허위사실이나 너무 과장된 내용을 기입해서도 곤란하다. 면접이나 입사 후에라도 허위사실이 드러날 경우에는 난처한 상황이 발생할 수 있기 때문이다. 그렇다고 강조할 부분이나 주요성과를 액면 그대로 작성하라는 말은 아니다. 채용사에서 의뢰한 채용조건에 맞추되, 핵심적인 내용이 누락되면 곤란하다. 비슷한 업무를 했으면서도 사람에 따라 천차만별의 이력서가 작성될 수 있다. 채용사의 JD에서 요구하는 핵심적인 내용을 구체적으로 서술하되, 간결해야만 한다. 즉, 양이 아닌 질(Quality)로 승부하라는 말이다.

둘째, 이력서에 부착되는 사진에도 많은 공을 들여야 한다. 간과할 수 있는 사항이지만, 이력서에 부착된 사진은 서류전형 당락에 결정적 영향을 미칠 수 있다. 가급적이면 정장을 갖춰 입고 촬영하는 것이 좋다. 1페이 이력서에서 가장 주목되는 콘텐츠는 다름 아닌 지원자의 사진이다. 동서양을 막론하고 사람의 외모나 첫

인상은 대단히 중요하다. 자신의 개성을 나타낼 수 있는 스냅사진이나, 스마트폰으로 촬영된 사진은 자칫 채용담당자에게 성의가 부족다는 인상을 줄 수 있다.

셋째, 100% 한글로 작성된 이력서보다 적재적소에 한문이나 영어를 활용한 이력서는 후보자의 정성을 더욱 돋보이게 한다. 요즘엔 이력서라고 하면 한결같이 한글로 작성하는데, 간혹 국한문이나 영어가 가미된 이력서를 보면 새롭기도 하다. 많은 내용을 외국어로 작성할 필요는 없지만, 외국어가 가미된 이력서는 채용담당자에게 호소력있게 다가설 수 있다.

넷째, 기타사항으로 작성되는 특기사항이나 자격사항은 가급적이면 빠짐없이 작성하는 것이 좋다. 다른 사람과 본인을 차별화시킬 수 있는 포인트로, 자격증은 본인의 또 다른 경쟁력이기 때문이다. 특히 응시기업의 업종에 부합하는 비공인 자격증을 취득하였을 경우에도 빠짐없이 서술해야 한다. 수상경력도 마찬가지다. 어학실력이 중시되기 때문에 평소에 자격증을 확보해 두는 것이 좋다.

03 | 짧고, 굵게
답변하라

❖

    서류전형에 합격한 다음에 넘어야 할 2차 필수 관문이 면접이다. 나는 첫 직장을 구할 당시에 현대와 한화증권, 외국계 기업인 오라클의 최종면접에서 모두 낙방한 경험이 있다. 1차 실무면접에서는 넥타이를 풀고 노래를 불렀고, 어려운 질문에도 재치있는 답변으로 면접관들을 미소짓게 하면서 통과했지만, 임원면접에서 고배를 마셨다. 돌이켜보면 너무 오버했다. '인성'을 중심으로 평가하는 임원면접을 크게 간과한 것이다. 이렇듯 1차 실무면접에서는 약간의 끼와 헝그리 정신으로 잠재적 가능성을 보여줄 필요가 있다. 지나쳐서는 곤란하겠지만, 실무자들은 끼와 가능성을 크게 고려하는 경향이 있다. 그렇다고 자신을 과포장하는 것은 금물이다. 직장생활을 오래한 면접관의 눈에는 후보자의 태도와 답변만으로도 그의 성격과 가능성을 유추할 수 있다. 말인즉, 그대가 '초등학생을 앞에 두고 질문하는 면접관'이라고 생각하면 이해가 빠를 것이다. 초등학생의 답변이 참인지, 거짓인지 대략적으로 감을 잡을 수 있다는 의미다. 경력사원이 성공적인 면접을 수행하기 위한 7가지 원칙이 있다.

첫째, 반드시 옷을 잘 차려 입어야 한다. 직장인이라면 평소에도 복장에 각별히 신경을 쓰는 것이 좋다. "옷을 허술하게 입으면 옷이 보이고, 잘 입으면 사람이 보인다."는 말이 있다. 자율복이 확산되는 추세라 하더라도 허술한 차림으로 면접장에 가면 면접관들의 눈에는 허술한 옷만 눈에 들어온다. 길거리나 지하철에서도 옷을 멋지게 차려 입은 사람을 보면 자신도 모르게 그의 얼굴에 눈길이 가는 것과 똑같은 이치다. 면접장에서 정장과 넥타이는 기본이고, 헹커칩까지 철저히 챙기는 것이 바람직하다.

둘째, 첫인상이 대단히 중요하다. 답변을 잘하는 것과는 차원이 다른 문제로, 면접장에 들어가서 착석할 때의 걸음걸이나 태도, 시선, 마주치는 눈빛, 얼굴의 표정을 말한다. 대부분의 상사들은 면접자가 문을 열고 들어와 자리에 착석하는 10초의 시간 동안에 이미 머릿속으로 당락의 윤곽을 결정하는 경우도 있다.

셋째, 반드시 '짧고 굵게 답변하라'는 말을 크게 강조하고 싶다. 오랜 시간 동안 면접을 진행해 오고 있는 면접관들은 피곤하다. 장황한 말을 늘어 놓다가 중간에 면접관이 답변을 자르는 일이 발생하면 탈락했다고 생각해도 무방할 것이다. 화려한 언변이나 미사어구는 오히려 독이 될 수도 있음을 자각해야만 한다.

넷째, 뜻밖의 질문을 받으면 차라리 약간 당황하는 모습이 좋게 보일 수 있다. 모르는 건 모른다고 대답해야지, 신입사원이 섣불리 아는 척하다가 동문서답(東問西答)하면 무조건 감점이다. 3초의 여유라는 말이 있다. 면접관이 물은 다음에 즉시 대답하지 말고, 3초 정도의 간극을 두고 답변하는 방식이다. 순발력있는 사람에게 3초는 면접관의 질문의도를 파악하고 답변방향을 가늠할 수 있는 충분한 시간이다.

다섯째, 알 수 없는 자신감은 금물이지만, '헝그리 정신(열정)'은 반드시 보여줘야 한다. 면접관마다 다르겠지만, 1차 실무면접에서 지나치게 겸손하면 업무에서도 적극성이 부족해 보일 수 있다. 오히려 조금 오버하는 사람이 적극적으로 보일 수 있기 때문에 가산점을 받을 수 있다. 물론 지나치게 오버하면 무조건 탈락이다.

여섯째, 질문한 면접관 이외의 다른 사람들도 채점하고 있다는 사실을 간과하지 말아야 한다. 원칙적으로 질문자에게 답변해야 되겠지만, 다른 면접관에게도 눈을 맞춰가면서 긴장을 늦추지 말아야 한다. 특히 그중에서도 가운데나 맨 왼쪽의 상석에 앉아 있는 사람이 면접관들 중에서도 가장 우두머리일 가능성이 높으므로 눈길을 한 번이라도 더 주는 것이 좋다.

일곱째, 면접 방식이 어떻게 진행되는지를 사전에 파악하고 대응해야 한다. 특별한 경우를 제외하고, 1차 면접이 '1:1방식'은 드물고, 공정한 평가를 목적으로 후보자를 두고 팀장과 실무자, 임원이 함께 진행하는 경우가 많다. 간혹 '다대다' 면접이 진행될 때는 다른 사람의 답변과 분위기에도 귀를 기울이면서 대답하는 것이 좋다.

대리 직급으로 공채를 통해 면접을 볼 당시의 일이다. 나는 일반적인 질문은 술술 답변했지만, 비우호적인 듯한 면접관에게 뜻밖의 질문을 받고 말았다. "혹시 J부장님 알아요?" 순간 가슴이 철썩 내려 앉았다. 회사에서 트러블 메이커로 유명한 J부장을 아느냐는 질문의 의도부터 빠르게 생각했다. 머뭇거릴 여유가 없었다. "잘 알고 있습니다. 외람되지만 면접관님께서 어떻게 J부장님을 아시는지요?" 정말로 친분이 있어 묻는 것인지, 아니면 J부장에 대한 부정적 소문을 듣고 나를 떠보기 위한 것인지 종잡을 수가 없었기에, 면접관에게 되물으며 여유를 확보하려는 의도였다. 신입사원 면접에서야 상상할 수 없는 일이지만, 경력사원 면접에서는 종종 발생하는 진문이다. 면접관은 "유명하시잖아요, 요즘 어떻게 지내세요?" 면접관의 말투에서 J부장에 대한 부정적인 뉘앙스가 내포되어 있었고, 나의 위기대처 능력을 파악하려는 의도처럼 보였다. "옆 부서라 잘 모르겠습니다." 마음속으로 맞장구를 치면서 욕을 해줄지 고민하다가 부정적으로 말하는 것은 누워서 자기 얼굴에 침을 뱉는 것과 같다는 사실을 알았기에 슬기롭게 위기를 모면할 수 있었다. 1차 면접을 통과하고 임원 면접 준비에도 만전을 기했다. 몇 차례 낙방한 경험이 있었기에 최종면접이 여간 부담스러운 것이 아니었다. 신입사원이 '끼'를 발산하는 현장이라면 임원 면접은 실무와 달리, 지원자의 소양이나 회사가 추구하는 인재상과 일치하는지를 우선 보는 경향이 있다. 그들이 무엇을 궁금해할지를 Q&A로 정리해 하나씩 암기하면서 면접에 참석했다. 자기소개를 간단히 하고, 가장 먼저 받은 질문은 "우리 회사에 대해 얼마나 아세요?"라는 예상된 질문이었다. 암기하다시피 준비했기에 "조금 공부했습니다. **년에 창립할 당시 **억에서 출발한 매출액은 ***억을 거쳐 ****년에는 네자리수를 돌파하면서 ****억으로 최근에 국내에서 가장 주목받는 회사로 알고 있습니다."로 명쾌하게 대답할 수 있었다. 홈페이지에서 파악한 IR경영지표를 구체적으로 언급하면서 회사의 비전까지 간략히 답변한 것이다.

그러자 다음 면접관이 "그렇게 우리 회사가 잘 나갈 수 있었던 배경에 대해서도 혹시 아세요?"라며 약간 구체적인 답변을 요구했다. 설마 거기까지 알겠느냐는 눈빛이었다. "확실하지 않지만,

보도된 기사에 따르면 주문 후 '20일 이내에 무조건 반품'이 가능하다라는 파격적인 조건을 고객들에게 제시함으로써 방송을 보면서 구매할 때 우려되는 불신을 제거한데서 찾을 수도 있다고 생각합니다. 그 외 많은 부분들도 있겠지만 거기까지는 잘 모르겠습니다." 면접관은 고개를 끄덕였고, 최종합격을 통보받을 수 있었다. 1차 면접은 자신이 추진했던 업무적 성과나 역량을 당당히 밝혀야 하겠지만, 임원 면접에서는 조직에 융화될 수 있는 겸손하되, 당당한 모습도 보여줄 필요가 있다.

얼굴에 생기가 있어야 한다

　면접이란 서류전형이 끝난 후 최종적으로 응시자의 인품, 언행, 지식의 정도 등을 알아보는 구술 시험 또는 인물 시험이다. 보통 필기시험 또는 서류전형으로 지원자의 기초 실력은 확인할 수 있으나, 그것만으로는 응시자의 됨됨이를 모두 파악할 수 없기 때문에 대면면접을 통해 잠재적인 능력이나 성격 또는 업무추진력과 철학 등을 알아내기 위한 시험이다. 조사된 바에 따르면, 면접시험이 서류 시험보다 비중이 높다. 1차 서류전형을 통과했더라도 면접에서 낙방하는 경우가 허다하므로 좀 더 비중있게 면접을 준비할 필요가 있다.

　면접은 크게 1:1로 진행하는 단독면접과 집단면접으로 구분할 수 있다. 단독(개인)면접은 후보자 한 사람을 불러 한 면접관이 개별적으로 질의 응답하는 보편적인 방법이다. 시간이 많이 걸리는 단점이 있으나, 한 사람을 조목조목 알아내는 데는 좋은 방법이다. 또한 면접관 여러 명이 한 사람을 불러 놓고 질문하는 개별면접도 있다. 대체로 처음 2~3분 동안은 자기소개를 하고, 공통적인 질문으로 지원동기, 직업관, 성격, 대인관계 등을 질문한다. 따라서 이야기할 내용을 간결하게 정리해 두는 것이 좋다.

집단면접의 경우는 면접관 여러 명이 응시자 여러 명을 한꺼번에 평가하는 방법으로, 여러 명을 동시에 비교 관찰할 수 있고, 평가에 있어서 객관성을 유지할 수 있는 장점이 있어 많이 채택된다. 면접관 한 사람이 하나의 질문을 여러 응시자에게 동시에 하는 경우도 있는데, 서로 비슷한 내용을 답해도 불이익은 없으나, 다른 응시자보다 뛰어난 대답을 하는 것이 좋은 평가를 받는 지름길이다. 경쟁자들과 함께 받는 집단면접은 그 자리에서 상대 평가가 되므로, 특히 신경을 써야 한다. 혼자서 자기 주장만 하거나, 다른 사람이 말할 때 한눈을 팔거나 발언 기회를 놓치고 침묵을 지키는 것은 절대 금물이다. 집단면접은 정답을 요하는 주제를 토론하는 것이 아니므로 다른 사람을 설득시키려고 자기 의견을 지나치게 주장할 필요도 없다. 남의 의견을 경청하고 수용하면서 자기 주관을 펼치는 전략이 효과적이다.

경력면접에서는 잘 진행되지 않지만, 간혹 집단토론 면접도 있다. 응시자 여러 명에게 한 과제를 주어 응시자끼리 서로 토론을 전개시켜, 그 과정에서 특출난 인재를 점찍는 방법이다. 즉, 전체 속에서 개인의 리더십, 판단력, 설득력, 협동성 등을 평가하는 방법이다. 집단이라는 점에서 남을 깔보거나 또는 위축될 일도 아니고, 너무 과격 또는 흥분하는 일 없이 차분히 자기의 논리를 전개해 나가는 것이 유리하다. 자리에서 누군가를 면박주거나 비웃음을 사게 하면 면접관 눈에 어떻게 비칠 것인가를 잘 생각해봐야 한다.

경력사원 면접에서 주목할 프레젠테이션 면접도 있다. 요즘 많이 채택되고 있는 면접 방식으로, 임원급이나 팀장급으로 면접위원이 구성되는 것이 보통이며, 응시자가 주어진 주제를 발표하는 방식이다. 동일한 주제에 대한 찬반토론 형태의 집단토론을 대체하는 새로운 방식이다. 여러 주제들 중에서 지원자가 가장 자신있는 것을 골라 약 5~15분간에 걸쳐 설득력이 있는 주장을 펼치도록 한다. 지원자의 지식과 경험이 총동원되기 때문에 후보자의 문제해결 능력이나 창의성, 전문성을 평가하기에 아주 좋은 방법이다. 여기서는 설득해야 할 대상이 누구이고, 그들이 뭘 원하는지를 파악해야만 한다. 내용이 빈약한 인상을 주지 않으려면 틈틈이 지원 업종과 시사문제에도 관심을 기울여 두는 것이 좋다. PT

를 진행할 때는 첫 멘트가 첫인상을 결정할 수 있다. 면접관들이 가장 좋아하는 첫인상은 얼굴에 생기가 돌고, 눈동자가 살아 있는 사람이라는 사실을 직시할 필요가 있다.

Q&A리스트에 따라 연습하고 또 연습하라

성공적인 면접을 위한 최고의 방법은 연습 또 연습뿐이다. 상대방이 무엇을 물어올지를 이력서를 보면서 Q&A로 작성해 거울과 마주하고 철저하게 연습하라는 의미이다. 알 수 없는 가능성만으로는 면접관을 설득시킬 수 없다. 특별한 경우를 제외하고, 자신이 작성한 이력서를 중심으로 질문해 오기 때문에 예상질문을 미리 예측할 수 있다. 서류전형에 합격시켰다는 의미는 가능성이 있기 때문으로, 논리적인 답변과 해당 분야에서의 전문성, 업무성과나 성공경험이 중요할 것이다. 특히 채용사의 보직과 자신의 스펙을 연계시키는 답변이 중요하다. 그래야지만 믿고 채용될 수 있다. 자기소개를 필두로 경력사원의 면접장에서 발생하는 질문의 유형은 거의 정형화되어 있다. 면접이란 채용사에서 짧은 시간 동안에 후보자의 모든 것을 평가하는 지표로 질문의 의도를 제대로 파악한 상태에서 짧고 굵게 답변하라는 말을 재차 강조한다. 면접장에서 가장 일반적으로 나오는 유형은 다음과 같다.

첫째, 자신의 회사정보 및 지망 동기에 대한 질문은 필수적이다.

- 우리 회사를 지망하게 된 동기는 무엇인가요?
- 당사의 제품을 사용해 보신 적이 있습니까? 그 제품을 평가해 보세요.
- 우리 회사에 대해 아는 대로 말씀해 주세요.

둘째, 일에 대한 프로의식이다.

- 갑작스런 일이 주어졌는데, 사전에 다른 약속이 있다면 어떻게 하시겠습니까?
- 당신은 우리 회사에서 어떤 직위에까지 오를 수 있다고 생각하십니까?
- 상사와 의견이 다를 경우 당신은 어떻게 대처하겠습니까?
- 순환 보직에 의해 영업적인 일을 맡게 된다면 어떻게 하시겠습니까?

셋째, 자신에 대한 소개로 면접장에서 발생하는 가장 일반적인 질문이다.

- 3분간 자신을 소개해 보세요.
- 본인의 장단점에 대해서 말씀해 주세요.
- 직장생활을 해오면서 가장 성공했던 일과 가장 실패했던 일은 무엇입니까?
- 타인의 입을 통한 본인의 평가는 어떻다고 생각하십니까?

넷째, 개인의 인생관에 대한 질문도 간과하지 말아야 한다.

- 좌우명이 있다면 말씀하십시오.

- 자신의 인생 지표가 되는 사람이 있다면? 그 이유는?

- 흡연여부? 주량은 어느 정도?

- 10년 후의 당신 모습을 그려보십시오.

다섯째, 허를 찌르는 질문도 대비해야 한다.

- 전일 당사의 주가는 얼마였는지 아십니까?

- 최근 사회적으로 가장 이슈가 되는 뉴스가 뭐라고 생각하십니까?

- 지금 당장 당신이 이 회사의 CEO가 된다면 어떤 일을 하시겠습니까?

- 당신이 지금 면접관이라면 어떤 질문을 하시겠습니까?

경력사원의 면접장에서 나오는 질문에 대한 답변 요령을 정리하면 다음과 같다.

첫째, 자기소개를 해보라는 질문이다. 이력서에 이미 나와있는 출신학교나 출신회사를 언급하는 것은 아마추어적인 발상이다. 직무와 연계시켜 자신의 강점을 구체적으로 3가지로 어필하는 방법이 효과적이다. 즉, 채용사가 자신을 왜 채용해야만 하는지를 오히려 설득하는 시간으로 활용하라는 말이다.

둘째, 지원동기와 목적이다. "왜, 이 회사에 지원하셨습니까?" 는 필수적인 내용으로, 후보자가 채용사에 대해 얼마나 준비하고 조사했는지, 회사에 도움이 되고 오래 일할 사람인지, 아니면 회사가 제공하는 안정적 복지나 회사의 명성에만 관심이 있는지를 파악하려는 의도다. 여기에 대해서는 오히려 당신의 스펙이 그들이 찾는 필요조건에 얼마나 잘 맞는지를 설명하는 것이 좋다. 특히 지원한 동기에 대해 첫째, 둘째, 셋째로 소신있게 언급하면 합격이다. 이때 주의할 점은 자신이 지금 일하고 있는 회사에 대해 부정적으로 말하는 것은 아주 곤란하다.

셋째, 다른 지원자도 많은데 당신을 채용해야 하는 이유도 간혹 나온다. 예상치 못한 질문으로 머뭇거리거나 당황하면 곤란하다. 간단 명료하게 자신의 직무상 강점을 어필하면서 자신감을 보여주라. 업무와 연결된 내용으로, 자신의 장점을 체계적으로 구체적 사례를 통해 말하는 것도 방법이다. 자신이 회사에 기여할 수 있는 부분을 찾아 본인이 그 문제해결에 적임자임을 효과적으로 답변하는 것이 좋다.

넷째, 경력사원으로서 당신의 주된 성과에 대해 말해 보라는 질문이다. 체계적으로 당신의 업적을 입증할 준비를 철저히 하는 것이 성공 열쇠다. 면접관들은 당신이 회사에 무엇을 공헌할 수 있는지를 알고 싶어 한다. 지원 회사에서 필요한 자질과 능력에 초점을 맞추라. 실제 사례를 문제 상황, 해결과정, 그리고 결과를 구체적인 숫자로 언급하여 업적에 대한 가치를 높여라. 수치화를 통해 업무능력에 대한 신뢰를 갖도록 만들어야 한다. 긴 상황 설명보다 당신이 취한 행동과 당신이 얻은 긍정적인 팩트에 초점을 맞춰서 답변하는 것이 좋다.

다섯째, 자신의 장점과 단점을 말해 보라는 질문에 대해서는 자신의 장점 중에서 회사에서 필요로 하는 강점을 파악해 답변하는 것이 좋다. 업무 수행에 필요한 팩트를 연계시켜 답하라. 상투적이거나 일반적인 이야기는 피한다. 약점은 미리 적당한 대답을 준비하는 것이 상책이다. 업무와 관련되거나 치명적인 단점은 피하라. 긍정적으로 해석될 수도 있는 단점을 언급하는 것이 좋다. 즉, 관점에 따라 장점이 될 수도 있는 가벼운 문제를 언급한다. 단점을 말한 후 이를 극복하기 위해 어떻게 했는지를 말하되, 가급적이면 간단하게 답하라. 자신이 업무를 수행하는 데 있어 어떤 단점이든 극복할 자신이 있음을 보여주어야만 한다.

여섯째, 당신이 다루었던 가장 어려운 문제를 어떻게 해결했는지에 대한 질문은 당황하지 말고 침착하게 문제 해결방안을 강구했음을 보여줘야 한다. 질문자는 문제점을 방치하지 않고 끝까지 해결책을 찾고자 하는 탐구심이 있는지를 알고 싶은 것이다.

일곱째, 면접이 마무리될 즈음에 면접관들이 "혹시 질문하실 내용이 있습니까?"라고 묻는 경우가 많다. 면접관들이 자신에 대해 탐색할 권리가 있듯이, 자신도 회사를 알아보는 시간이므로 준비해 둔 질문을 반드시 해야만 한다. 질문할 사항이 없다고 대답하는 것은 매우 어리석다. 질문할 내용을 미리 생각해 두었다가 질문하는 센스가 바람직하다.

마지막으로 "급여나 연봉에 대해 어느 정도 원하십니까?"라는 질문을 받으면, "연봉은 일을 선택하는 데 고려할 것 중의 하나에 불과하며, 그보다는 일 자체가 중요합니다"라고 원론적으로 답변하는 것이 좋다. 연봉은 얘기를 먼저 꺼내는 쪽이 불리하다. 만일 면접관이 현재의 급여수준을 계속 요구한다면, 이력서에 명시된 금액을 솔직하게 답변하는 것이 좋다. 그밖에 면접자가 물어보는 예상질문은 다음과 같다.

Q. 당신의 업무 스타일은?

Q. 당신이 가지고 있는 능력 발휘를 제대로 못했던 경우가 있습니까?

Q. 문제가 생겼을 때 주로 어떻게 해결합니까?

Q. 오랫동안 지속되었던 문제를 해결한 적이 있습니까?

Q. 당신이 다루었던 가장 어려운 문제점에 대해서 말해 보시오.

Q. 장애물이 있음에도 불구하고, 맡은 프로젝트를 끝까지 수

행했던 예를 말하시오.

Q. 일이 많은 경우 어떻게 우선 순위를 매깁니까?

Q. 당신이 그동안 내렸던 가장 어려웠던 결정은 무엇이었습니까?

Q. 압박감 때문에 신속한 결정을 내려야 했던 적이 있었으면 말씀해 주십시오.

Q. 전 직장의 상사는 어떤 사람이었습니까?

Q. 어떤 개인이나 그룹을 설득해야 했던 적이 있었으면 말씀해 주십시오.

Q. 좋은 제품을 생산하고도 실패하는 회사에 대하여 어떻게 생각하십니까?

Q. 5년 후에 어떤 모습으로 있기를 원합니까?

Q. 장래 희망은?

Q. 왜, 전 직장을 그만 두었습니까?/ 왜, 회사를 옮기려 합니까?

Q. 여가활동 및 취미생활은?

반대로 면접장에서 유념할 사항도 숙지하여 대응해야만 한다.

● 지각은 절대 금기다. 15분쯤 일찍 도착하여 회사를 둘러보고 환경에 익숙해져야 한다. 헤드헌터를 하면서 지금까지 지각한 사람이 합격하는 것을 본 적이 없다.

- 가급적이면 준비된 자리에 앉으라고 할 때까지 앉지 않는 게 좋다. 의자로 재빠르게 다가가서 앉으면 자칫 무례한 사람으로 보일 수 있다.

- 옷을 자꾸 고쳐 입지 말아야 한다. 침착하지 못하고 자신 없는 태도처럼 보인다.

- 시선을 다른 방향으로 돌리는 것도 경계대상이다. 면접관들과 아이컨텍을 수시로 하면서 긴장의 끈을 놓지 말아야 한다.

- 긴장하여 발을 건들거리지 말라. 면접관들은 그대가 보내는 바디랭귀지도 지속적으로 관찰하고 있다.

- 대답할 때 미사어구를 너무 남무하거나 말을 꾸미려하지 마라. 억지스럽고 과장되어 보인다.

- 질문이 떨어지자 마자 즉각적으로 대답하지 마라. 2~3초의 여유를 두고 머릿속으로 생각을 정리해서 차분하게 답변해야 한다.

- 혹시 잘못 응답하였다고 해서 혀를 내밀거나 머리를 긁지 말아야 한다.

- 머리카락에 손대지 말라. 정서불안으로 보이기 십상이다.

- 면접실에 타인이 들어올 때 일어서지 않아야 한다. 소심해 보일 수 있다.

- 동종업계나 라이벌 회사에 대해 부정적인 언급은 회피하라.

- 면접관들의 책상에 있는 서류를 바라보지 마라.
- 수준높은 고급 유머는 구사하되, 농담은 하지 말아야 한다.
- 쾌활한 것은 좋지만 지나치게 경망스런 태도는 가볍게 보인다.
- 대화를 질질 끌지 말라. 중간에 면접관이 당신의 말을 짜를 수도 있기 때문이다.
- 가끔씩 무의식적으로 천장을 쳐다보거나 고개를 숙이고 바닥을 내려다보지 않아야 한다. 시선이 면접관의 얼굴을 떠나서는 곤란하다.
- 자신이 있다고 너무 큰소리로, 너무 빨리, 너무 많이 말하지 않아야 한다. 자신있는 질문일수록 짧고, 굵게 답변하라.
- 과장이나 허세로 면접관들을 압도하려 하지 말라. 겸손하지 못하고 오버하면 무조건 탈락이다.
- 면접관들이 묻기 전에 연봉에 대해 먼저 언급하지 말라.
- 화려한 색상의 의복이나 튀는 복장, 짙은 화장은 가급적 피하라.

04 | 레퍼런스
체크

❖

　　과장급 이상이면 공채보다 헤드헌팅사를 적극 추천하고 싶다. 공채로 응모할 경우 스스로가 디스카운트 되는 경향이 있다. 반면에 헤트헌팅사를 활용하면 협상에서 우위에 설 수도 있다. 헤드헌팅사들도 자신들 기준에 맞지 않으면 채용사에 아무나 쉽게 추천하지 않는다. 채용사에서 자사의 맨파워를 평가하는 바로미터가 되기 때문이다. 대기업에 대한 헤드헌팅 정보는 사람인이나 잡코리아와 같은 대형 포털이나 대형 서치펌 사이트를 방문해 보면 얼마든 찾아볼 수 있다. 물론 헤드헌팅보다 확실한 추천장은 지인을 통해 소개받는 것이다.

　　어느 날 절친한 지인에게 한 통의 전화가 걸려왔다. '대한민국 최고의 마케터'를 찾는 좋은 자리가 있다며 도전해 볼 것을 권유했다. 들어보니 참으로 괜찮은 보직이었다. 적절한 타이밍인지 수천 번을 고민했다. 공기업이었기 때문이다. 마침내 면접을 진행하기로 마음먹었다. 합격한 이후에 판단해도 늦지 않을 것이라고 생각했다. 마음으로 떨어지기를 바랐지만, 서류전형을 통과하더니 면접까지 합격했다. 회사의 정보를 파악해 보니 괜찮았다. 젊은 나이에 너무 임원을 빨리 다는 것이 석연치 않았지만, 도전하기로 마음먹었다.

대한민국 직장인들이 스트레스를 받는다고 아우성이지만, 나는 확신하고 있다. 적어도 자신이 직접 사업을 하는 것보다는 스트레스를 덜 받고 있다고. 믿기지 않는다면 창업해 보면 사업가들의 마음을 금방 이해할 수 있을 것이다. 챙겨야 할 것이 한두 가지가 아니다. 성공적인 사업가들이야말로 참으로 대단한 사람들이다. 회사에서 업무를 진행하다 보면 의사결정 상황에 직면한다. 막대한 비용이나 시간이 투입되는 상황에서 주저하기 마련이다. 그럴 때는 투입되는 비용을 '회사 돈'이라고 생각하지 말고 '자기 돈'이라고 생각하면 99% 바르게 쓴다. '남의 돈'이라고 생각하며 물쓰듯 할 수 있지만, '내 돈'이라고 생각하는 순간부터 피가 나게 쓸 수밖에 없다. 이렇게 생각하면 모든 의사결정에서 치밀하게 검토하고, 분석하는 열정이 주입될 수밖에 없다. 그러다 보면 자연스럽게 회사로부터 인정받을 수 있다. 고용당한다는 '노예근성'부터 버리고 사업가 정신으로 직장생활에 임하라는 말이다.

한편 경력직을 채용하는 과정에서 면접에 합격했다고 하더라도 반드시 넘어야 할 마지막 관문이 있다. 다름 아닌 레퍼런스 체크다. 최종면접을 통과하기 직전이나, 통과한 다음에 아래와 같은 E메일 받게 될 것이다. 여기서 가장 중요한 이슈는 '4(死)'에 해당하는 레퍼런스 체크다. 평소 직장생활에서 인간관계가 좋았다면 문제될 게 없지만, 여기서 걸리면 아무리 면접을 잘 보고 스펙이 좋다고 하더라도 입사가 취소되기 때문이다. 지금 바로 자신의 머릿속에 자신의 레퍼런스 체크를 부탁할 상사나 동료, 부하직원을 떠올리기 어렵다면 인간관계에 실패하고 있다고 생각해도 무방할 것이다.

〈처우 협의자료 제출 및 레퍼런스 관련 요청〉

1. 연봉 관련 서류
- 직전년도 원천징수영수증(원본) 1부
- 직전 회사의 최근 6개월분 급여명세표

2. 학력관련 서류(*학부 이상 전체)
- 최종학교 졸업증명서 원본 1부
- 최종학교 성적증명서 원본 1부

3. 경력 관련 서류

- 경력(재직) 증명서 1부(처우 협의 시 산정된 회사 전체)

4. 레퍼런스 체크 관련

- 이전 직장의 동료 1명, 직속 상사 1명, 부하직원 1명

- 기타의 다른 경로로 레퍼런스 체크가 진행될 수 있음을
  양지 바람

5. 희망연봉 협의

- 후보자의 희망연봉과 직급

- 채용사의 직급체계 – 사원(4)-대리(4)-과장(5)-차장(5)-부장(5)

- 채용사의 보상체계 – 연봉제 및 성과에 따른 인센티브 제공

6. 채용검진 관련

- 검진 결과에 따라 입사가 연기되거나 취소될 수 있음

- 검진 예정일을 통보해 주시면 인사팀에서 예약

헤드헌터의 표적이 되어라

국내에 헤드헌팅 시장이 활성화된 결정적 계기는 IMF사태다. 기업들이 구조조정을 단행하면서 임직원들 사이에 언제든 자신도 정리해고 대상이 될 수 있다는 인식이 자리를 잡았고, 기업들도 필요에 따라 경력사원을 채용하는 문화가 보편적으로 자리 잡았다. 90년대 중반까지 주로 외국계 기업을 중심으로 형성된 헤드

헌팅 시장이 폭발적으로 늘어나면서 업체수만도 수천여 개에 달하고 있다. 이러한 헤드헌팅 시장의 성장 배경에는 첫째, 수요와 공급이라는 경제논리에서 기업들의 전문인력에 대한 수요 증가와 둘째, 이직을 또 하나의 새로운 기회와 도전으로 생각하는 직장인들의 인식변화, 그리고 셋째, 인프라 측면에서 인터넷 1등 국가라는 인프라가 구축되어 기업과 이직자 간 또는 헤드헌팅사와 이직자 간의 정보교환 및 커뮤니케이션이 용이해진 것도 중요한 요인이다. 그중에서도 기업들이 신입사원을 선발해서 교육훈련을 통해 실무에 배치하는 것보다, 적재적시에 필요한 전문인력을 수시로 채용해서 협업에 바로 투입하는 쪽으로 인사채용 정책이 전환된 것도 결정적인 요인이라 할 수 있다. 신입사원 채용에 따른 비용과 리스크를 최소화하고, 필요한 업무분야에 업계에서 이미 업무능력이 검증된 유능한 인재를 확보하는 것이 보편화된 것이다. 기업들이 유능한 인재확보에 사활을 거는 일은 너무도 당연하다. 우수한 인재야말로 기업경쟁력 제고의 원천이기 때문이다. 국내 헤드헌팅 사업은 극히 세분화되어 있다. 직장인이라면 누구나 알고 있는 잡코리아나 사람인, 인쿠르트와 같은 인터넷 대형 포털을 중심으로 고직급자만을 주로 스카우트하기로 유명한 서치펌도 있다. 이들의 역할은 기업이 원하는 전문인력을 적시에 추천해 주고 이에 상응하는 수수료를 취한다.

헤드헌팅 사업의 핵심은 단연 사람이다. 인맥과 네트워크가 핵심이고, 그들이 추천하는 직장인의 이력서만 살펴봐도 그들의 수준을 가늠할 수 있다. 특이한 것은 레퍼런스 체크만을 전문적으로 수행하는 곳도 있다. 채용사의 서류전형이나 면접에 통과했다고 하더라도 레퍼런스 체크가 부정적이면 채용이 보류된다. 직장에서 인간관계의 중요성을 대변하는 말로, 자신의 레퍼런스를 의뢰할 믿을 만한 동료가 잘 떠오르지 않는다면 당신은 지금 직장생활에서 인간관계에 실패하고 있다는 의미로 해석해도 무방할 것이다.

헤드헌터는 참으로 멋진 직업이다. 한 사람의 운명을 긍정적인 방향이나 부정적인 방향으로 망쳐놓을 수도 있다. 사명이 있는 헤드헌터라면 채용사들의 요구만큼이나 구직자들 입장에서 경력 관리에도 신경을 써줘야만 한다. 매우 조심스럽게 접근하고, 돌다리도 두드리는 심정으로 채용사들의 니즈도 만족시키면서 구직자들의 경력 개발에도 각별한 애정이 있어야 한다. 헤드헌터라면 직업에 대한 사명감과 자신만의 신념이 있어야 된다는 말이다. 하지만 돈만을 벌기 위한 일부 헤드헌터들도 있다. 구직자들의 마음을 아프게 하거나 상처를 주는 일이 실제로 비일비재하게 일어난다. 대표적인 사례를 몇 가지 나열하면 다음과 같다.

첫째, 실제로 채용이 없음에도 직장인들의 이력서만을 확보하기 위해 게재된 글이 상당수 있다. 비판받아 마땅할 사안으로, 특정한 스펙을 미리 작성해 놓고, 거의 1년 동안 문자 하나 바꾸지 않은 채 게재 날짜만을 변경시켜 올리는 채용공고를 말한다. 일단 이력서를 미리 확보해 놓고, 기업들의 채용이 있을 때 활용하겠다는 수작이다.

둘째, 매너의 문제다. 일반적으로 기업이 헤드헌팅사에 채용을 의뢰하면 헤드헌팅사가 적합한 인재를 3명 내외로 압축시켜 채용사에 추천한다. 이 과정에서 헤드헌터는 구직자와 미리 의사를 타진하고 이력서를 채용사에 보내야만 함에도, 확보된 DB에서 사전 협의없이 채용사에게 이력서를 송부하는 경우도 있다. 실제로 경험했던 얼토당토 않는 행위로, 이것은 매너를 떠나 일종의 범죄다.

셋째, 전문성 부족이다. 마케터를 채용하는 헤드헌터라면 적어도 마케팅 경험이 있어야 한다. 제약사가 그렇고 IT, R&D, 기획, 회계 등도 마찬가지다. 업종이나 직종에서 다양한 경험을 확보한 헤드헌터라면 경력자가 보내온 이력서만 봐도 금방 인재임을 확인할 수 있고, 채용사에게도 적시에 추천할 수 있다.

넷째, 레퍼런스 체크를 진행할 때 면접에 통과한 구직자의 입장도 크게 고려해야 한다. 헤드헌팅사에게 비용을 지불하는 곳은 채용사다. 대략적으로 연봉의 15%~30%를 채용사로부터 받는다. 그렇다 보니 헤드헌팅사는 기업의 인사담당자에게 '을'이 될 수밖에 없다. 이미 회사를 퇴직한 경우야 문제될 게 없지만, 현업에 근무하고 있는 경력자의 레퍼런스를 체크할 때는 보안을 철저하게 유지해야만 한다. 이직은 민감한 이슈다. 사내에 소문이 돌면서 곤경에 처한 후배를 몇 차례 본 적이 있다.

다섯째, 당락에 상관없이 구직자들에게 결과를 친절하게 통보해 줘야만 한다. 그럼에도 탈락한 후보자에게 연락을 취하지 않는 헤드헌터도 있다.

헤드헌터와 평소에도 친분을 유지하라

평소부터 미리 이직을 준비하지 않았던 직장인이 이직할 상황에 닥치면 누구나 마음이 다급해지기 마련이다. 대형포털에도 이력서를 등록하고, 제3자를 통해 알게 된 헤드헌터들에게 어설프게 작성된 이력서를 보내는 경향이 있다. 공채에도 지원하고 헤드헌터로부터 연락이 오기만을 손꼽아 고대한다. 하지만 어설프게 작성된 이력서를 헤드헌터에게 먼저 보내면 실패할 확률이 높다. 헤드헌터가 자발적으로 전화를 걸어 오게끔 당신의 역량을 만들었을 때 '갑'의 입장에 설 수 있다. 나는 헤드헌터로 활동하면서 많은 후보자들과 친분을 유지해오고 있다. 회사에서 인사는 아주 민감한 사항이다. 기업들이 극비로 취급하는 구조조정이나 조직개편, 인사에 대한 고급 정보를 미리 알 수도 있다. 따라서 평소부터 헤드헌터와의 관계를 돈독히 해놓는 지혜가 필요하다.

후배들에게 자주 이야기했음에도 불구하고 항상 곤란에 처할 때마다 내게 도움을 요청하는 사람이 있다. 어떻게 닥칠지 모르는 상황에 대비해 이력서를 수시로 업데이트시켜야 한다. 물론 스펙 쌓기가 먼저다. 가능하다면 회사 내부적으로도 깊게 사귀는 친구 같은 동료나, 멘토로서의 선배도 필요하다. 레퍼런스 체크는 구직자가 알려주는 사람을 통해 이루어지거나, 각각의 헤드헌팅사만의 노하우로 진행된다. 본인이 알려주는 사람의 입에서 합격과 불합격이 죄우될 수 있다고 생각해보라. 더군다나 레퍼런스 체크는 주로 구직자의 부정적인 면을 파악하려는 목적이 크다. 팀장급이나 임원급에 대해서는 30분 정도로 레퍼런스 체크가 진행되기도 한다.

한편 경력사원이 공채나 헤드헌팅사만을 이용할 수 있는 것은 아니다. 지인이나 인맥을 활용해 이직하는 경우도 많다. 실제로 사내 추천을 받으면 훨씬 안전하고, 훌륭한 인재를 채용할 확률이 높기 때문이다. 남에게 전해 들은 말보다 함께 일하면서 자신의 눈으로 목격한 인재를 추천하는 방식이다. 나는 카드사 재직 시에 사내추천으로 2명의 후배를 입사시켰다. 그들의 업무성과가 좋아 회사로부터 인재 추천에 대한 특별 인센티브까지 챙길 수 있었다

직장인으로서 헤드헌터에게 먼저 오퍼를 받는다는 것은 행복한 일이다. 자신의 전문성을 인정받았다고 해석할 수 있다. 입사

3년 차 무렵에 처음으로 헤드헌터에게 전화를 받았다. 어린 마음에 드디어 세상이 나를 알아준다며 밤잠까지 설쳤다. 당신에게 전화가 걸려 오면 어떻게 처신할 것인가? "예, 잠시만요."라고 말하면서 옥상으로 올라가서 전화를 받아야 한다. 설령 지금의 직장이 만족스럽다 하더라도 감사한 마음으로 통화하고, 가급적이면 만나는 것도 방법이다. 믿을 만한 사람인지, 단순히 나를 팔아서 수수료를 챙기려는 사람인지, 또는 채용사가 정확하게 어디고, 조직의 특성과 자신의 역량을 발휘할 수 있는 업무인지를 파악하는 것이 좋다. 헤드헌터들이 좋아하는 핵심인재의 조건은 의외로 간단하다. 해당 직무에서 전문역량을 갖추고 인사고과가 좋은 능력자들이다. 직장에서 승진에 누락되거나, 근거도 없이 연봉을 요구하는 사람은 절대 사절이다. 현재의 직장에서 인정받지 못하거나, 스트레스가 많다고 이직하면 실패할 확률이 높다. 이직에 앞서 지금의 직장에서 인정받고 있는지를 먼저 점검하라. 지금의 회사에서 해결하지 못한 스트레스는 새로운 직장에서도 똑같이 발생할 수 있기 때문이다.

운칠기삼(運七技三), 운도 중요하다

능력자들에게도 이직은 자신의 힘으로만 되지 않는 부분이 있다. 필요로 하는 채용사와 이직을 원하는 구직자, 그리고 중간에서 이를 연결해 주는 누군가의 도움이 절묘하게 맞아 떨어질 때 회사를 옮길 수 있다. 여기서 크게 영향을 미치는 변수가 있다. 일본의 피겨 스케이터 아사다 마오가 올림픽에서 금메달을 따지 못한 이유는 그녀보다 뛰어난 김현아가 있었기 때문이다. 즉, 채용과정에서 함께 경쟁해야만 하는 다른 구직자의 스펙과 역량에 따라 당락이 결정되는 '운(運)'도 의외로 크게 작용할 수 있다. 여기에는 오묘한 힘이 작용한다. 이직할 마음이 없었는데 불행한 사고가 터져서 불가피하게 이직하는 경우가 발생할 수 있고, 불현듯 걸려 온 헤드헌터의 한 통의 전화에 매료되어 이직하는 경우도 있다. 네트워크의 힘도 이직에서는 크게 작용한다. 타사로 이직한 상사가 불현듯 전화를 걸어 당신과 함께 일할 것을 제안할 수도 있다.

용장보다 지장이고, 지장보다 덕장이라는 말이 있다. 덕장도 어쩔 수 없는 것이 '운장'이라고 한다. 직장생활도 실력보다 운(運)이 승패를 좌우하는 때가 있다. 이직도 마찬가지다. 하지만 운도 실력이 뒷받침될 때 따른다. 이직을 결심한 직장인이라면, 먼저 자신의 콘텐츠부터 갖출 필요가 있다. 부실한 콘텐츠를 채용할 기업이 있을 리 만무하다. 중간의 매개체인 헤드헌터들도 콘텐츠 파악에 귀신이고, 부실한 사람에게는 연락하지 않는다. 당신이 몸담고 있는 기업은 당신이 원할 때까지 미래를 보장해 주지 않는다. 계속 새로운 사람으로 수혈되어야지 이끼가 끼지 않기 때문이다.

그렇다면 헤드헌터로부터 자신의 상사나 동료의 레퍼런스를 의뢰하는 전화를 받았다면 어떻게 해야 할까? 사람이라면 누구에게나 단점이나 실수가 있기 마련이다. 등소평(鄧小平)이 모택동을 공개적으로 평가할 당시에 인용한 '공칠과삼(功七過三)'이란 말이 있다. 모택동의 '공이 7이고 잘못이 3'이지만 위대한 인물이라는 것이다. 성인군자가 아닌 이상 사람이라면 누구나 잘못이 있기 마련이다. 재미있는 사실은, 능력자들은 헤드헌터로부터 동료의 레퍼런스 체킹에 대한 문의가 오면 잘 말해주는 경향이 있고, 반면에 무능자들은 부정적인 면을 주로 부각시킨다. 사돈이 논을 사면 배가 아프다는 심정으로 남의 일이라고 쉽게 말하면서 동료들과 뒷담화를 즐기기도 한다. 사내에 소문이 나면 구직을 원했던 동료가 난처한 상황에 빠질 수 있는데도 말이다. 같은 직장인으로서 다른 사람의 꿈을 가로막을 필요까지는 없다고 본다. 헤드헌터들이 활용하는 레퍼런스 양식을 보면 어떻게 직장생활을 해야 할지 가늠할 수 있다. 아래에 제시하는 레퍼런스 체크 내용은 내가 공기업으로 이직할 때 전 직장의 상사들로부터 받은 사례다. 각각의 질문항목을 유심히 살펴보면 어떤 기준으로 어떻게 직장생활을 해야 하는지 감을 잡을 수 있을 것이다.

Reference Letter

Name: **(前 직장 상사)
....
Current Profession: 마케팅실장
....
HP:010-****-**** / E-mail: *****@naver.com
....

- Your relationship was with this individual

전 직장 재직 시 부하직원

- The nature of his work

지속적인 학습을 통해 기본에 충실하며, 창의적이고 성실하게 업무를 해결

- Professional Knowledge

탄탄한 지식에 풍부한 소비자마케팅 경험으로 성공하는 마케팅의 이론과

실무 겸비

- How you would rate his skills compared to others doing the same

type of work

발상의 전환을 통한 참신함을 중시하며, 보다 앞선 예측 가능한 마케팅을

위해 노력

- Overall work habits and ethics

항상 새로움에 도전하고 열정이 있으며, 정도가 아니면 절대로 타협하지 않음

- Technical strengths and weaknesses

강점: 소비자를 이해하고 새로운 아이디어를 업무상에서 소화하여

설득하는 능력

단점: 정이 너무 많다는 것이 단점이라고 할 수 있을지.

- Communication skills / Problem Solving Ability & Leadership Quality
역지사지의 애정과 논리적 설득의 대화를 통해 조직과 조직원에게 활력을
제공
- People Management Skills / Human Networking Savvy &
Connection
솔선수범을 통한 동기부여 및 따뜻한 배려의 마음으로 폭 넓고 다양한
유대 형성
- General Evaluation Comments
인간성, 능력, 열정, 인간관계 등 전 부분에서 훨씬 앞선 경쟁력을 보유했다고
확신
- Additional Comments

성공하는 마케팅을 배우고 경험을 통해 체득한 사람은 어떤 분
야에서 일을 해도 업무에서 성공할 확률이 훨씬 높으며, 또한 성
공할 수밖에 없다고 생각합니다. 인간적으로 사랑하고 능력을 아
끼는 본인의 입장에서 볼 때 기대 이상의 많은 성과를 보여줄 것
으로 확신합니다.

05 | 철새로
전락하지 마라

레퍼런스 체크를 통과하고 입사가 확정된 이후라도 직장인의 처신은 더욱 중요하다. 회사를 깔끔하게 마무리하는 것이 새로운 회사에 입사하는 것만큼이나 중요한 문제다. 사람의 일이란 언제 어떻게 될지 아무도 모르기 때문이다. 이것은 함께 일해 온 동료들에 대한 기본적 예의이자 매너다. 직속상사에게 사직을 보고할 시점과 인수인계 절차도 소홀히 해서는 곤란하다. 사실 오랫동안 다니던 직장을 떠나려고 하면 아쉬움이 많이 남는다. 만감이 교차한다. 그럼에도 업무에 대한 인수인계만큼은 깔끔하게 마무리해야 한다. 경험자들은 알겠지만, 상급자에게 보고하면 즉시 팀장은 본부장에게 보고하고 인사팀에 통보된다. 조직에서 이보다 시급한 사안이 없기 때문이다. 부서에서 마련해 준 환송회 참석도 중요하겠지만, 그간 소원했던 사람들과도 아름다운 마무리를 하는 게 좋다. 최종합격이 확정되었을 때 직장에서 가장 먼저 속을 털어놓을 사람은 인간적으로 멘토 역할을 해줄 수 있는 믿을 만한 사람이다. 그의 대답이 부정적일 때는 귀를 귀울일 필요가 있고, 긍정적이면 최대한 빨리 직속상사에게 보고하는 것이 좋다. 부서에서 자연스럽게 인사팀에 통보되겠지만, 스스로 인사팀을 찾아가는 지혜도 필요하다. 그다음이 회사에서 친하게 지내던 동료나 입사를 함께한 동기들이다. 친한 사람이라고 먼저 말하는 것은 금물이다. 직장에서는 비밀을 공유하면서 친밀감을 느끼게 되는데, 직속상사에게 보고하기도 전에 이야기가 상사에게 들어가면 심한 배신감을 느낄 수 있다. 믿고 신뢰했는데 '뒤통수를 치는 사람'으로 생각되기 때문이다. 사람은 언제, 어디서, 어떠한 형태로든 다시 만날 수 있다. 인간관계를 생각하면서 이 전 직장을 깔끔하게 마무리할 필요가 있다.

그런데 이직을 결심했다가 중간에 포기하는 사람도 심심치 않게 목격할 수 있다. 크게 두가지 이유 때문이다. 이직하려던 회사의 나쁜 평판을 주위에서 듣게 되면 주저하기 마련이고, 몸담고 있는 직장에서 상사의 인간적인 설득에 못이겨 주저앉는 경우도 있다. 하지만 나는 반대다. 고수가 칼을 뽑았다면 내리쳐야만 한다. 주저앉을 거라면 칼을 애초부터 뽑지 말았어야 한다. 자신을 믿고 신뢰했다면 그것은 인간관계일 뿐, 회사를 옮겨도 계속 지속될 수 있다. 주저앉게 되면 사내에 소문이 돌아 이상한 사람으로도 비춰지고, 결국에는 인사고과도 좋지 않아 뒤늦게 후회해도 소용이 없다.

이직 후, 3개월 이내에 인정받아라

이직을 꿈꾼 직장인들이 회사의 평판은 무엇으로 가늠할 수 있을까? 인터넷에 널린 정보와 인맥 등의 방법이 있겠지만, 실질적으로는 채용 과정에서 인사팀과 많은 커뮤니케이션이 이루어지고, 그의 태도나 회사에서 보내오는 E메일과 전화 등에서 조직의 평판과 수준을 가늠할 수 있다. 직장인들이 최고의 스트레스를 받을 때는 무엇보다 이직한 직후의 3개월 동안이다. 업종을 전환해 이직한 사람들은 절실히 느낄 수 있다. 쉽지가 않다. 대부분의 경영지표가 낯설고, 매출액 규모도 다르다. 그중에서도 낯선 사람들과 처음부터 다시 시작해야 된다는 걱정이 어깨를 짓누른다. 회사마다 다르겠지만, 외부에서 채용된 경력직을 경계하는 문화도 있다. 기득권을 가진 사람들과 낯선 환경에 적응하기 어려워 실패하는 경우도 있다.

나는 이직했을 당시에 힘든 기억이 있다. 공격경영을 추구하던 회사에서 낯선 경영지표에 적응하느라 분주한 나날을 보냈다. 이

전의 직장과 달리, 상사들의 보고서에 대한 기대수준도 높았다. 하루 종일 파워포인트 자료와 씨름하다 보면 금방 하루가 갔다. 3개월 내에 성과를 보여줘야 한다는 마음으로 최선을 다했지만, 무척 힘이 들었다. 무엇보다 직속상사와 맞지 않았다. 남들처럼 한 직장에 오래 다니지 못한 것이 후회스럽기까지 했다. 신입사원이 된 심정으로 처음부터 다시 만들어가겠다고 독하게 마음먹고 버텨나갔다.

그러던 중에 조직개편이 단행되면서 팀을 이동했다. 리더십이 뛰어난 상사를 만나면서 직장생활이 술술 풀리기 시작했다. 직속상사와의 관계가 으뜸이라는 사실을 절실히 깨달을 수 있었다. 상사의 스타일과 업무방식이 부하직원의 행복을 좌우하는 결정적인 지표가 분명했다. 상사의 배려로 일을 하면서 야간대학원도 충실히 꾸려나갈 수 있었다. 이 전의 직장에서 대학원에 진학하는 상사들이 부러웠었는데, 야간대학원에 진학해 보니 웬지 든든한 보험에 가입했다는 기분이 들었다. 내가 제안한 아이디어가 신상품으로 출시되면서 새로운 보금자리에 성공적으로 안착했음을 느꼈다. 회사에 대한 애정과 열정으로 인사고과도 좋았다. 업종을 전환한 이직에 성공한 것이다.

경력으로 입사한 직장인에게는 그리 많은 시간이 주어지지 않는다. 3개월이 1차 고비이고, 6개월 안에 안정적으로 정착하는 것이 좋다. 마감시한은 1년이다. 생활용품에서 홈쇼핑사로 처음 이직했을 당시에는 정신이 달아날 지경이었다. 전통적인 오프라인 기업에서 방송국과 유통이 결합되어 실시간으로 방송되는 업무를 따라잡기가 무척 힘들었다. 그나마 힘이 된 것은 공채 1기로 함께 입사한 20여 명의 동기들이었다. 입사한 지 3개월이 지나자, TV홈쇼핑의 본질을 조금은 이해할 수 있게 되었다. 암묵적으로 주어진 3개월의 적응기간에 노력한 대가였다. 전략마케팅실에 입사해서 처음으로 맡게 된 업무는 목표달성을 위해 MD나 쇼호스트, PD 등을 포상하는 일로, 이전에 비해 하찮게 생각되었다. 다행히 맡은 업무가 직원들 간에 관심이 높은 '인센티브'라, 그들과 친분을 쌓을 수 있었다. 회사에서는 잘하면 본전이고, 잘못되면 크게 꾸지람 받는 업무가 있다. 이러한 업무를 일상적으로 반복하다 보면 나태해지기 마련이다. 그럴 즈음 상사로부터 특별한 업무지시를 받았다. 매출이 최고점을 달성할 때마다 내부 조직원들에게 활력을 불어넣을 수 있는 아이디어를 찾아 실행하라는 지시였다. 브레인스토밍을 진행하다가 누군가의 제안으로 '빵빠레뉴스'가 도출되었다. 매출이 최고점을 경신할 때마다 떡을 돌리면서 '사내방송'을 운영하자는 아이디였다. 얼떨결에 '빵빠래뉴스' 앵커로 선정되었고, 최선을 다해 준비했다. 기라성 같은 쇼호스트나 아나운서 출신이 많은 사내에서 앵커? 자칫 잘못하다가는 바보가 될 수도 있는 상황이었다. 속을 태우다가 '바보'라는 말에서 힌트를 찾아 정말로 '바보' 같은 컨셉으로 진행하기로 마음먹었다. 어설프게 아나운서를 흉내 내지 말고 바보처럼 정면돌파를 선택한 것이다.

그로부터 며칠 후, 부서장이 급하게 나를 찾았다. 조금 전에 마감한 컴퓨터 매출이 시간당 매출로는 최고를 돌파했으니, 이를 축하하기 위한 '빵빠래뉴스'를 진행하라고 했다. 떡을 주문하고, 미리 작성된 방송문안을 보완해서 방송실로 들어갔다. 충분히 연습했지만 몹시 떨렸다. 용기를 내어 노래방 마이크라고 생각하면서 '빵빠래뉴스'를 게시했다. "빵빠방~ 빠라빠라 빵빠방~, 지금부터 빵빠래 뉴스를 알려 드리겠습메다~" 복고풍 북한 아나운서를 모방한 화법을 시도한 것이다. "오날, 아침11시, 콤퓨터의 매출이 경이로운 신기록을 달성했스무니다. 조사해 보니 PD와 MD, 그리고 쇼호스트의 합작품임이 밝혀졌슴메다……짝짝짝~입으로만 축하하지 않고 임직원들을 위한 축하떡도 준비했슴무니메다. 그럼, 새로운 신기록으로 다시 찾아 뵐 것을 약속드리며, 이상은 '희망뉴스 전략마케팅팀 빵빠레뉴스'에서 알려드렸습니다!" 방송을 마치고 팀에 도착하자 모두가 엄지손가락을 추켜세웠고, 직원들 모두가 뒤로 넘어갔다는 사실을 알려줬다. 새로운 직장에서 확실하게 눈도장을 찍은 것이다. 이것은 미래를 대비한 TF팀으로 발탁되는 계기로 작용했다.

에펠탑효과라는 이론이 있다. 에펠탑을 파리에 세웠을 당시만 해도 예술의 도시라는 자부심을 가지고 있던 파리 시민들은 철거를 주장했지만, 시간이 지날수록 익숙해지게 되었고, 정부에서 철거를 시도했을 때는 오히려 반대하고 나섰다는 것이다. 이직한 직후라면 가능한 상사에게 자주 보고하고 자주 대화할수록 좋다. 상사들도 사람인지라 자신을 믿고 따른다는 피드백을 받을 수 있다. 조직에서 윗사람과의 커뮤니케이션이 원만하지 못하면 직장생활도 순탄하게 해나갈 수 없다. 사소한 것이라도 문서화해서 보고하는 자세가 필요하고, 어려운 과업도 스스로 떠맡아야 한다. 입사 3개월 동안에는 일찍 퇴근하는 것을 애초부터 포기하고 업무에 집중하는 것이 좋다. 공기업에 마케팅본부장으로 입사했을 당시에 나는 직원들의 마음을 잡으면서 개인별 특성도 파악해 보고 싶었다. 내가 먼저 생활 신조를 적고 나서 직원들에게도 자발적으로 각자의 생활훈을 적도록 했다. 사무실에 붙여 놓고 수시로 보면서 서로 간에 약속을 지키자고 다짐했다. 30여 명이 동참했고, 직원들의 생활신조를 보면서 새로운 직장에서 성공적으로 안착(Soft landing)했다는 느낌을 받았다.

철새로 전락하지 말아라

가족의 생계를 책임져야만 하는 직장인은 일벌에 비유되곤 한다. 집에 있는 아내가 여왕벌이고, 아이들은 꿀을 먹는 새끼벌들이다. 일벌은 죽을 때까지 꿀(월급)을 모아 벌집으로 날라야만 하는 숙명을 타고 난다. 맞있는 꿀을 많이 따기 위해서는 다른 일벌과 경쟁해야 하고, 때론 말벌(트러블메이커)의 공격으로부터 부상을 당하고 길을 잃을지도 모른다. 대한민국에서 가장의 책무를 짊어진 사람들의 실제 이야기라고 나는 믿는다.

재미있는 이야기가 있다. 서로 모르는 2명의 스님이 만나 선문답으로 도력을 겨룬다는 일화로, 자신의 도력이 경지에 이르렀다고 자부하던 B스님이 A스님에게 다음과 같은 문제를 낸다는 일화다. "어느 나그네가 길을 가는데 갑자기 코끼리 한 마리가 공격해와서 죽을 힘을 다해 도망치다 보니, 절벽에서 미끄러져 간신히 나뭇가지를 하나를 잡고 매달리는 절망에 빠지게 된다. 절벽의 밑에는 이무기 3마리가 빨리 떨어지기를 기다리고, 위쪽의 나무에서는 꿀벌집이 있고, 수많은 꿀벌들이 윙윙거리며 나그네를 도둑으로 오인하며 침으로 공격할 태세다. 공교롭게도 꿀이 한 방울씩 입으로 '뚜욱, 뚝' 떨어지는 상황이 연출된다면, 당신은 어떻게 하겠습니까?" 평소부터 도력이 높다고 자부하던 B스님은 대답을 기다렸지만, A스님이 잘 모르겠다는 표정으로 B스님부터 말하길 은

근히 기대했다. B스님은 "꿀만 생각합니다. 주위의 모든 것들은 신경쓰지 않지요." 그제야 A스님이 간략하게 "달다."라고 말했다. 이 이야기에서 꿀만 생각하는 것은 다른 주변의 것들을 의식하는 하수이고, 달다는 것은 초월의 경지다. 고수들은 매사를 감사하는 마음으로 산다. 이것은 인생의 축소판으로, 직장생활을 하다 보면 무수한 희로애락과 마주치게 된다. 그때마다 '달다'라는 말을 떠올리는 것도 좋은 방법이다.

이직해 본 사람들은 잘 알고 있다. 소프트랜딩하기가 쉽지 않다는 사실을. 거기에는 특별한 노하우나 방법이 적다. 오직 본인이 개척해 나가야만 하고, 본인의 의지에 달려있다. 직장생활에서 직속상사의 중요성은 이미 수차례 강조해 왔다. 만약에 이직한 직장에서 자신의 의지와 달리, 트러블메이커를 직속상사로 만나면 어떻게 해야 할까? 회사를 또 옮기면 다시 옮기게 되고, 커리어 관리에 실패할 수 있다. 첫 직장을 이직할 때 90%를 고민했다면, 두 번째 이직은 70%, 세 번째는 50%. 네 번째부터는 기분이 내키면 이직할 수도 있다. 강조하지만 이직의 횟수는 결코 능력이 아니다. 3회를 넘기지 않는 것이 좋고, 최대한 5회 미만이어야만 한다. 자칫 잘못하다가는 철새로 전락하여 낙오자가 될 수 있다.

칼을 뽑았다면 결코 흔들리지 마라

첫 직장을 옮긴 사연은 특별하다. 나는 회사에서 만난 후배 여직원과 사내연애로 결혼했다. 늦게 입사한 신입사원을 처음부터 찍었다. 그런데 직장 상사들이 은근히 반대했다. 사내 연애를 하면서 보안을 유지했지만, 서울특별시도 넓지 않다는 사실을 깨달았다. 주말에 백화점에서 회사 직원들과 마주치고, 누가 어디서 봤다는 등 시시콜콜한 이야기가 사내에 돌기 시작했을 무렵, 상사가 나를 찾았다. 같은 회사에서 사내연애는 업무에도 지장을 주고, 결혼에 골인하지 못하면 둘다 상처만 받고 회사를 떠나기 때문에 그만두라고 했다.

그때부터 회사가 싫어지기 시작했고, 일할 의욕이 생기지 않았다. 문제는 의외의 곳에서 터졌다. 다름 아닌 그녀의 부서장 J였다. 내게는 모른 척하면서도 그녀에게 "남자 친구 잘 있어요?"라는 말투로 빙정거렸다. 사내연애의 피해자는 여자다. 무작정 내가 회사를 그만두려 했지만, 그녀는 자기가 먼저라며 사직서를 내고 유럽으로 배낭여행을 떠나버렸다.

이후로 회사생활은 실연의 연속이었다. 바보처럼 자신의 여자도 지켜주지 못했다는 자괴감도 컸지만, 그녀가 없는 회사가 너무 낯설게 느껴졌다. 회사를 옮겨보지 않았기에, 이직을 생각하다가 덜컥 겁이 났다. 직감적으로 떠날 때임을 알고 상사들 모르게 준비하기 시작했다. 도전 끝에 홈쇼핑사 공채1기로 합격할 수 있었다. 입사서류 등 모든 것이 완벽해졌을 때 가장 먼저 그녀에게 E메일로 소식을 전하고, 다음은 회사에서 멘토로 믿고 따르던 B부장을 찾아가 사실대로 말했다. 고민을 털어놓고 상의할 수 있는 유일한 사람이었던 B부장은 비전있는 회사라며 흔쾌히 옮길 것을 조언해 줬다. 다음날 직속상사에게 사직하겠노라고 보고했다. 어느 회사인지 묻길래 대답하지 않았다. 상사도 더 이상은 묻지 않았지만, 사직을 절대로 받아줄 수 없다며 못을 박았다. 다음 날 다시 찾아갔다. 상사는 '직장생활에서 자신을 인정해 주는 상사와는 한 배를 타는 것'이라며 나를 설득했지만 귀에 들어오지 않았다. 뽑은 칼을 다시 칼집에 집어넣지 않기로 작정했기 때문이다. 아쉬운 마음도 없지는 않았지만, 그녀의 부서장이던 J부장만 쳐다봐도 분노가 치밀었다. 이미 회사의 많은 것이 싫어졌다. 당시에는 어려서 회사의 비전이나 커리어 관리 등을 잘 모르고 있었다. 다만 200%씩 성장하는 홈쇼핑사가 비전이 있어 보였고, 하루라도 빨리 그곳을 벗어나고 싶었다.

상사에게 사직의사를 밝힌 다음부터 회사일이 손에 잡히지 않았다. 마음이 떠나니까 몸도 따라주지 않았다. 일할 의욕이 조금도 생기지 않았던 것이다. 그 무렵에 나를 설득해 오던 본부장이 찾았다. 아직은 직장생활에 대해 잘 모른다며 마지막으로 나를 설득하면서 어느 회사로 옮기는지 물었지만, 이직한 이후에 인사드리겠다고 답하자, 자신을 믿지 못한다며 무척 섭섭해했다. 상사는 출근날짜를 묻더니, 사직날짜를 늘려주며 급여까지 챙길 수 있도록 조치해 줬다. 1주일 내에 인수인계를 마치고 2주 정도 휴가를 다녀온 다음에 새롭게 시작하라고 권유했다. 사직할 사람이 회사에 오래 있으면 서로가 피곤하다는 명확한 말도 남겼다. 100여 명의 동기들 중에서 빠르게 특진시켜 준 상사에게 진심으로 미안한 마음이 들었다.

그런데 돌이켜보면 첫 이직이라 순진했다. 그것은 인간적인 문제일 뿐, 그렇게까지 회사에게 미안해하거나 부담스러워할 필요가 없었다. 회사가 결코 자신의 인생을 책임져 주지 않기 때문이다. 부모나 친구들도 자신의 인생을 책임져 주지 않는데, 하물며 회사는 오죽하겠는가? 냉정하게 생각하면 상사들은 자신의 급여 봉투에 관심이 많지, 부하직원들의 인생에는 관심이 없을지 모른다. 간혹 자신의 성공을 위한 수단으로 부하직원을 활용하는 사람도 있다.

막상 떠난다고 생각하니, 평소 관계가 좋지 않았던 다른 부서장 J가 떠올랐다. 그에게는 인사를 하고 싶지 않았다. 그로 인해 너무 많은 동료들이 피해를 봤기 때문이다. 고통을 견디지 못하고 단체로 사직서를 제출한 적도 있는 전형적인 트러블메이커로,

직원들 중에는 정신과 치료를 받은 사람까지도 있었다. 하지만 마지막으로 퇴사하는 날, 그에게도 인사를 했다. 반갑게 악수하는 그의 얼굴이 측은해 보였다. 어쩌면 그도 조직의 피해자일지 모른다는 생각이 들었다. 그도 가족의 생계를 꾸려가는 가장이었기 때문이다.

먼 외국으로 배낭여행을 떠나라

대한민국 직장인이라면 제대로 1달 이상 휴가를 내어 쉬어본 적은 없을 것이다. 주말에도 회사에 나와 처리하지 못한 일로 속을 태우고, 휴가를 다녀온 뒤에 후유증을 앓기도 한다. 직장인이 유일하게 업무를 벗어나 편안하게 쉴 수 있는 시간이 회사를 이직할 때이다. 합격을 확정받고, 업무 인수인계를 가급적 빨리 해주면서 상사에게 정당하게 요구할 것이 있다. 사직날짜를 1달 이상 늘려 달라는 말이다. 직장생활을 잘해 왔다면 대부분의 상사들에게는 통하기 마련이다. 사직날짜가 확정되면 새로 입사할 인사팀에 사직날짜를 통보하고, 보름 정도의 여유를 두고 입사날짜를 협의하면 된다. 업무 인수인계 등을 사유로 협조를 구하면 대부분의 인사팀은 90% 이상 배려해 준다. 대부분이 하루라도 빨리 입사하기를 강요하지만, 1달 정도 늦게 입사한다고 조직이 망하는 일은 결코 없다.

확보된 보름 이상의 시간은 무조건 여행을 떠나라. 직장인들이 마음 편하게 쉴 수 있는 유일한 시간이다. 보름이나 한 달 정도의 시간으로, 국내가 아닌 외국을 권유하고 싶다. 동반자 없이 가급적 혼자 떠나는 여행일수록 좋다. 내면에 있는 자신과 끊임없이 대화를 나누게 되고, 새로운 일터에 대한 에너지를 충전할 수 있기 때문이다. 홍영철 시인은 "지나고 보면 아름다웠다 싶은 것 두 가지가 있다. 하나는 여행이고, 다른 하나는 청춘이다. 이 둘은 진행 중일 때는 그 아름다움과 소중함을 잘 느끼지 못한다. 하지만 시간이 흐르면 천천히 미소로 바뀌면서 재미있는 추억이 된다. 고생이 심할수록 이야깃거리는 많아지게 마련이다."라고 읊었다. 전적으로 공감이 가는 내용으로, 나는 "인생은 여행이다."는 말을 무척 좋아하고, 아낀다. 여행과 인생에는 공통점이 아주 많다. 실제로 지금도 우리는 지구라는 행성을 타고 초속 30km라는 공전 속도로 여행하고 있다. 지구는 반경 6,378km, 둘레 46,250km의 거대한 우주선이다. 드넓은 우주에서 길게는 일생을 여행하고, 짧게는 지구가 자전하는 24시간이라는 하루를 여행하고 있다. 한 치 앞도 모르는 우리의 여정은 무엇보다 즐거워야 한다.

여기서 말하는 '여행'은 관광과는 차원이 다른 '배낭여행'이다. 어감에서 느껴지듯이 배낭을 매고 홀로 떠나는 여행이다. 배낭여행은 시간과 장소에 구애받지 않고, 여행자의 의지에 따라 자유롭게 다니다 보면 언제부턴가 특별한 감정이 밀려오기 시작한다. 지금껏 자신이 살아온 과거의 모습들이 마치 파노라마처럼 지나가면서 자기성찰의 시간을 갖게 된다. 배낭여행이 지향하는 목적지는 자아성찰과 미래의 설계다. 여행을 다니면서 보게 되는 수많은 관광명소나 유적, 그리고 색다른 체험은 '양념'일 뿐, '요리' 그 자체가 아니란 말이다. 이것은 그룹을 형성해서 관광지를 찾아 다니는 패키지 여행과는 차원이 다르다.

나는 이직을 앞둔 직장인들에게 죽기 전에 꼭 가봐야 할 세계 최고의 목적지로 유럽이 아닌, 인도를 추천해 주고 싶다. 특히 매너리즘에 빠진 자신을 돌아보고 새로운 삶의 방향이나 목표를 수립하고 싶은 사람에게 인도는 '딱'이다. 나는 인도를 3번 다녀왔다. 대학시절에 배낭 하나 덜렁 메고 한 달 동안 여행하면서 많은 것을 배웠다. 이후 가족과의 3달간의 배낭여행과 LG전자의 현지 취재를 위해 보름간 다녀왔다. 인도를 여행한 사람은 극명하게 나뉜다. 매니아가 있고, 절대로 가지 말라고 하는 반대자도 있다. 실제로 날씨가 엄청나게 무더울 뿐만 아니라 돈을 달라는 거지들이 너무 많아 짜증날 때도 있다.

인도가 배경인 〈City of Joy(기쁨의 도시)〉라는 영화가 있다. 자신이 돌보던 환자가 사망하자, 인생의 덧없음에 좌절한 미국인이 깨달음과 구원을 찾아 인도로 여행을 오면서 영화가 시작된다. 그렇다! 인도는 상처받아 괴로울 때 에너지를 충전할 수 있는 곳이다. 이러한 이유 때문에 나는 독자들에게 인도를 추천하는 것이다. 신비한 힘을 지닌 '신과 철학의 나라' 인도는 여행자들이 가장 힘겨워하면서도 다시 찾게 만드는 아주 특별한 곳이다. 사람들도 특이하지만, 그들과 더불어 고삐 풀린 동물들이 더 이색적이다. 도로에 아무렇지도 않게 누워서 되새김질을 하는 소, 곳곳에 널부러져 자고 있는 개, 도시의 쓰레기더미를 뒤지는 돼지가족과 대학 캠퍼스에서 노니는 공작에 이르기까지 동물원에서나 볼 수 있는 원숭이가 도심에서 장난치는 나라가 인도다. 이러한 문화는 과연 어디에서 왔을까?

인도의 정신세계를 지배하고 있는 힌두교는 한마디로 규정할 수 없는 특별한 종교다. 이들이 믿는 신은 무려 3억3천만 개에 이르는 다신교다. 일정한 교리가 없고, 조직조차도 없는데, 이들은 힌두교와 함께 살다가 죽는다. 세상은 창조와 유지, 파괴의 과정을 반복하면서 순환하고, 86억4천만 년을 주기(1컵)로 우주가 생성되고 소멸한다고 믿는다. 인도인들은 인생의 궁극적인 목적이 해탈이다. 살면서 발생하는 모든 문제를 카르마(Karma)와 윤회에서 기인한 속박으로 보고 여기서 벗어나는 길이 해탈이라고 믿는다. 얼핏 보기에는 이들의 종교나 철학이 현실을 부정한다고 생각할 수 있지만, 자세히 들여다보면 이들의 종교야말로 현실과 이상이 조화를 이룬 균형잡인 철학이다. 서양은 종교와 철학이 서로 타협하고 상충하면서 발전을 거듭하지만, 인도는 종교와 철학이 이론과 실천이 되어 발전한다는 게 전문가들의 견해다. 이러한 종교와 철학이 문화를 지배하다 보니, 이방인의 눈에는 모든 게 관광상품이다. 해탈을 목적으로 떠도는 600만 명이나 되는 사두와 마주치다 보면 '정말로 사는 게 뭘까?'라는 생각이 든다. 거지들이 당당하게 적선을 요구할 때마다 돈을 줘야 할지, 말지를 감 잡기가 어렵다.

인도에서도 가장 인도 같은 도시인 '바라나시'는 꼭 가봐야 할 필수적인 명소다. 히말라야에서 발원한 갠즈지강은 평원을 가로질러 인도 문화의 중심지인 바라나시를 감싼다. 인도의 대표적인 순례지로, 죽음을 눈앞에서 지켜볼 수 있다. 시체가 그윽한 강물에서 목욕하고 마시는 그들의 삶이 이질적일 때도 있다. 인도인들은 죽음을 앞두고 바라나시로 몰려든다. 그런데도 도시의 분위기는 죽음의 그림자가 없고 활기차다. 죽음이 삶의 끝이 아니라 새로운 시작이라는 이들의 종교적인 믿음 때문이다. 직장을 이직하는 시점에서 인도로 배낭여행을 떠나라! 전세계적으로 문화적 충격을 가장 많이 받을 수 있는 나라인 인도에서 고정관념을 깨트리고 당신이 얼마나 행복한 사람인지 깨달을 수 있다. 인도를 다녀오면 과거의 타성을 훌훌 털어버리고, 새롭게 직장생활을 시작할 수 있을 것이다. 지구상에서 철학이 살아있는 마지막 보루인 인도의 국가 슬로건은 '믿을 수 없는 인도(Incredible India!)'다. 하지만 인도는 아무에게나 입국을 허락하지 않는다. 인도 공항에서 볼 수 있는 "Well done, your good karma brings you here"라는 말처럼, 당신이 선한 사람이라면 인도가 당신을 호출할 것이다.

최고의 자기계발 기법에
도전하라

이 책의 주제를 '이직' 자체로 받아들이는 것은 곤란하다. 이직을 말하고 있지만, 핵심은 '자기계발'이다. 지금까지 나는 십여 권의 책을 출간해 오면서 이 책에 공을 가장 많이 들였다. 그만큼 어려운 주제였고, 책을 쓰기 위해 헤드헌터로 활동하면서 수많은 정보를 모았다. 특정 부문에서는 용기도 필요했다. 누군가에게 피해를 줄 수도 있기 때문으로, 책에 들어간 내용은 모두가 사실이다. 책을 마무리하는 데 7년의 시간이 흘렀다. 그만큼 어려운 주제였고, 전문가나 동료들과 많은 커뮤니케이션을 통해 내용을 보강했다. 치열하게 경쟁하고 있는 대한민국 직장인들의 머릿속에 한결같이 떠나지 않는 '이직'을 함께 고민한 것이다.

그렇다면 직장인들에게 최고의 자기계발 기법은 무엇일까? 다름 아닌 자신의 분야에서 책을 쓰는 일이다. 우리들 주위에는 책을 읽으라는 권유나, 읽어야 하는 당위성에 대해서는 수없이 많은 사람이 강조한다. 자신은 정작 책을 가까이하지 않으면서 아이들에게는 책을 읽으라고 가르치는 부모도 많다. 책을 읽음으로써 누리게 되는 수많은 효과도 널리 알려져 있다. 논술시험을 잘 치르기 위해서는 독서를 많이 해야 한다는 것도 익히 알고 있는 사실이다. 하지만 정작 자신의 책을 써보라는 말에는 인색하다. 문학의 경우 등단이라는 절차가 필요하고, 교수나 박사는 되어야지 책을 쓸 수 있다는 선입견 때문이다.

나는 지금까지 12권의 책을 출간했다. 그중에서 직장인들에게 쓴 『100권 읽기보다 한 권을 써라』를 가장 아낀다. 이유는 두 가지다. 첫째는 실제로 그 책을 읽고 영감을 얻어 자신의 책을 출간한 3명의 독자로부터 책을 선물받았다. 둘째는 2007년에 출간한 그 책은 직장인들에게 책을 쓰라는 효시의 책이다. 지금이야 책쓰기 책이 다양하게 나와 있지만, 새로운 영역을 개척했다는 자부심을 가지고 있다.

직장을 생계유지를 위한 수단이라고 생각하는 사람과 자아발전의 터전이라고 생각하는 사람의 차이는 엄청나게 다른 결과를 낳는다. 자기계발을 목적으로 자신의 분야에서 경제경영서를 읽는 사람들에게 나는 자신 있게 권한다. 다른 사람이 쓴 책을 100

권 읽는 것보다 자신의 책을 한 권 쓰는 게 더 많이 얻을 수 있다고. 비록 책이 되어 세상에 나오지 않더라도 엄청난 내공을 축적시킬 수 있다. 글을 쓴다는 두려움에서 벗어나면 누구나 책을 낼 수 있다. 이왕이면 책도 자신의 전문 분야부터 시작하라고 권유하고 싶다. 책쓰기는 고통이 아니라 자신을 돌아보는 거울이고, 자신의 지식과 경험을 풀어내는 장이다. 일하면서 시간을 내어 책을 쓰는 일은 쉽지 않은 도전일 수도 있다. 좌절할 때도 있고, 스스로를 책망할 일도 생긴다. 하지만 한 권의 책이 되어 내 손에 놓이는 순간, 모든 것은 기쁨과 보람으로 보상받는다. 특히 주위 사람들은 책을 낸 당신을 전문가로 인정해 줄 것이다. 직장인이 되어 자신의 분야에서 책을 쓰는 것은 참으로 행복한 일이다.

독서에 대한 중요성은 당나라의 시성이라 불리는 두보의 명문장에서도 확인할 수 있다. 시대를 초월해 통용되고 있는 '男兒須讀五車書(남아수독오거서)'로, 사람이면 다섯 수레 정도의 책은 읽어야 한다는 의미다. 그런데 해박한 지식과 간접 경험은 남들이 쓴 책을 읽음으로써만 가능할까? 당신이 '만일 1권의 책을 써보면 100권의 책을 읽는 것보다 훨씬 더 많이 배울 수 있다.'는 사실을 깨닫게 될 것이다. 이것이 바로 내가 책쓰기를 권유하는 첫 번째 이유다. 단순히 남의 책을 읽는 것이 아니라 수많은 정보에서 자신만의 체계적인 지식 세계를 만들어가는 과정이 책쓰다.

둘째, 책쓰기를 통해 자신의 가치를 높일 수 있다. 나는 현업에서 마케팅을 해오던 경험을 책으로 엮어냈을 뿐, 스스로 마케팅 전문가라고 생각한 적이 없다. 하지만 책을 쓰면서 이론적인 부분을 철저히 공부했고, 이를 책에서 표현하다 보니 마케팅전문가로 주위 사람들이 평가해 준다. 그러다 보니 다양한 곳에서 마케팅에 대해 강의할 기회가 생겼고, 강의를 하다 보니 더욱더 마케팅 전문가로서의 입지를 구축할 수 있었다. 그것은 책을 내고 나서 주변의 시선과 기대를 의식하게 되고, 그만큼 자신을 한층 업그레이드하기 위해 노력한 것이다. 더욱 긍정적인 것은 회사에서도 내 업무에 지식이 투영되어 좀 더 체계적으로 마케팅을 실행함으로써 공로상이나 베스트 아이디어상을 수상하면서 인사고과도 좋아졌다. 모든 것이 책을 내고 난 이후에 일어난 변화다.

셋째, 적지 않은 부수입을 생각해볼 수 있다. 베스트셀러였던 『부자아빠 가난한 아빠』란 책의 핵심은 직장인이 월급 이외의 수입을 가질 수 있어야 부자가 될 수 있음을 강조하고 있다. 그가 말한 부자가 되는 다양한 방법이 직장인들에게 신선한 충격을 준 것은 사실이지만, 실천하기가 쉽지는 않다. 설령 실천했다고 하더라도 성공할 확률이 그리 높지 않다. 하지만 책쓰기는 직장인에게도 충분히 가능한 일이다. 회사에 몸이 매여 있는 직장인에게 창작활동을 할 수 있는 현실적인 대안은 자신의 분야에서 노하우를 공개하는 글쓰기다. 출간된 책이 서점에서 사라지지 않는 한 계속된 부수입이 보장된다. 자신이 저술한 분야에서 기업체의 강연이나 컨설팅도 진행할 수 있다. 이것이 바로 직장인이 자신의 분야에서 책을 써야만 하는 이유다.

디지털시대에 책쓰기는 생각보다 훨씬 수월하다. 이전과 달리 디지털시대에 책쓰기는 더 이상 특정인의 전유물도 아니다. 실제로 블로그에 올린 글을 모아서 책으로 낸 대학생이나 다양한 에피소드를 모아 편집한 가정주부, 60세 이후에 에세이 작가로 등장한 사람도 있다. 직장인으로서 자신의 업무에 애정과 관심을 가지고 있다면 책을 써라. 그리하면 자신이 맡은 업무분야에서 진문가로서의 입지를 확고하게 구축할 수 있다.

감사합니다.

나쁜 기업에서 착한기업으로 점프하기

초판인쇄	2025년 02월 25일
초판발행	2025년 03월 04일
지은이	추성엽
발행인	조현수
펴낸곳	도서출판 더로드
기획	조영재
마케팅	최문섭
편집	이승득
디자인	오종국 (Design CREO)
주소	경기도 파주시 광인사길 68 , 201- 4호
전화	031-942-5364, 031-942-5366
팩스	031-942-5368
이메일	provence70@naver.com
등록번호	제2015-000135호
등록	2015년 06월 18일

정가 18,000원
ISBN 979-11-6338-482-3 13320
파본은 구입처나 본사에서 교환해드립니다.

이 책에서 제시한 기업이 돌아가는 본질을 냉철하게 직시하고 날카롭게 도끼를 간다면, 당신이 원하는 착한 기업에서 새롭게 운명을 개척할 수 있다. 그 노하우와 전략적 마인드, 인간관계, 타이밍의 세계로 당신을 안내할 것이다.